大学生 生命价值理论与生命教育实践

*D*AXUESHENG
SHENGMING JIAZHI LILUN YU
SHENGMING JIAOYU SHIJIAN

王敬川 /著

知识产权出版社
全国百佳图书出版单位

图书在版编目（CIP）数据

大学生生命价值理论与生命教育实践/王敬川著. —北京：知识产权出版社，2017.8
ISBN 978-7-5130-5120-0

Ⅰ.①大… Ⅱ.①王… Ⅲ.①大学生—生命哲学—教学研究 Ⅳ.①B083

中国版本图书馆 CIP 数据核字（2017）第 220480 号

内容提要

本书是作者多年一线大学生思想政治教育工作的总结。作者以"生命"为话题，探讨了生命价值与生命教育的若干理论问题，并结合大学生现存生命价值观现状，分析中国大学生的价值取向和来自社会新思潮、网络亚文化、微信自媒体、校内外教育的影响因素，提出高校大学生生命教育工作的引导取向，以及积极有效开展大学生生命教育工作的基本思路，并在案例分析解读中反思中国当下大学生生命教育工作中诸如自伤、伤他和自杀等各类突发事件的应对实践，提倡"大学生生命教育最终是一份厚重的爱的教育"的观点。

策划编辑：蔡 虹	
责任编辑：兰 涛	责任校对：谷 洋
封面设计：郑 重	责任出版：刘译文

大学生生命价值理论与生命教育实践

王敬川 著

出版发行：知识产权出版社有限责任公司	网 址：http://www.ipph.cn
社 址：北京市海淀区气象路 50 号院	邮 编：100081
责编电话：010-82000860 转 8325	责编邮箱：lantao@cnipr.com
发行电话：010-82000860 转 8101/8102	发行传真：010-82000893/82005070/82000270
印 刷：三河市国英印务有限公司	经 销：各大网上书店、新华书店及相关专业书店
开 本：787mm×1092mm 1/16	印 张：16.25
版 次：2017 年 8 月第 1 版	印 次：2017 年 8 月第 1 次印刷
字 数：250 千字	定 价：48.00 元

ISBN 978-7-5130-5120-0

出版权专有 侵权必究
如有印装质量问题，本社负责调换。

谨以此书献给

给予我关心与帮助的亲人和朋友们!

目 录

绪论：生命之思 …………………………………………………… 1
  第一节　与生命有关的话题 ………………………………… 2
    一、没有生命就没有价值 ………………………………… 5
    二、没有生命价值就没有生命教育 ……………………… 7
    三、生命教育是激发生命价值的重要手段 ……………… 10
    四、大学生生命教育是高校思想政治工作的重要内容 …… 12
  第二节　生命价值研究现状 ………………………………… 14
    一、哲学化倾向 …………………………………………… 14
    二、交叉学科视角 ………………………………………… 15
    三、道德化倾向 …………………………………………… 17
  第三节　生命教育研究现状 ………………………………… 20
    一、国外生命教育的发展状况 …………………………… 20
    二、中国生命教育的现状 ………………………………… 21

第一章　渊源钩沉：中国生命价值观的历史发展与文化特质 …… 31
  第一节　因何而生：探索生命的前世由来 ………………… 32
    一、中国历史的童年时代：生命与神灵共舞 …………… 32
    二、中国历史的圣贤时代：生命归于天命 ……………… 36
  第二节　为何而生：追问生命的意义载体 ………………… 39
    一、以德为体，立德修身 ………………………………… 39
    二、以文为体，文以载道 ………………………………… 40
    三、以名为体，功成名就 ………………………………… 40
  第三节　死里求生：寻找生命的终极归宿 ………………… 41
    一、百家争论的生死观 …………………………………… 41

二、文人笔下的生死观 …………………………………………… 43
　　三、战争时期的生死观 …………………………………………… 44
　　四、和平年代的生死观 …………………………………………… 44
第四节　德育为先：中国生命价值观的文化特质 …………………… 45
　　一、经典篇章里的德育：从蒙学读物到方家论纲 …………… 46
　　二、现身说法中的德育：从个人孝行到家国情怀 …………… 46
第五节　结　论 ………………………………………………………… 48
　　一、生命价值不是口号，生命价值要在教育的形式中
　　　　获得认同，得以践行，予以升华 …………………………… 48
　　二、良好的教育可以起到关注生命价值，增强生命
　　　　意识，平衡文化心理的积极作用 …………………………… 48
　　三、关注生命教育，是人自身的需要，
　　　　也是社会发展的内在需要 …………………………………… 49
　　四、生命价值的教育贯穿于整个历史进程中，
　　　　不限于中小学基础教育 ……………………………………… 49

第二章　西学探源：西方生命价值的哲学思考与要义拾略 ………… 51
第一节　崇尚生命自由的非理性哲学 ………………………………… 52
　　一、叔本华：生命的虚无 ………………………………………… 52
　　二、尼采：存在的价值 …………………………………………… 54
　　三、萨特：自由的矛盾 …………………………………………… 56
第二节　发现生命自身存在的人本哲学 ……………………………… 58
　　一、笛卡尔：我思故我在 ………………………………………… 59
　　二、马斯洛：生命价值是人的最高精神需求 ………………… 60
第三节　探究生命秘密的精神分析学说 ……………………………… 62
　　一、记忆深处的伤害：难愈的创伤 …………………………… 62
　　二、无意识的影响者：发现潜意识 …………………………… 63
　　三、消除心理的困扰：生活必须有意义 ……………………… 64

理论分析篇

第三章 价值认同：生命价值的基本原则与范畴 ········· 69
 第一节 生命价值的基本原则 ········· 70
  一、平等 ········· 70
  二、尊重 ········· 71
  三、欣赏 ········· 72
 第二节 生命价值的基本范畴 ········· 73
  一、物质价值 ········· 73
  二、社会价值 ········· 73
  三、精神价值 ········· 75
 第三节 生命价值的基本属性 ········· 76
  一、自然性 ········· 76
  二、道德性 ········· 78
  三、时代性 ········· 79
  四、精神性 ········· 79
  五、发展性 ········· 81

第四章 内外融合：生命价值观形成的主要影响因素分析 ········· 83
 第一节 影响生命价值观形成的内在因素 ········· 84
  一、生理结构 ········· 84
  二、心理情绪 ········· 85
  三、文化程度 ········· 86
 第二节 影响生命价值观形成的外在因素 ········· 87
  一、家庭的主导教育理念 ········· 87
  二、高校的德育教育体系 ········· 90
  三、社会的道德文化氛围 ········· 93
  四、国家的主流意识形态 ········· 94

第五章 问题聚焦：中国青年学生生命价值观的错误取向及原因 ········· 99
 第一节 中国青年学生生命价值观的错误取向 ········· 100

一、实用主义取向 …………………………………………… 100
　　二、金钱至上取向 …………………………………………… 102
　　三、个人主义取向 …………………………………………… 103
第二节　大学生错误生命价值观生成的主要原因 …………… 105
　　一、社会新思潮的影响 ……………………………………… 105
　　二、网络亚文化的影响 ……………………………………… 106
　　三、微信自媒体的影响 ……………………………………… 107
　　四、校内外教育的影响 ……………………………………… 109

第六章　价值导向：高校大学生生命教育工作的引导取向 ………… 113
第一节　坚定信仰：生命与信仰 ……………………………… 116
　　一、信仰是人类思想进步的精神支柱 ……………………… 116
　　二、信仰是一种价值坚守和生命境界 ……………………… 118
第二节　奉献精神：生命与奉献 ……………………………… 120
　　一、奉献的前提是具有蜡烛的精神，肯于牺牲自我 ……… 120
　　二、奉献的意义是形成时代精神 …………………………… 121
第二节　团结协作：生命与合作 ……………………………… 122
　　一、人的群体性特点决定合作是必然的选择 ……………… 122
　　二、积极的合作可以带来人类的文明与进步 ……………… 124
第四节　责任意识：生命与责任 ……………………………… 127
　　一、孝亲的责任 ……………………………………………… 127
　　二、爱国的责任 ……………………………………………… 127
　　三、感恩的责任 ……………………………………………… 128
第五节　人文情怀：生命与人性 ……………………………… 129
　　一、成为自己 ………………………………………………… 129
　　二、成全他人 ………………………………………………… 132
第六节　文化归属：生命与文化 ……………………………… 132
　　一、汲取传统文化的精髓 …………………………………… 133
　　二、走进高雅文化的殿堂 …………………………………… 134
　　三、成为精英文化的代表 …………………………………… 134

第七节　媒介素养：生命与传媒 ………………………………… 135
　　一、乐于对话，理性面对新媒体给大学生带来的
　　　　负面影响 ……………………………………………………… 135
　　二、科学认知，发挥媒体激发大学生生命价值的
　　　　延展功能 ……………………………………………………… 136

第七章　对策梳理：高校生命教育工作的有效开展与实施 ………… 139
　第一节　入学教育：高校生命教育的起始点 …………………… 141
　　一、开学典礼 …………………………………………………… 142
　　二、校长致辞 …………………………………………………… 142
　　三、军训活动 …………………………………………………… 142
　　四、专业认同 …………………………………………………… 142
　　五、校史介绍 …………………………………………………… 143
　　六、安全教育 …………………………………………………… 143
　第二节　社会实践：高校生命教育的切入点 …………………… 143
　　一、组织校外走访参观活动 …………………………………… 144
　　二、开展大学生志愿者活动 …………………………………… 145
　　三、撰写社会实践调查报告 …………………………………… 146
　第三节　校园文化：高校生命教育的关注点 …………………… 146
　　一、借助宣传媒体，加大网络宣传力度 ……………………… 146
　　二、依托学生组织，开展生命话题活动 ……………………… 147
　　三、关注现实生活，创设生命教育活动 ……………………… 147
　第四节　理论课堂：高校生命教育的深入点 …………………… 148
　　一、举办生命教育主题讲座 …………………………………… 148
　　二、组织生命教育理论研讨 …………………………………… 148
　第五节　队伍建设：高校生命教育的增值点 …………………… 148
　　一、业务培训 …………………………………………………… 149
　　二、理论研讨 …………………………………………………… 149
　　三、情感交流 …………………………………………………… 149
　第六节　毕业教育：高校生命教育的延伸点 …………………… 150

一、针对迷茫心理做好毕业生就业指导工作 …………………… 150
　　二、针对情感纠结问题做好爱情观引导工作 …………………… 151
　　三、针对学业抉择问题做好学习观教育工作 …………………… 152
　第七节　课程设置：高校生命教育的改革点 ……………………… 153
　　一、设置生命教育选修课 ………………………………………… 154
　　二、编写生命教育教科书 ………………………………………… 154
　　三、参与生命教育实践课 ………………………………………… 154

案例解读篇

第八章　案例反思：高校生命教育工作中突发事件的应对实践 ……… 157
　第一节　大学生自伤事件及其应对思路 …………………………… 158
　　一、大学生自伤事件背后的潜在隐患 …………………………… 158
　　二、大学生自伤事件应对思路 …………………………………… 159
　第二节　大学生伤他事件及其应对策略 …………………………… 159
　　一、伤他事件透视出的大学生生命价值观 ……………………… 160
　　二、大学生伤他事件的校园反思与对策 ………………………… 162
　第三节　大学生自杀事件及其应对思路 …………………………… 163
　　一、大学生自杀危机的识别 ……………………………………… 164
　　二、预防大学生自杀的干预措施 ………………………………… 170
　第四节　结论：大学生生命教育就是一份厚重的爱的教育 ……… 172
　　一、爱父母，勿忘生命之源 ……………………………………… 172
　　二、爱他人，勿忘同生之谊 ……………………………………… 173
　　三、爱师长，勿忘教诲之恩 ……………………………………… 174
　　四、爱祖国，勿忘家国情怀 ……………………………………… 175

附录　作者部分有关高校学生工作论文若干篇 ……………………… 177
参考文献 ………………………………………………………………… 242
后　记 …………………………………………………………………… 247

绪论

生命之思

第一节　与生命有关的话题

开宗明义，不设悬念，不绕圈子，这本书就谈与生命有关的话题。生命是一个永恒的问题，也是对一个个接踵而来的问题进行思考的过程。关注生命，思考生命，应该从那株绿色植物红辣椒开始。

我是一个愚钝的人，在生活中不够浪漫，只求实实在在，与世无争，也不善于经营花花草草，总觉得花草是粉饰生活，而生活本身就是自然而然的，不需装饰，保持本真就好，无须刻意作为，更不需占去太多时间服务于生活与工作之外的花草。然而，生活总会在无意中给你一份启发和感悟，让你颠覆以往的想法。

2014年春，在北京昌平举办的农业嘉年华活动中，自己和女儿带回来一株辣椒秧，随意地栽在一个空花盆中。由于工作的繁忙，自己从未有意精心地来侍弄这株新增的绿植，甚至常常在其干枯数日后才想起要浇水补水。不想，它也常常在我的忽视冷落中起死回生，让我总是意外地收获了颗颗果实，而且年年结，岁岁青绿，持续至今，为不大的厅堂添了一抹春天的亮色和一处沉甸甸的秋的收获。当然，关于这一株绿植的励志故事，也成为我教育孩子努力学习并且能够始终保持自强不息奋斗精神的最好素材。因为其中蕴含了一份厚重的正能量，所以自然也鼓舞着我和我的孩子，始终能够保持一份自然的生命力，或生活，或求学，或思考万物。在生活中，"无论是花朵或橡树，蚯蚓或漂亮的鸟儿，猿或人，我们都要意识到它们的生命是主动的过程，而不是被动的过程。无论刺激源于内部或外部，

绪论 | 生命之思

环境有利或不利，生物的行为都朝着维持、加强、繁衍的方向发展。这是生命过程的本质。这一倾向贯串生命的始终。"① 生命不应迷茫，人生不应虚度，就把人生比作一盘棋局，既然开始就要定个输赢，也许一步错而步步错，也许一招赢而步步顺，虽然不能重来，但是却可以动脑思考，三思而后行，美好的生活总是可以期待的。现实生活中，如何把不能重复的生活过得更好，怎样把看似琐碎的事情做到有意义，这是每个人都应该经常思考的问题。因为不管你的关注在与不在，生命都在那里——不增一分，不减一毫。

由此，在对植物生命的顽强毅力感叹不已的同时，我对人的生命价值问题的关注度也就与日俱增。如冰心所言："我不知道生命是什么，我只能说生命像什么"。冰心在《谈生命》这一篇哲理散文中，用比喻的修辞手法以"一江春水"和"一棵小树"为例，揭示生命从生长到死亡的一般规律，阐释生命中幸福与痛苦同生并存的基本道理，表达出热爱生命并不停奋斗的人生意义。

我是一个理性的人，从 20 岁开始工作，自己至今从教已近 30 年。教育既是我的本职工作，也是我坚守毕生的事业。在这项平凡而伟大的事业中，自己不仅关注着学生的成长，思考学生发展的问题，而且在实际工作中也越来越体会到生命之于教育的重要性，并且也试图尝试着去思考生命与教育的若干问题：生命是否有价值？生命的价值范畴有哪些？中西方关于生命价值的认知有着怎样的区别？在大学生德育工作中，生命价值是否可以通过思想教育方式得以引导？生命价值观的获得是否可以教育？高校是否可以在生命教育的问题上再进行新的理论探讨？这也正是本著作想要提出和解决的问题。最终，对当代中国大学生现存的生命价值观问题，提出一种合情合理的生命教育思路。

我是一个爱诗的人，虽然在创作中不会写诗，但是却莫名地喜欢诗歌作品，吟诵唐诗宋词，感受诗风词韵，常被诗歌的魅力——那种言简意赅而震撼心灵并足以引起人们共鸣的深刻哲理——所感染。所以，我只能借

---

① [美]卡尔·罗杰斯. 论人的成长 [M]. 石孟磊，等，译. 北京：世界图书出版公司北京公司，2015：91.

用著名诗人臧克家的诗句引出本书要探讨的话题。

下面的诗句就是通过生死之间的两句话让人们升华出无限的生命价值：

有的人活着

他已经死了；

有的人死了

他还活着……①

可见，诗意中蕴含深刻的生死哲理，人之生与人之死是可以转化的。在有限的生命里，"生"可以永恒，"死"可以复生。如此意义的升华，人们只有在关注生命，热爱生命并真正理解生命本义的基础上，才可以真正地领悟其内涵。

诗歌可以通过字里行间抒发吟诵着生与死的真谛，专家学者也在死与生的探讨中，提出了各种有关生命价值的思考：

在《死，而后生——死亡现象学视域中的生存伦理》一书中，作者正是在死亡的剖析中，让我们加深了对生命价值的理解：

> 永生的渴望与终死的必然，激荡出人类命运的交响。本书通过对国内外死亡学研究现状的分析，提出了建构新型死亡形上理论——死亡现象学。为此，作者对死亡现象学的本体论、主要研究方法、基本体系的构成进行了深层次的哲学分析和探讨。主张人类正是意识到自己死亡的必然，为能够战胜和超越肉体之死，克服由此引发的虚无感和恐惧感，才建构起各种真、善、美、圣的生存信念，并将这些生存信念外化为不同形式的文化创造活动，使有限的生命彰显出无限的价值和意义。②

如何能够在死的时候迎来永生？如何能够在生的过程里富有价值？这完全是一个道德层面和精神层面的问题。答案虽然可以是百样千种，但研究问题也是有规律可循的。"一般来说，人的生命有两种形态：自然生命和道德生命，也就是小我的生命和大我的生命。所谓自然生命，是指人由出

---

① 臧克家. 有的人——纪念鲁迅有感[M]//臧克家诗选. 北京：人民文学出版社，1978：294.

② 靳凤林. 死，而后生——死亡现象学视域中的生存伦理[M]. 北京：人民出版社，2005.

生到死亡这样一个自然的流程,是人作为一个自然存在物的生命过程。所谓道德生命,这是一种社会化、伦理化了的生命,指人的品德精神,是人作为一个社会存在物的生命过程。"①

关注生命,敬畏生命,研究生命,自然要厘定清楚生命、生命价值、生命教育和大学生生命教育之间的关系。这就是本书要重点论述的三个问题。这本身就是一部由生命话题开始,以对大学生积极开展切实可行的生命教育来结束的长篇论著。

一、没有生命就没有价值

(一) 生命的存在是价值的物质基础

生命的问题是生命本身,生命的自然性决定了其价值的存在。没有自然生命的存在,生命价值就失去了可以继续深入讨论的物质基础。

"皮之不存,毛将安傅?"(《左传·僖公十四年》)显而易见,皮都没有了,毛还往哪里依附呢?其中的道理是浅显的:任何事物失去了借以生存的基础,就不能存在。所以,有关价值的评议不是凭空而起的,需要生命作为基础。价值问题的争论和研讨必然要依托自然生命的存在来展开。从生命的自然存在角度看,生命有限,来日并不方长。价值的存在与否,价值的高低与否,都有赖于自然生命的物质力量。

从自然科学角度来探索生命起源问题者,古代就不乏其人其文。这早在《战国策·秦策三》中就有记载:"万物各得其所,生命寿长,终其年而不夭伤。"《北史·源贺传》:"臣闻人之所寳,莫寳於生命。"清代纪昀在《阅微草堂笔记·滦阳消夏录四》记载:"葆养元神,自全生命。"对于自然生命的认知历程也体现出了科学家研究的足迹。

关于生命问题,不同的科学家都曾提出过不同的定义。如:有人认为,生命就是有机物和水构成的由一个或多个细胞组成的一类具有稳定的物质和能量代谢现象(能够稳定地从外界获取物质和能量并将体内产生的废物和多余的热量排放到外界)、能回应刺激、能进行自我复制(繁殖)的半开放物质系统。也可以说生命就是一种生物生存,是一种生物所具有的活

---

① 张新科. 中国古典传记文学的生命价值 [M]. 北京:人民文学出版社,2012:1.

动能力。从自然科学角度讲,生命是物质世界的一分子。针对物质世界的考证与研究,现在已经形成了一门集动物、植物、微生物、遗传、进化等为一体的生命科学。

同时,科学家们也是最富于想象的文学家。他们以生命为研究对象而进行科学的幻想。比如从达尔文的进化论到宇宙大爆炸假说,科学家们对于生命起源提出了各种理论学说。其中,胚种论(Panspermia)认为,地球最初的生命来源于宇宙,比如火星。在天体相撞时,陨石飞向地球并在地球上生根发芽,进而形成地球生命的胚芽。泥土造物论认为,最早的有机生命体起源于泥土,泥土中的矿物晶体将有机分子按照某种模式排列起来而形成了今天的万物。RNA 起源说认为,核糖核酸 RNA 与脱氧核糖核酸 DNA 一样有着储存信息的作用,帮助 DNA 和蛋白质的形成,生命就是从 RNA 开始的。从生物学角度看,生命就是蛋白质存在的一种形式。它的最基本的特征是蛋白质能通过新陈代谢作用不断地跟周围环境进行物质交换。只要新陈代谢活动存在,生命就存在;反之,人的新陈代谢活动中止了,人的生命也就随之停止,蛋白质也就分解了。对于生命而言,简单的就是新陈代谢、生长、发育、遗传、变异、感应、运动等。其间,生长和发育是生命的原始积累阶段,是生命的基本过程,而新陈代谢则是生命的最基本的过程,是其他一切生命现象的基础。从生命的自然层面讲,没有生命本身,关于生命价值任何层面问题的研讨,或许都可能是虚谈妄议了。

(二) 自然生命是精神生命的载体

自然生命是精神生命的载体,是价值升华的载体。这在艺术世界中经常得到提炼和升华。

自然生命有自己独有的特点。从时间上讲,生命生而有之,不可逆转逆生,这让从古至今的长生之说和不老谎言不战而败,死而复生将成为永远的神话。从排他性角度讲,生命是人类每一个个体生命的私有财产,既不可以同他人进行交换,也不可以由他人替代。生命正因为是唯一,所以才独特。

艺术家常常用感性的笔墨书写自然,文学家也会在自然的范畴内歌咏韶华和感叹生命。"生命,那是自然给人类去雕琢的宝石"(诺贝尔)。那些偏于感性思维的文学家，也会从自然科学的角度来界定生命。为此，文学家会在文学创作中，自然把有关生命的解读归于自然科学，于是会从各个方面把生命归于自然万物——动物或植物。如：

《坛经·行由品》："猎人常令守网，每见生命尽放之。"老舍《骆驼祥子》："正和一切的生命同样，受了损害之后，无可如何的只想由自己去收拾残局。"都是直接将生命赋予动物。再如，巴金在《秋》中写道："眼前是光明的，是自由的空气，是充满丰富生命的草木。"则直接把生命赋予了植物。

关于自然生命的注解有很多，但是，何谓生命？仁者见仁，智者见智，始终没有一个公认的定义。然而，如墨子所说："生，刑（形）与知处也。"是认为，生命是人的形体与心理的统一体：只有形体，没有精神，不能构成生命，反之亦然。荀子曰："水火有气而无生，草木有生而无知，禽兽有知而无义；人有气、有生、有知亦且有义，故最为天下贵也。"意思是说，无机物（水火）是没有生命的，发展到植物才有生命，但没有心理；发展到动物才有心理，但没有社会性的"义"；这里只有人具备气、生、知、义这种物质与精神相结合的要素，并且实现了形体、心理与社会性的统一。而人与动物的区别恰恰在于人的价值诉求。以至于"法律之制定虽依各种法律之不同而异其目的，但莫不与生命有关。人之生命依其观之不同，可大可小，最小之生命即是个体生命，最大之生命即可称为人类生命，在此二者之中间另有家族生命、种族生命等不一而足。一旦人类生命完全灭绝，个体生命自亦不保，社会或国家必失其存在之意义。"[①] 可见，物质的生命是精神生命的发展基础。没有生命不可轻谈生命价值。

二、没有生命价值就没有生命教育

深刻理解生命价值问题对国家、社会、个人都有着积极的作用。对国可以齐天下，完成大同世界的理想；对社会可以实行道德自治，实现和谐盛景；对家可以履行成员的应尽义务，实现家庭和睦；对自己可以修身养性，实现完美的德行修为。然而，很多人是畏惧生命的。因为在现实生活

---

① 蔡墩铭. 生命与法律 [M] //序言. 台北：翰芦图书出版有限公司，2000.

中，人们总会面临自身无法驾驭的天灾人祸：地震海啸的侵袭、战争疾病的危害……更会遇到不同的自然生命体：或为自然生命的维系而过度追逐物质享受者；或为虚幻世界放肆逃避现实的虚度光阴者；更有甚者轻视生命，践踏生命，凌辱生命，残害生命，视生命如草芥，在自杀与杀他的深渊中踯躅。不管是听天由命的宿命论者，还是顺其自然的乐天派，都不是积极探索生命价值的态度。完美的人生应该是充分发挥自身价值的一生。生命的价值到底知多少，还是一个不断探索的新课题。

只有在生命价值问题上达成共识才可能探讨生命教育问题。因为如果生命是虚无的，是无价值的，生命价值的教育问题就是一个虚拟命题。

(一) 价值是哲学研究探讨人学问题的隐含前提

"价值"这个词语被不同研究视角的学者们时常把玩，然而理解却迥然不同。

我们知道："哲学及一切人文学科的研究有一个隐含的前提，就是对人、对人的生命的关切和对人的生命价值的探寻。"[①] 所以，哲学家会侧重主体意识，提倡人的自由和发展；经济学家则侧重物有所值，针对经济产品研究人的劳动带来的有用性；科学家侧重人的客观物质性，尝试多方面地进行科学分析……虽然都以人为研究对象，但是却各取所需，唯有对生命价值的探索，才是把人作为一种精神存在来予以审视的。

而"依通常对物质需要、精神需要和物质—精神的综合需要的划分，可以概括出价值的三种类型：(1) 物质价值，指人的物质需要的满足。经济利益、物质生产和生活、肉体生理的维系、生态条件、社会人身保障等性质的价值属于这一类。(2) 精神价值，指对人的精神需要的满足。对人的种种心智情感上的需要的满足，知识的增长、思维能力的提高、情感的发育、信仰和理想的实现、精神文化的效果、人们相互之间志趣的联系等属于这一类。(3) 物质—精神综合价值，指对人的物质和精神共同需要的满足，或物质价值与精神价值的统一。"人和自然彼此高度和谐、社会文明程度的提高、人与人之间相互关系的充分合理化、个人身心的健康全面发展等，单纯归到物质价值或精神价值中都不合适，应该看到它们含有精神

---

① 王定功. 生命价值论 [M]. 北京：教育科学出版社，2013，16-17。

和物质两种价值各自不能完全包含的境界,是一种现实的、全面的价值。"①

(二) 生命是有价值的而且是多层价值的统一体

生命不是天的命,不是地的命,不是生的命,而是活生生的人的命。人的生命要饱含价值,必然要超出自然生命,获得道德和精神的意义。对于孤单的个体之人而言,有价值的生命就是真正的"活",无价值的人生仅仅是自然生命体持续存在的"活着",却如同行尸走肉,如同死亡一样的躯壳。当我们把生命抛开肉体的存在来认识,自然就会发现:有价值的人生才有意义。在人的一生里,生命的自然性必然要实现向有价值的生命的飞跃。对于实现生命价值的人而言,完全可以达到"死,而后生"②的理想境界。

生命价值应该是超越生命体之外的意义,具体可包括本我欲望的满足、自我发展的实现、超我奉献的最大化的总合。这样的生命价值必然要以追求真善美的道德底线为基础,在有限的人生历程中实现无限的价值释放。

经济学家善于做定量分析,从而把生命价值折算成金钱或物质财富。为此,一个人创造的财富就等于其生命价值。不过,要强调的一点是,这里的财富应包含物质和精神两个方面。而且,拥有的财富并不能算作个人的生命价值,反而是一个人创造的财富——物质财富和精神财富的总和,才是其生命价值的总量。所以,生命价值理论认为,人的生命价值就是个人未来收入或个人服务价值扣除个人消费后的资本化价值,从定量角度看,人的生命价值就是个人预期净收入的资本化价值(或现值)。

在追求价值实现的过程中,人首先要获得充分的自我发展。生命之真需要体现在务实求真,杜绝虚浮玄空,反对夸大其词,主张为人处事中做到实实在在,真意可感,真诚可待,真情可彰。其对立面就生命之伪,为虚为假,体现在个人言行中的两面三刀、阳奉阴违、心口不一、言过其实等。只有坚守生命之真,追求生命之善之美,才会在对他人对社会的层面上进一步提升价值诉求,在社会实践中,一个人如若对己合理定位,对他

---

① 李德顺. 价值论 [M]. 北京:中国人民大学出版社,2007:133-134.
② 靳凤林. 死,而后生——死亡现象学视域中的生存伦理 [M]. 北京:人民出版社,2005.

人和睦友善，对国家乐于奉献，自然就会做出于己、于人、于国家、于社会、于人类有益的事情，真正实现中国传统文化中所尊崇的上可报国下可安民的理想。

生命之真，侧重自身修养；生命之善，侧重对他人的言行举止；生命之美，侧重自我与社会的和谐发展。以真善美为旨归的生命诉求构成了生命价值的道德基础。毋庸置疑，这也是理想的生命价值的取向。关于人的生命或伟大或渺小的评说，恰恰取决于一个人是否能够坚守真善美的诉求。如果生命真如戈特弗里德·威廉·凡·莱布尼茨（Gottfried Wilhelm von Leibniz，1646—1716）所言："世界上没有两片完全相同的树叶"，正如意大利画家达·芬奇画蛋一样——画不出一模一样的鸡蛋，那么每一个生命体都是独一无二的，这不仅体现在自然生命的千差万别，而且也体现在道德生命的迥然不同，从而造就出或伟大，或渺小的精神世界。

"生命本身没有任何价值，它的价值在于怎样使用它"（卢梭）。每个人都拥有生命，但不是每个人都珍惜珍爱生命；每个人都思考生命，但不是每个人都懂得生命的真义。芸芸众生，莘莘学子都在自己的世界里追问着有限生命的价值之所在。若只是如水如山的物质存在，生命还仅仅是短暂停留于世间的物质，只有把有限的生命投进到自己肩负的责任和使命中，我们才会发现生命的价值和人生的美好。

生命是有价值的，"人生之价值，视其事业而不在年寿。尝有年登期颐，而悉在醉生梦死之中，人皆忘其寿。亦有中年丧逝，而树立卓然，人转忘其为夭者。"[①] 所以，生命价值应是物质价值和精神价值的统一体，是个人价值和社会价值的统一体，这种对于生命价值的认可是我们开展生命教育工作的前提。

三、生命教育是激发生命价值的重要手段

（一）关注生命乱象

现实中存在的生命乱象让我们思考与生命价值和生命教育有关的问题。

---

① 蔡元培. 蔡元培论人生 [M]. 韦伯，葛富斌，译. 天津出版传媒集团天津教育出版社，2012：104-105.

虽然生命是有价值的，但是不是所有人都能够意识到，不是所有人能够最大化地发挥一生的最大能量。现实中，又有多少青少年在忽视和虐待着生命，当生命被认为是没有价值的时候，教育重任在肩。自然，生命教育不应在价值多元的社会中缺席，更不应放弃引导和教育的职责。刘恩允等著的《大学生生命教育研究》一书，系国家社会科学基金"十一五"规划2008年教育学一般课题（BEA080084）的结题成果。该书针对当前大学生不正确的生命观和戕害、漠视生命等错误行为层出不穷的现象，也基于当前大学生生命教育研究的匮乏，试图对当前我国大学生生命教育进行现实反思和理论透视，寻求大学生生命教育的积极策略。在对生命、生命教育进行概念界定和内涵分析的基础上，对当前大学生生命观念和行为进行了考察、归纳和剖析，并在理论层面上深刻反思和批评。该书超越自身研究的局限，拓展了研究的视野，探究了儒家视阈下现代生命教育的传统与实现，借鉴了欧美国家和港台地区生命教育的先进经验。最终立足于大学生生命体系的重塑和生命教育系统的构建，从家庭、社会和学校三大系统搭建大学生生命教育的平台，提出了大学生生命教育的建议。"生命活动的目的首先是让生命成为自己，然后是让生命成就他人，让'小我'更充盈，让'大我'更包容，让'小我'融入'大我'之中。""生命的成长及其价值的实现离不开教育，实际上，生命就是教育的起点和归宿，教育的实质就是生命的成长与发展。没有生命的教育和离开教育的生命都是不可想象的。生命对于教育的规约价值和教育对于生命的成就意义是融为一体的。"[1]

（二）更新教育理念

生活中，我们需要正确理解生命教育的科学内涵，认识到生命教育本身就是一种提升生命存在价值的教育理念。

生命教育活动中，生命是关注的始终，是研究对象，是教学内容，是教育目标和对人的终极关怀。所以可以说，"生命教育是以生命本体为对象，以生命本质为依据，以生命认识、生命关系、生命价值为教育内容，以珍爱和尊重生命、实现生命价值超越为目的的教育，通过这种教育培养具有人文精神和关爱情怀、热爱生命和积极进取的、具有高生命品质的人。

---

[1] 刘恩允，等. 大学生生命教育研究（前言）[M]. 北京：中国社会科学出版社，2012：1-2.

生命教育不是一种独立的教育形态，它寓于其他教育形式之中，并与其他教育形式融为一体；它也不是一种新的教育模式，而是作为一种价值指引作用于各种教育模式，并贯穿于教育过程的始终；它也不是一种新的教育方法，而是作为一种方法论意义渗透到具体的教与学的行为中，并成为教育方式方法改革的依据；它不仅局限于在学校中进行，而且要通过家庭、社会和自我的共同参与来实现。因此，从根本上来说，与其说生命教育是一种教育形式、教育内容、教育方法，毋宁说生命教育是教育的一种价值追求，是教育的一种存在状态。"[1] 更是一种无声无形的教育。不可否认，最好的教育是无声的教育，能够在潜移默化的教育中获得自我认知和自觉选择，实现受教育者的完美价值。

四、大学生生命教育是高校思想政治工作的重要内容

（一）生命教育是立德树人教育的应有之义

我国的教育历来重视高校大学生的思想政治工作，并且有自己的舆论引导方向，立德树人始终是德育工作的核心理念。2004年，中共中央、国务院出台《关于进一步加强和改进大学生思想政治教育的意见》（以下简称《意见》）。《意见》强调指出大学生的重要作用和加强大学生思想政治教育工作的重要意义："大学生是十分宝贵的人才资源，是民族的希望，是祖国的未来。加强和改进大学生思想政治教育，提高他们的思想政治素质，把他们培养成中国特色社会主义事业的建设者和接班人，对于全面实施科教兴国和人才强国战略，确保我国在激烈的国际竞争中始终立于不败之地，确保实现全面建设小康社会、加快推进社会主义现代化的宏伟目标，确保中国特色社会主义事业兴旺发达、后继有人，具有重大而深远的战略意义。"2007年，《国家教育事业发展"十一五"规划纲要》明确提出，要切实加强德育工作，进一步加强和改进大学生思想政治教育，提高学生的思想道德素质。在发展思路上，提出"以素质教育为主题。坚持育人为本、德育为先，把立德树人作为教育的根本任务，将素质教育贯穿于各级各类教育，贯穿于学校教育、家庭教育和社会教育，努力培养德智体美全面发展的

---

[1] 刘恩允，等.大学生生命教育研究（前言）[M].北京：中国社会科学出版社，2012：1-2.

社会主义建设者和接班人。"在 2016 年 12 月 7—8 日,全国高校思想政治工作会议在北京召开。期间,中共中央总书记、国家主席、中央军委主席习近平出席会议并发表重要讲话。他强调,高校思想政治工作关系高校培养什么样的人、如何培养人以及为谁培养人这个根本问题。要坚持把立德树人作为中心环节,把思想政治工作贯穿教育教学全过程,实现全程育人、全方位育人,努力开创我国高等教育事业发展新局面。素质教育、育人教育都是生命教育的具体化,生命教育是新时期大学生教育不可缺失的重要一环。

(二)聚焦生命问题并提升生命教育的意识

新时期高校思想政治教育工作的任务日益艰巨,大学生工作更加关注当下生命教育中出现的各类问题。在新的时代背景下,高校大学生思想政治工作也日益严峻。在现实生活中,人们都不同程度地发现各个领域出现的问题:

第一,政治领域的对抗,国际矛盾频发,局部战事不断,军事演习常有,独立风波不息,恐怖主义猖獗,难民危机又起等,国际政治格局不断发生着不以个人为转移的变化。

第二,经济领域,经济问题和金钱画上了等号,民众的贫富差距加大,市场经济使人们的金钱至上观与日俱增,国家以经济论高低,民众以金钱决胜负,生命价值观存在着不同程度的缺失和错位。

第三,文化领域中,中西观念的冲突,社会思潮的影响,价值虚无观念的盛行,及时行乐的取向等,日益改变着一些青年大学生的人生法则。

于是,人们对生命充满了迷茫,对生命的存在充满了质疑,似乎没有了价值,也没有了意义,游戏人生成为一个新论调,价值和意义成为虚无的代名词。肩负祖国未来的青少年,沉浸电脑游戏,痴迷手机微信,仿佛只有虚拟的世界才是他们的乐园。我们的青少年思想政治工作正是要从这样一群孩子入手。"习近平指出,思想政治工作从根本上说是做人的工作,必须围绕学生、关照学生、服务学生,不断提高学生思想水平、政治觉悟、道德品质、文化素养，让学生成为德才兼备、全面发展的人才。"[1] 因此，对大学生生命价值问题的关注以及有效地推进生命教育进程不仅是教育本身的应有要义，而且也必将有助于"凝聚当代中国的价值公约数"[2]。如此，自觉提升关注生命教育的意识是教育工作者的必然之举。

第二节 生命价值研究现状

西方的价值研究始于19世纪末至20世纪初。相对于西方而言，我国对生命价值问题的关注较晚。在我国，20世纪末有关价值的问题才走进学者的视线。"我国的价值论在20世纪80年代实践标准的讨论中诞生，是解放思想与改革开放的一个理论成果。多元价值观存在及其冲突是价值论研究的深广社会背景。20多年来，我国学者涉及了价值论研究的几乎所有方面，使价值论研究成为当代中国马克思主义哲学研究的一门'显学'。"[3] 近些年，面对价值多元的文化背景，生命价值的问题也提上日程，关于生命价值的研究已经逐步展开，并且呈现出几个研究倾向：

一、哲学化倾向

这种倾向主要以中西方研究成果为依据，着重本土实践进行哲学意义上的价值探讨。

（一）中西结合

中国学者对价值问题的关注主要是以西方马克思主义思想理论为依据，并结合中国的问题做理论探讨。如李德顺的《价值论》一书，就是进一步着眼于建设中国自己的马克思主义价值论学说，运用马克思哲学的观点和方法，经过分析论证，对于价值的本质与特性、价值分类及其方法、各种

---

[1] 习近平在全国高校思想政治工作会议上强调：把思想政治工作贯穿教育教学全过程 开创我国高等教育事业发展新局面 [EB/OL]. 人民网，2016-12-09.
[2] 双传学. 涵养公共品质优化公共生活 [N/OL]. 人民日报，2015-12-30.
[3] 穆杉. 李德顺，撰著《价值论》再版座谈会在京举行 [EB/OL]. 新华网，2007-11-27.

具体的价值类型、价值意识与价值观念、评价与评价标准、社会评价科学化的可能性与方法论原则、价值与真理的关系等一系列基本概念和原理，做出了自己的理论表述，使之具有较清晰的面貌和逻辑。该书于1987年初版后，即被认为是国内这一领域研究的开拓性代表作之一。修订后增加的"历史与价值"和"价值冲突与当代文明"两个重要部分，使其理论上更趋严整，现实感更强。①

（二）本土实践

针对价值问题进行问题意识阐述，这是中国本土研究的一个重要取向。如宇文利所著的《中国人的价值观》（"认识中国·了解中国"书系；"十二五"国家重点图书出版规划项目），准确地把握了中国人的价值观由传统到当代的发展演变线索和历程，立足于揭示当代中国人的价值观概貌，对中国人在生命、政治、经济、文化和社会维度上的价值观内容进行发掘，重点突出当代中国人的"生""和""礼""义""惠""进""美"的核心价值观，展示中国人的精神风貌和价值追求。② 其中，谈到了"中国人的现代生命观""中国人的生存价值观"问题。

二、交叉学科视角

这种研究倾向以交叉学科为视角，关注领域呈现多学科交叉研究的趋势，研究对象日益多元化。

（一）对象多元

生命涉及自然科学和人文社会科学等多学科的内容，真正把握需要多学科的研究基础。桂华所著的《礼与生命价值：家庭生活中的道德宗教与法律》把研究对象锁定在农民身上。其内容阐述了：作为沟通社会、自我与心灵的文化符号，礼不仅具有历史经验性，还具有超历史经验的价值。礼所塑造的社群生活、自我人格与心灵体验都具有超越其历史经验形态的神圣价值性。这体现在农民身上则表现为，礼即家庭制度和家庭规范所构建的"人—家庭"结构，在"宗"的伦理理念参与下，具备了超越社会学范畴

---

① 李德顺. 价值论（第2版）[M]. 北京：中国人民大学出版社，2007.
② 宇文利. 中国人的价值观 [M]. 北京：中国人民大学出版社，2012.

的宗教意味。农民通过参与家庭生活实现人际性自我，担负家庭伦理责任使道德生命舒展，依托自然肉体而成道德生命历程，从而实现其生命价值。经历过家庭民主革命和乡土熟人社会变迁之后，中国逐步产生出个体化的社会结构，即传统社会组织超个体的实体性结构被打破，一切社会组织都可以化约为独立个体的结构形态。被改造后的农民道德生活，在理念上崇尚个体自主性，在实践中通过立法保护个人权利。新的道德生活正接近实现人的社会自由。因此，未来的中国社会建设不仅要着眼于社会性层次，更重要的是解决精神层面问题。从逻辑上讲，关键是重新向文化符号注入神圣价值（信仰）的内涵。[①]由胡月所著的《大学生生命价值观对自杀意念的影响研究》针对在大学生中存在的自杀现象，立足于马克思主义的生命价值观理论，认为人的生命价值观是物质价值、精神价值和社会价值的统一，综合运用心理学、社会学、教育学等学科的基本理论，采用定性研究与定量研究相结合的方法，概括了大学生生命价值观的内涵、结构和特点，探究了大学生生命价值观在生活事件和自杀意念间的中介效应，挖掘了大学生生命价值观对自杀意念影响的作用机理，提出通过引导大学生树立正确生命价值观以预防与干预大学生自杀的对策，为在当代社会背景下缓解和降低大学生的自杀危机提供科学依据。[②]

（二）领域宽泛

交叉学科研究成果涉及的研究领域涵盖哲学和文学等多个方面。例如，张新科所著《中国古典传记文学的生命价值》一书，从文学的角度研究了生命价值问题。书中内容丰富，从中国古典传记中深入探讨传记文学的生命价值及其与民族精神的关系，可以为今天的素质教育提供重要的依据，同时对于弘扬民族优秀文化、促进精神文明建设、繁荣当代传记文学的创作，都具有重要的理论意义和现实意义。关注古典传记的生命价值，不仅要关注传主生命的起点与终点问题，更要关注传主的生命观、生命价值等终极关怀。从文化层面来说，生命价值问题关注的是不同文化背景下人类

---

① 桂华. 社会图像丛书·礼与生命价值：家庭生活中的道德宗教与法律［M］. 北京：商务印书馆，2014.

② 胡月. 大学生生命价值观对自杀意念的影响研究［M］. 北京：人民出版社，2016.

的生命历程问题，它有着非常广泛而深刻的意义：从哲学层面说，关注传主的生命价值，目的在于对人的内在本质进行深刻认识和反思，并进一步挖掘个体与社会、集体之间的生命关系。因此，深入研究中国古典传记，可以为研究"人"的学问提供重要依据。正是基于以上认识，《中国古典传记文学的生命价值》在全面掌握中国古典传记发展历史的基础上，立足现实，以呼唤更高层次的民族精神为出发点，探讨中国古典传记文学的生命价值、哲学意蕴、民族心理、忧患意识、悲剧精神、美学意义以及对中华民族精神的形成所产生的积极作用，进而揭示古典传记的当代意义。①

三、道德化倾向

在中国，生命的道德意义和伦理价值研究著作较多，并尝试着与生命科学对接，实现自然科学和人文科学研究的融合。

（一）道德意义

价值和道德都具有标准的要求，所以它们常常相伴而行。道德可以进行价值阐释，价值也可以进行道德分析。例如，竹立家的专著《道德价值论》就价值的形成、价值与事实、价值与真理、价值中的理性与情感、个人价值与社会价值、道德价值评价问题做了阐释，侧重价值的道德分析。②道德标准是中国古代文化积极倡导的为人处世规则规范，正是在道德的层面上，价值问题的研究丰富了道德问题的实践内容，使得价值问题的研究更具有传统性和现实性相结合的积极意义。

（二）伦理价值

李伦翻译的《生命医学伦理原则（第5版）》一书，是最负盛名的生命伦理学世界名著，可以说没有任何一本生命伦理学著作比它享有更广泛的声誉。该书形成了生命伦理学中的主导学派——原则主义。首次提出并论证了四大生命伦理原则：尊重自主原则、不伤害原则、有利原则和公正原则。这四大原则已成为普遍公认的生命伦理原则，成为指导医疗伦理决

---

① 张新科. 中国古典传记文学的生命价值 [M]. 北京：人民出版社，2012.
② 竹立家. 道德价值论 [M]. 北京：中国人民大学出版社，1998.

策和科研伦理决策的基本原则。① 其间涉及的生命价值的基本范畴，从尊重生命的层面讲，这是一本很好的研究生命价值的参考书。孙慕义所著的《后现代生命伦理学·关于敬畏生命的意志以及生命科学之善与恶的价值图式：生命伦理学的新原道、新原法与新原实（套装共2册）》，包含《后现代生命伦理学：关于敬畏生命的意志以及生命科学之善与恶的价值图式：生命伦理学的新原道、新原法与新原实（上册）》、《后现代生命伦理学：关于敬畏生命的意志以及生命科学之善与恶的价值图式：生命伦理学的新原道、新原法与新原实（下册）》共两册。其内容彰显了"科技伦理系列"的学术风格，并与"道德哲学系列"相接并一致，它同样包括两个研究结构。第一个研究结构是科技道德哲学研究，它不是一般的科技伦理学，而是从哲学的层面、用哲学的方法进行科技伦理的理论建构和学术研究，故名之"科技道德哲学"而不是"科技伦理学"；第二个研究结构是当代科技前沿的伦理问题研究，如基因伦理研究、网络伦理研究、生命伦理研究等。第一个结构的学术任务是理论建构，第二个结构的学术任务是问题探讨，由此形成理论研究与现实研究之间的互补与互动。② 邱仁宗所著的《生命伦理学》一书指出，生命伦理学是20世纪60年代诞生的新颖交叉学科，40余年来一直发展迅速，现已扩展到世界上几乎所有重要国家。生命伦理学目前已经不仅仅在学院之内活动，而是已经深入实践，走向生活。生命伦理学的发展不仅有助于解决生命科技以及医疗卫生中的伦理问题，也有助于指出人文社会科学理论如何结合科学技术发展应用于实际的道路。③ 罗秉祥、陈强立、张颖所著的《生命伦理学的中国哲学思考》完成的是一项复杂的诠释学活动，把医学及生物科技、西方哲学、中国哲学这三个"视域"融通为一，其宗旨是透过当代生命伦理学议题，让中国哲学与西方思想对话。在这个全球化的年代，当很多人担心西方思想会支配世界时，我们有责任在中国及世界学术界建立多元思考，让中国的悠久文化

---

① ［美］汤姆·比彻姆（Tom Beauchamp），詹姆士·邱卓思（James Childress）. 生命医学伦理原则（第5版）[M]. 李伦，译. 北京大学出版社，2014.
② 孙慕义. 后现代生命伦理学·关于敬畏生命的意志以及生命科学之善与恶的价值图式：生命伦理学的新原道、新原法与新原实 [M]. 北京：中国社会科学出版社，2015.
③ 邱仁宗. 生命伦理学 [M]. 北京：中国人民大学出版社，2010.

思想协助我们更深入地讨论一些与生命科学及技术有关的悠久哲学问题。[1]

(三) 生命科学

在关注道德和伦理价值的同时,中国学者日益关注生命科学中的生命伦理问题。例如,马中良、袁晓君、孙强玲所著的《当代生命伦理学:生命科技发展与伦理学的碰撞》让人们更加真切地看到了生命本身的科学价值和伦理价值。其内容涵盖了器官移植、试管婴儿、一父两母、安乐死、临终关怀、克隆人、人体与动物实验、知情同意、转基因安全等生命科学及伦理领域热点话题,普及相关常识,追踪前沿发展,了解生命奥秘,尊重生命价值,以架起沟通科学与人文的桥梁。[2]

综上可见,直接把生命价值问题与生命教育相连接的研究成果还是比较少的。就所掌握的材料看,研究生命价值的著作寥寥无几。其中,值得一提的是,《生命价值论》是一本立足生命教育学理研究的成果。此书基于当世哲学及社会科学关注人、关注人的生命、关注人的价值这一基本语境,借鉴多学科关于人之生命的思想,在中国特色理论坐标系中尝试构建生命价值论的本体论,并以此审视生命异化的根源和现时样态,表达对保障个体生命价值的基本关切,寻找实现生命价值的教育路径。[3] 这也是把生命价值和教育问题相联系的成果之一。黑晓佛所著的《回归生命走向生活——当代道德教育的精神品格与价值自觉》立足当前我国社会转型的现实,将道德教育纳入生命与生活视域,通过对道德教育之真实基础的敏锐揭示和论证,分析了当代道德教育存在的文化背景、现实困境与价值危机,并对道德教育中的诸多误区予以批判。当代道德教育的种种问题和困惑,不仅需要我们认真分析、深刻反思,还需要我们重建道德教育的理想,需要不断地回到人的道德理想叙事和道德精神实践的传统中去,体悟生命、审视生活、追问道德教育的精神与价值,并由此探寻"使人活得更有意义、使人的生活更加美好"的道德教育。借此探寻道德教育的本来面目,追问

---

[1] 罗秉祥,陈强立,张颖. 生命伦理学的中国哲学思考 [M]. 北京:中国人民大学出版社,2013.

[2] 马中良,袁晓君,孙强玲. 当代生命伦理学:生命科技发展与伦理学的碰撞 [M]. 上海:上海大学出版社,2015.

[3] 王定功. 生命价值论 [M]. 北京:教育科学出版社,2013.

道德教育的本质、目的及其对人的存在的意义，并由此指出了道德教育应然的和可能的努力方向。作者对道德教育理想的瞻望是理想精神的当下化，更是以理想的在场来校正当下道德教育的精神病相。[①] 而教育工作者要做的就是在了解现有生命价值的理论的基础上，肯定生命价值，并结合实践展开生命教育工作，让我们的教育富有生命光彩。

第三节　生命教育研究现状

从自然生命的轨迹上看，人的生命与人的一生相生相伴。但是，从人类教育文明的历史上来看，教育却有其自身发生发展的轨迹，并不是同生命同步进行的。在古代，官方教育大多是贵族的特权，世俗的教育也在追求入世为官，被涂抹上功利色彩的封建教育往往是远离生命本身的。随着现代文明进程的推进，随着人类教育事业的发展，生命开始引起更多的关注，教育也开始同生命联系在一起，随之也就兴起一种新的教育——生命教育。

一、国外生命教育的发展状况

（一）生命教育思想

在西方，美国学者杰·唐纳·华特士于1968年首次提出生命教育的思想。其产生之初离不开对死亡教育的关注。在美国，青少年自杀率逐年上升，关于青少年的非正常死亡问题也就被提上日程。珍爱生命，爱护生命的思想主题也随之体现在美国的中小学生教育中。

（二）生命教育课程

许多欧美国家针对青少年漠视生命、放弃生命的社会现象，在学校也纷纷设置了生命教育课程。其间，也提倡家校联合，资源共享，不断扩大

[①] 黑晓佛. 回归生命走向生活——当代道德教育的精神品格与价值自觉 [M]. 北京：人民出版社，2012.

学校生命教育的内容，有关生命教育的师资队伍建设、课程体系研究等也日益得到关注，在一定程度上缓解了青少年群体的消极生命观的影响，社会状况得到了一定程度的改善。

（三）生命教育机构

在西方，研究生命教育的机构组织也随之风起云涌，遍布各个国家。例如：美国有死亡教育学会、死亡教育与咨商学会；澳大利亚有学校、政府、家庭联合在一起成立的生命教育网站；日本的青少年教育大纲，注重生命教育的传播、"余裕教育"是日本重要的生命教育内容之一；英国有生命教育中心英国基金会慈善信托机构，还有生命教育流动教室；新西兰有生命教育基金会等。一定程度上讲，这些生命教育研究机构和教育组织的成立与存在使生命教育日益长期化、组织化、成熟化。

二、中国生命教育的现状

相对于西方学界对生命教育的关注热度而言，我国生命教育研究较晚，其间把生命价值和生命教育有机结合的探讨就更少了。

（一）港澳台地区的生命教育实践

从港澳台来看，中国香港、台湾地区关注生命教育问题比较早，香港特别行政区2002年就已经成立生命教育中心，尤其以台湾教育为楷模。台湾地区的生命教育备受关注，教材体系比较完备，教学体系比较完善，从内容和形式来看，台湾的生命教育已经贯穿到学校教育的方方面面。

（二）大陆地区的生命教育与研究

中国大陆地区相对较晚，在20世纪90年代才开始提倡素质教育，相对于应试教育，倡导人本教育，从对人的关注和人的发展问题来讲，这应该也属于中国生命教育的萌芽。国家的教育文件和一系列规章制度也开始提倡生命教育工作，只是实践中还没有严格落实，一切都处在不断探索的过程中。

中国的生命教育问题是从对死亡教育的关注开始的，并且此类文章都发表在医学类刊物上。1994年，针对美国的死亡教育问题，黄天中发表了文章《美国的死亡教育的课程设计》，文中通过提出一系列疑问来介绍美国的死亡教育。"死亡也需要教育吗?"也许有许多人在乍听之下都会产生如此的疑问。然而,请深思一下,"死"是否是无人可免的,人从生下来的那一刻起,是否也得同时开始面对死亡?我们既然关心生、老、病,那么人生的最后阶段及终点站是否也同样值得我们来思考,来研究呢?① 这种思考源于一种伦理学的思考,是对美国死亡教育的思考,也为中国生命教育问题带来了新的启发——在死亡的深思中让人们关注生命教育,关注生命终极关怀问题。

1995年,刘月霞的一篇文章《来自生命末端的殷切呼唤——论死亡教育》让我们看到:在人们已经目睹到优生学的巨大魅力后,来自生命末端的优化工程——优死学又向人们发出有力的冲击。"死亡"这一研究领域,越来越引起人们的关注。随着社会科学文化的发展,要求人们对待生与死的观念也要随之拓宽与深化……②

21世纪之初,生命教育成为关注热点,生命教育类硕士论文达10篇之多,例如:

1. 张娜. 生命教育理论研究 [D]. 东北师范大学,2004年。

2. 牟忠彦. 生命教育观若干问题研究 [D]. 东北师范大学,2004年。

3. 卢锦珍. 青少年死亡教育之探索 [D]. 广西师范大学,2004年。

4. 吴晓燕:初中生命教育探究 [D]. 华中师范大学,2005年。

5. 杨海燕. 论大学生的生死教育 [D]. 曲阜师范大学,2005年。

6. 龚正华. 中学生生死观教育的主要问题及其解决策略的研究 [D]. 西南师范大学,2005年。

7. 黄建春. 论生命教育的背景及实施 [D]. 福建师范大学,2005年。

8. 吉喆. 论家庭生命教育 [D]. 河南大学,2006年。

9. 李艳. 台湾地区中小学生命教育研究与启示 [D]. 华东师范大学,2006年。

10. 陈四光. 心理健康视野下大学生死亡态度及生命教育研究 [D]. 江西师范大学,2006年。

---

① 黄天中. 美国的死亡教育的课程设计 [J]. 中国医学伦理学,1994 (1).
② 刘月霞. 来自生命末端的殷切呼唤——论死亡教育 [J]. 中华护理杂志,1995 (7).

11. 郭巧红. 医学生死亡教育教程编制和实施效果研究［D］. 中南大学，2010年。

12. 王明丽. 现代死亡观与传统道德的冲突与化解［D］. 第四军医大学，2011年。

近些年，生命教育类文章逐渐增多。一些学者已经开始关注生命教育以及与生命教育相关的死亡教育问题，例如，吴新武的文章《生命教育理论的基本原理及其现实意义》认为，生命教育理论以生活教育理论、人本主义理论等为依据，以教师和学生生命价值的充分发展和发挥为宗旨，以教育价值和教育意义的充分实现为最终目标。它试图重新发现"人为何生"的最终价值，试图重新发现"师为何生""师何以为生"的最终价值，试图重新发现"生为何生""生何以为生"的最终价值。这一理论对于人的全面发展具有重要的现实意义。① 如周德新、叶育新、周双娥的文章《死亡观教育：大学生思想教育的"软肋"》指出："我国高校目前普遍存在死亡观教育缺乏的现象。我们在对大学生进行世界观、人生观教育的同时，应该加强大学生死亡观的教育。只有树立了正确的死亡观，大学生才能正确地理解和看待他们的生命，把有限的生命投入到无限的为社会服务中去。"② 例如，胡宜安的文章《论生死观教育的必要性及其途径》也谈道："回避生死是我们教育的一大误区，面对当代学生日益凸现的生命体验与死亡认知需要，谈生论死，教育责无旁贷。生死观教育不同于心理咨询，生死观教育要真正进课堂必须完善课程建设、重视学生课堂参与、强化生命体验并形成学校、家庭与社会多方联动。"③

随着对生命教育研究的逐步深入，青年大学生生命教育问题也日益引起众多学者的关注，研究成果不在少数。

教育本身是一个涵盖多门学科的学问，而"生命教育是生命整合的教育"④，由此，生命教育涵盖了生命成长的方方面面。许小东的文章《论对

---

① 吴新武. 生命教育理论的基本原理及其现实意义［J］. 金华职业技术学院学报，2001（3）.
② 周德新，叶育新，周双娥. 死亡观教育：大学生思想教育的"软肋"［J］.《湖南文理学院学报（社会科学版）》，2005（4）.
③ 胡宜安. 论生死观教育的必要性及其途径［J］. 黑龙江高教研究，2005（8）.
④ 冯建军. 走向道德的生命教育［J］. 教育研究，2014（6）.

青少年的生命教育》，针对屡屡发生的青少年自杀、凶杀等事件给学校、社会和家庭带来了严重的负面影响的现实，主张开展对青少年的生命教育，可以完善青少年的主体发展，也可以给预防青少年自杀、犯罪工作提供一些有益的思路。[①] 王煜、喻芒清的《关于高校生命教育的再思考》认为："大学生命教育赋予了高校德育以新的内涵，它通过以学生自身体验为主的方式，使学生在任何困境中都能够找寻到生命的意义和自我存在的价值，从而确定人生目标，并以积极的态度去面对生和死。在现实的大学教育中，将生命教育作为一个单独的概念提出，并创建一套详尽的生命教育体系。"[②] 潘明芸、吴新平《大学生生命观调查及对高校大学生生命教育的思考》一文，"采取问卷调查的形式，被试者包括我国东、南、西、北的四所高校大学生，运用比较研究的方法来深入且全面了解大学生生命观现状，在此基础上提出在高校实施生命教育的有效建议和对策。"[③]吴磊的《当代大学生生死认知现状及对策探析》以阜阳师范学院部分学生为样本，从生命的认知取向、死亡的理解取向、生命教育的需求取向等三个方面对大学生生死认知和生命教育现状进行调查分析，探究高校实施生命教育的相应对策。[④] 肖杏烟《大学生生命教育课程的构建与实施》认为"大学生生命教育课程具有综合性、生活性、实践性和人文性的特点，在课程体系构建和实施过程中要坚持人本思想，用科学的理论指导生命教育课程的顺利开展。大学生生命教育课程宜选择实用取向和个人取向相结合，实现课程的目标定位、内容构建、师资组建和教学安排，并从规范教学管理、加强社会实践、重视课程评价等方面进行教学实施，把大学生生命教育课程打造成一门质量高、实用性强、影响深的人文课程。"[⑤] 韦光明《关于加强高校大学生生命教育的思考》"大学生自杀事件在大学校园内频繁发生，并有增加的趋势，大学生自杀问题已成为社会关注的焦点之一。这个问题一方

---

① 许小东. 论对青少年的生命教育［J］. 安徽教育学院学报，2004（4）.
② 王煜，喻芒清. 关于高校生命教育的再思考［J］. 学校党建与思想教育，2006（10）.
③ 潘明芸，吴新平. 大学生生命观调查及对高校大学生生命教育的思考［J］. 思想政治教育研究，2010（2）.
④ 吴磊. 当代大学生生死认知现状及对策探析［J］. 阜阳师范学院学报（社会科学版），2009（4）.
⑤ 肖杏烟. 大学生生命教育课程的构建与实施［J］. 高教探索，2009（5）.

面说明当今大学生的心理压力巨大,挫折承受能力薄弱,另一方面也说明了大学生对生命意识的淡薄。故此,全社会必须高度重视大学生群体心理健康的教育、心理素质的培养,加强大学生生命教育。"① 周贤君、胡慧娟的《大学生生命教育的缺失及应对策略》一文,"针对当前大学生生命教育'先天'的不足、高校生命教育的缺陷和生命教育环境氛围的缺失等问题,提出了思想政治教育渗透生命教育、心理健康融合生命教育、家庭社会教育关注生命教育和逆境挫折教育强化生命教育的应对策略。"② 朱春花的《女大学生生命教育的困惑及其对策研究》一文,将目光锁定女性群体,认为"女大学生自杀、杀人、吸毒、暴力等漠视生命的现象越来越受到社会和媒体的关注,究其原因,是由于心理、个人、学校、社会等因素的影响,只有夯实生命教育的基础、构筑心理健康教育网络、注重主体性道德教育,才能帮助女大学生树立正确的生命观,珍爱生命、尊重生命、敬畏生命,促进其身心和谐的发展。"③ 毛小萍的《从"李刚门""药家鑫"事件引发的深思》认为,"对生命的敬畏与对生命价值的珍惜,是现代社会健康人格的一个重要标识。当前我国大学生漠视自我生命、否定生命价值的现象屡屡可见,已经严重地影响到家庭和社会的安定,并且引起各类媒体、全社会的普遍关注,面对当前周边时而发生的轻生、暴力、他杀等现象,各大高校几乎都殚精竭虑地去应对该问题。因此本书主要通过'李''药'两起肇事案列的分析,着力于社会、学校、家庭等各个方面,探究了当代大学生漠视生命价值现象以及其错综复杂的诱因,指出要从根本上遏制这些现象,践行生命教育已迫在眉睫。"④ 王志华的《论大学生生命关怀教育策略》认为,"教育是关怀个体的生命、促进其生命发展与完善的活动。通过对1047名大学生的生命观和生命关怀现状的调查与分析发现,生命观是高校有效进行生命关怀教育的基础和前提。探讨大学生生命

---

① 韦光明. 关于加强高校大学生生命教育的思考 [J]. 贵州民族学院学报(哲学社会科学版), 2008 (5).
② 周贤君, 胡慧娟. 大学生生命教育的缺失及应对策略 [J]. 湖北经济学院学报(人文社会科学版), 2011 (3).
③ 朱春花. 女大学生生命教育的困惑及其对策研究 [J]. 辽宁农业职业技术学院学报, 2011 (1).
④ 毛小萍. 从"李刚门""药家鑫"事件引发的深思 [J]. 老区建设, 2011 (6).

关怀教育的策略，必须基于对大学生生命观现状的把握和了解之上，必须从教育的'生命原点'出发，必须加强大学生对自身心理发展的认识能力，增强其心理自救能力；同时创建生命关怀教育的专门机构，开设专门的生命关怀教育课程，建立良性、和谐的生命关怀教育系统。"[1] 贺建芹的《理工科大学生生命观现状调查及对策探析》侧重探索生命观教育的可行性途径与方案。[2]

在日益丰富的理论成果中，有关生命教育的专著成果也与日俱增：

在《生命化教育》一书中，作者赋予教育以生命力，在以人为本的时代里，呼唤教育要向生命回归，提倡生命化教育，从而高呼，"生命化教育，让教育成为生命关怀的事业；生命化德育，让道德的生命自主成长；生命化学校，让学校成为生命的乐园；生命化课程，让课程成为生命的经历和体验；生命化课堂，让课堂充满生命的灵动和创造；生命化班级，让班级洋溢生命成长的气息；生命化教师，追寻生命的意义和幸福。教育的生命化，使教育实现生命的诗意栖居。"[3] 这里的生命化教育是对教育的一种重新解读，是"以人为本"时代的教育哲学。"直面生命，遵循生命的特性，促进生命全面、自由而个性化地发展，是生命化教育的追求。在实践中，生命化的教育就是要凸显生命的灵动，焕发生命的活力，激励生命的创造，丰富生命的意义。"[4]

在《生命教育论纲》一书中，王晓虹写道："生命教育在我国已经扬帆起航。生命教育既是一种教育理念，又是一种价值追求，关怀人们生命的成长是教育的本真。生命教育既是阶段性教育，又是全程式教育，人的一辈子都需要生命教育。"所以该书从宏观角度，对"生命教育的科学内涵""生命教育的实施依据""生命教育的体系构建""生命教育的实施途径""社会分层视野下的生命教育""生命教育的价值追求"进行了精辟的

---

[1] 王志华. 论大学生生命关怀教育策略 [J]. 当代青年研究，2008 (4).
[2] 贺建芹. 理工科大学生生命观现状调查及对策探析 [J]. 山东省农业管理干部学院学报，2010 (2).
[3] 冯建军，等. 生命化教育 [M]. 北京：教育科学出版社，2007. 本书系教育部普通高等学校人文社会科学重点研究基地南京师范大学道德教育研究所成果，江苏省教育科学"十五"规划重点课题终期成果。
[4] 冯建军，等. 生命化教育 [M]. 北京：教育科学出版社，2007 (3).

阐释、论述，探究了大、中、小学生及职业群体的生命教育。① 从价值分析的角度讲，该作者关心生命的人文内涵，更注重生命教育的人文价值。

何仁富，汪丽华所著的《生命教育的思与行》② 一书，是作者就多年生命教育的教学与研究的积累，完成的一部结合理论与实践的专著，全面阐述了生命文化育人的理论与实践，作者从生命教育的学理基础、核心价值及实践模式、生命教育的现实依据、价值取向及其落实、儒学的生死智慧与生命教育、生命文化育人与大学生命教育的实践等几个方面展开论述。

大学生生命教育面临的困难和问题已经引起学者们的关注，提出问题的文章较多。例如：黄培清的文章《当前大学生生命教育存在的问题与对策》认为，"生命教育就是以生命为核心，以教育为手段，倡导认识生命、珍惜生命、尊重生命、爱护生命、享受生命、超越生命的一种提升生命质量、获得生命价值的教育活动。当前我国大学生生命教育的课程建设还没有提上日程，生命教育与校园文化活动缺乏有效结合，生命教育的实践环节也有待加强。为此，大学生的生命教育应开设生命教育的专门课程，营造感恩的校园文化，开展经常性的生命教育实践活动。"③ 在这篇文章中，获得生命价值成为生命教育的一个重要目标。

《大学生命教育的课程与教学：第三届海峡两岸大学生命教育高峰论坛论文集》④ 收录了研究大学生命教育的课程和教学的学术论文70余篇，

---

① 王晓虹. 生命教育论纲［M］. 北京：知识产权出版社，2009. 该书系湖南省教育科学"十一五"规划课题"以人为本的大学生生命教育体系的构建"（编号 XJK06BGD027），湖南省哲学社会科学成果评审委员会立项课题"从社会阶层分化看生命教育的人文关怀价值"（编号 0601005C）。

② 何仁富，汪丽华. 生命教育的思与行［M］. 北京：现代教育出版社，2016. 作者简介：何仁富，1966年出生于四川平昌，四川大学哲学硕士，清华大学哲学博士。浙江传媒学院社科部教授，浙江传媒学院生命学与生命教育研究所所长。主要从事道德哲学、生命哲学、生命教育、新儒家研究。出版《善恶彼岸的道德哲学》《生命与道德》《尼采与西方哲学》《唐君毅人文人生思想研究》《贺麟与唐君毅理想唯心论研究》《生命教育引论》等著作。汪丽华，1963年出生于四川绵竹，四川大学哲学系毕业。浙江传媒学院社科部副教授，国家二级心理咨询师，浙江传媒学院"心理健康与生命教育中心"创建人。主要从事哲学心理学、生命学与生命教育及唐君毅生命学的研究，同时从事心理咨询、生命辅导的实务工作。出版《从心到灵的生命守护》《爱，从生命里流出》《身心灵全人生命教育》等著作。

③ 黄培清. 当前大学生生命教育存在的问题与对策［J］. 教育探索，2011（5）.

④ 何仁富，刘福州. 大学生命教育的课程与教学：第三届海峡两岸大学生命教育高峰论坛论文集［M］. 北京：中国广播电视出版社，2015. 作者简介：何仁富，浙江传媒学院教授，生命学与生命教育研究所所长，国内知名生命教育专家，著有多部专著，发表多篇有影响力的学术论文。

该书共分为三篇：第一篇重点阐述生命教育的教学内容；第二篇重点阐述生命教育的教学方式；第三篇重点阐述生命教育的意义与价值。可以作为生命教育研究和教学的重要参考资料。

中国生命教育最早的提倡者之一郑晓江教授和他的团队对血泪案例的分析，让我们共同"伤逝"，共同反省。他的著作《生命忧思录：青少年生命教育刻不容缓》[①]，从生死哲学与生命教育的视角观察、分析、探讨了近年来发生的一系列反生命及摧残生命的行为，并提出解决问题的方法与途径。其中的"生命的扭曲"部分对震惊全国的药家鑫案、马加爵案、曾世杰案、"校园屠夫"案等进行了剖析，提出要把生命教育作为公民教育的重要内容，从孩子开始，培育生命尊严的意识，善待自己的生命，也善待一切生命。"生命的沉沦"部分对于近年发生的几起典型的弑师和弑亲案进行了分析，提出关注青少年情感生命的成长，用生命教育重建校园文化，重构和谐的师生关系。"生命的透支"部分重点对于女性的不当性行为、堕胎、校园酗酒等现象进行了解剖，提醒人们要珍爱生理性生命也要珍爱人文性生命，维护生命尊严，增强生命责任，促进生活与生命的和谐，提升生命的品质。"生命的呵护"部分对于留守儿童、中学生性教育、学生课业负担等问题进行了分析，希望人们能为青少年成长营造良好的环境，关心留守儿童，减轻课业负担，帮助青少年建构正确的性道德观。"生命的善待"部分从生命的视角对"黄山门"、虐待动物等事件进行分析，希望人们对生命将"爱"进行到底，爱自己的生命、爱他人的生命、爱动物的生命。

《走进生命的教育——教练型班主任专业修炼》[②]是作者梁慧勤在其独立承担的广州市教育科研"十一五"规划课题《应用教练技术促进班主任专业成长的研究》和广东省教育科研"十二五"规划课题《教练式语言模

[①] 郑晓江. 生命忧思录：青少年生命教育刻不容缓[M]. 福州：海峡出版发行集团，福建教育出版社，2012.

[②] 梁慧勤. 大夏书系·走进生命的教育：教练型班主任专业修炼[M]. 上海：华东师范大学出版社，2016. 作者简介：梁慧勤，广州市白云区教育发展中心教研员、教师培训师。长期从事中小学教师职前学历教育、职后学历提升及继续教育的教学工作，主要研究及培训方向为班主任专业发展、学校人力资源管理与开发、教师培训策略等。近年来，将心理学和管理学领域的全新研究成果应用于教育领域，教练出一批有教育热忱和懂专业技能的中小学教师，成为教师专业成长的陪伴者和助燃者。

式在班主任工作中的应用研究》基础上，提炼出教练型班主任的理论框架。作者将心理学和管理学领域的全新研究成果应用于教育领域，结合一线班主任的工作案例，从班主任自我调适、有效沟通和班级管理等角度，为中小学班主任提供了快速有效、便于操作的方法与策略。

《生命意义的追寻与教育目的的叩问：我国中学校长职业幸福感研究》[1]的作者翁琴雅，以中学校长的职业幸福感为研究内容，拟通过理论分析框架的构建和量表的开发，统计总体状况，对比个体差异，在探究分析各方面影响因素的基础上，提出了相关的提升途径等建议。《教师生命教育7讲》的作者沈琪芳和夏雪梅则主要是就面对生命和死亡、幸福在哪里、生命的自我修炼、生命智慧的课堂、师生的生命对话等展开论述。中心内容是谈教师的生命力及其对学生的影响。书中指出："教师首先是一个人，然后才作为一种职业而存在。"并且在"一个没有生命力的教师，如何激发学生的生命活力"的追问中，强调和重申着教师的生命力之所在。[2]

《上海市中小学生生命教育研究》为上海市教育委员会德育处、上海市教育科学研究院普教所联合编写的关于如何面对中小学生进行生命教育的理论和实践研究著作。从理论到现状调查，对生命教育的实施提出建议，并提供了一系列的活动案例，给老师以详细的活动教学建议。[3]

从中不难看出，迄今为止，我国的生命教育研究有自己鲜明的特点：

第一，生命教育涉及的研究对象多为中小学生。在大量的研究成果中，生命问题的关注对象多是中小学生，原因也易于理解，中小学生群体年龄小、发育不成熟、缺少足够的判断力等。未成年的特质需要监护人和学校教育的影响和干预。同时，相对而言，中小学生群体教育活动较容易组织，成效也会非常明显。

第二，生命教育理论探索已开始多角度多学科。我国的生命教育研究

---

[1] 翁琴雅. 生命意义的追寻与教育目的的叩问：我国中学校长职业幸福感研究[M]. 杭州：浙江大学出版社，2016.
[2] 沈琪芳，夏雪梅. 教师生命教育[M]. 上海：华东师范大学出版社，2012.
[3] 吴增强，高国希，教委德育处. 上海市中小学生生命教育研究[M]. 上海：上海教育出版社，2016.

成果，已经涉及哲学、文学、社会学、生命科学等多个学科，在自然科学和社会科学之间架起了沟通的学术桥梁，极大地丰富了生命教育理论的研究内容。

第三，大学生生命教育理论研究著作严重不足。一方面是大学生对生命问题关注较少，由于大学生有多年的受教育经历，积累较多，自身发育比较成熟，已经形成了自己的价值观，加之高校学习中的专业性局限，不容易接受专业外的理论知识。另一方面是研究者对生命教育仅限于生命本身，难以展开探讨。

第一章

渊源钩沉：中国生命价值观的历史发展与文化特质

中国是拥有上下五千年历史的文明古国。这个骄傲的国度，创造了数不胜数的人类奇迹。其自然科学和人文科学领域的成就，更是引起世界的关注。在中国漫长的历史发展过程中，围绕生命价值的理论探索更是灿若繁星，形成了具有中国特色的文化特质。因何而生？为何而活？死里求生？针对不同的生死问题，中国圣贤儒者都用自己的学说给出了不同的回答。

第一节　因何而生：探索生命的前世由来

生命是多个学科领域热衷研究的对象。这里，把生命锁定在理论认知上，锁定在对人的关注上。不可否认，被赋予万物灵长的人类，从未停止过对生命的探索和思考，而且"在人类思考的所有问题中，生命价值是一个起点。人类所有的高级思想，无不源于对生命价值所做的沉思和求索。世界上每一种宗教、每一种哲学、每一种科学，以及求真、求善、求美、求圣之途无不由此起航。"①

然而，由于时代环境和自身经验的不同，华夏文明史中，有关生命的探索追问各不相同，呈现出苏轼所诗云"横看成岭侧成峰，远近高低各不同"的样态。

一、中国历史的童年时代：生命与神灵共舞

儿童最善于用自己的想象来编织属于自己的童话，而且还会乐于其间。通过一个个类似"过家家"的游戏，儿童来定位自己的角色，不用成人思

---

① 王定功. 生命价值论［M］. 北京：教育科学出版社，2013：1.

维，远离大人话语，打破成规定势，获得自得其乐的精神满足。

（一）神造论

在中国历史的童年时代，人们将不可知的生命编进了想象的世界，这个世界的主宰就是上天的神——这个神可以创造人类的生命，也可以主宰人类的生命。

盘古开天辟地的传说是中国古代人的独特世界观，这种世界观创造出无数神造论的故事。世界的诞生依托于神，而生命的起源就是一个凡人与天神的对话。在人类历史长河中的蛮荒时代，古代的中国人还无法解释来自自然万物的侵袭与灾难现象，自然会将生命的起源归于可以主宰世界的神。因为他们认为，只有想象中的神灵才具有超凡的力量，才可能主宰世间生灵的命运。人类生活的世界是神人的创造。宇宙的形成归功于盘古。

盘古开天地的故事讲的就是盘古用神斧将混沌的世界劈成了两部分，从而清气升腾成为天，浊气下沉成为地。盘古也因劳累而死，其身体的各部分也变作日月星辰和山河草木，自此才有了宇宙万物。《广博物志》卷九行《五运历年纪》这样记载："盘古之君，龙首蛇身，嘘为风雨，吹为雷电，开目为昼，闭目为夜。死后骨节为山林，体为江海，血为淮渎，毛发为草木"。宇宙万物的生成是盘古的贡献，也是中国历史神话故事中有关天地生成的最早传说。盘古最早见于三国时徐整著的《三五历纪》。其后，梁任昉撰的《述异记》称盘古身体化为天地各物。《五运历年纪》《古小说钩沉》辑的《玄中记》亦有类似记载。所以当代学者们对盘古评价极高，认为"盘古是中国古代传说时期中开天辟地的神，是中国历史传说中开天辟地的祖先，他殚精竭虑，以自己的生命演化出生机勃勃的大千世界，为千秋万代的后人景仰。盘古是自然大道的化身，在开天辟地的传说中蕴含了极为丰富而深刻的文化、科学和哲学等内涵，是研究宇宙起源、创世说和人类起源的重要线索。而他的'鞠躬尽瘁、死而后已'的献身精神，更是人类精神的至高境界，历来为仁人志士所效尤。千百年来，盘古文化在这片他以自己的生命所化的热土上，流传不息，不断繁衍，延续古今，传播中外，成为中华文化中一颗璀璨的明珠。"

实际上，在不可知的混沌世界里，人们只能通过想象来臆造心中的神灵。盘古只是其中之一。先民的想象力是丰富的，当万物得以生息的宇宙产生了，那么人类的生命也必然在新的想象中的神灵手里诞生。

女娲抟土造人的神话是中国古人的生命观，这种生命观让人的出现与神灵神力紧密相连。

也许，仅仅有宇宙空间和自然万物并不能满足神灵的要求。可以说，在天神与生命的关联中，人的生命是神的创造物。于是，女娲这一位富有神意的想象之神，便很自然地走进了人类生命的源头。

据《山海经·大荒西经》记载："有神十人，名曰女娲之肠，化为神，处栗广之野，横道而处。"其中大意是：人类有十位神人，但他们都是女娲的肠子变成的神，他们居住在大片的庄稼地里，睡时横卧在马路之上。又曰："女娲，古神女而帝者，人面蛇身，一日中七十变。（郭璞注）"

从中看出，女娲神力无穷，相貌奇异，曾是传说中的三皇五帝之一，一天之中能作七十次变化。显然，她具备了赋予人类生命起源的神力基础，也成就了中国先人赋予生命诞生的神话色彩。

据东汉古籍《风俗通》记载：

> 俗说开天辟地，未有人民，女娲抟黄土做人。剧务，力不暇供，乃引绳于泥中，举以为人。故富贵者，黄土人，贫贱者，引绳人也。

其内容大意是说：据民间传说，开天辟地时，大地上还没有人类，女娲用手抟了黄土，创造了人类。她工作太忙了，以至于一个人的力量远远赶不上自然对人类的需要，于是用一条绳子放入泥浆内，然后举起绳子一挥洒，溅落的泥点也都变成一个个活生生的人。后来人们就说，富贵的人，就是女娲抟黄土造的，贫贱的人，就是女娲甩绳子溅落的泥点变成的。

在历史可以追溯的源头，女娲造人的故事，走进老少妇孺儿童时期的记忆里。当没有人类生命的时候，盘古完成了开天辟地的重任，但是并不能让人类生机勃勃，富庶繁荣。于是，为了让寂寞的世界富有灵气与生机，实现世代繁衍，女娲开始抟土造人，而且是按照自己的模样，捏出数以万计的黄土小人。这些黄土人拥有五官四肢，放在地上即可活蹦乱跳，能言会动，其丰富多态自然让世界日益生动起来了。随后，再制定婚配制度，规定只能男女交配，以此区别于自然界的禽兽异类，自然而然，人也就成了独立于禽兽之外的高级动物，女娲成了"神媒"，贯誉为"母神"。如是种种，世间万物得以生息发展，大地一片安详和谐，人类有了可以自圆其说的开始。

(二) 转世说

文学的叙述总会让生命披上神秘的面纱。在神话时代，不仅人类有可以依托的神仙打造，而且各类传奇人物通过神的指点得以诞生，这在历代的文学作品中可以见到。诸如：在小说中，《西游记》中的孙悟空是汲取日月精华并受天地神灵护佑的石猴；《红楼梦》中的贾宝玉是女娲补天的第366块石头投胎转世，林黛玉是仙草一株；《聊斋志异》的世界里狐狸会幻化成美人……诸如此类的文学名著，通篇文字记载着人类对神灵的崇拜，也述说了生命与神灵的渊源。仙化转世的说法符合蒙昧时代的需求，自然让古人宁可信其有，而不愿意信其无。先人们在充满想象力的世界里来编制一部部生命孕育的传奇。

转世的说法自然会让人们想起佛教。转世之说是佛教的教义之一。佛家教义在绵绵叙述着生命轮回的故事。尽管它是外来宗教，但是却能从精神层面回答人们关于生命的诸多疑问：生命是否有轮回转世？人是否在死之后有新的去处？佛教认为，生命有因果报应，并且在牵引力的作用下于六道中轮转不休，让人生生死死，生既是死，死也是生。许多人为获得来世新生，自然会多行善事，以求善果。

实际上，不仅仅中国古代人相信转世的说法，西方人也对转世的天堂充满虔诚和敬畏，例如：

根据英国一项调查，有55%的英国人相信天堂存在，53%相信死后的生命，还有多达70%相信人类有灵魂；39%相信鬼魂存在，27%相信可以投胎转世。这项调查显示欧洲基督教国家的人民，也相信佛教有关轮回转世的说法。相较于20世纪50年代的调查，当时只有10%的英国人相信鬼的存在。

复活节期间，丹麦人再度思索"死后将往哪里去？"根据日德兰报纸的调查显示，27%的丹麦人相信，亲友逝世后，还能再相遇。调查报告也显示，17%的丹麦人相信，死后会到天堂与亲友相会，10%的丹麦人相信，亡灵会重生到某个灵界。

丹麦宗教历史学家克里斯汀娜·曼克分析说，这项调查表明很多的丹麦人相信，死后不是一了百了，而是将有生命延续，也有具体的相会时间与空间。[1]

"在对宇宙的最早的神话学解释中，我们总是可以发现一个原始的人类学与一个原始的宇宙学比肩而立：世界的起源问题与人的起源问题难分难解地交织在一起。宗教并没有消除这种最早的神话学解释。"[2] 可见，人的最初出现，离不开各路神仙的打造，人自然成了神的仿生物。诸如此类的神话，还仅仅是人类对于生命来源问题的最早探索，而且这种有关生命起源的探索一直延续至今，成为中国传统文化中的一个重要组成部分，也使得人们对生命的价值认识停留在有关天命的认同上。天命既是想象世界的神道，也是圣贤学说的自然之道。

二、中国历史的圣贤时代：生命归于天命

在中国上下五千年的传统文化中，讲到圣贤，离不开孔孟之道。在华夏文明史中，孔子和孟子分别被赋予了"至圣"和"亚圣"的思想地位，并引起了世界性的反响。在2009年10月28日，美国众议院一方面充分肯定了孔子对世界文化的贡献，提出孔子对中国以及日本等全球许多国家来讲，都有着深远而有意义的影响，对人类来讲，孔子的君子为政之道以及仁、义、礼、知、信等儒家思想都具有很高的参考价值，并一致通过了将孔子的诞辰定为纪念日的议案，足见其影响之大。历史回眸，在儒家思想居于主导的先秦时代，儒家和道家都对"生命"问题进行了思考，并提出了迥然不同的生命观。我们会发现：生命的意义与天命紧密地结合在一起。这"天命"即是客观存在的自然规律。

（一）敬畏天命：生命始于自然

孔子遵奉"天命"，提倡"乐天知命"。在《论语·为政》中，孔子把生命看作是一个由童年逐步迈向终老的自然个体，并且在不同时期拥有不

---

[1] http://wh.zgfj.cn/LunWen/2010-09-01/9642.html. 中国佛教文化网，2009-04-15.
[2] [德] 恩斯特·卡西尔著. 人论 [M]. 甘阳，译. 北京：西苑出版社，2004：6.

同的生命认知和使命：在人"十有五"时，重在"志于学"；在人"三十"之时，要至于"立"；在人"四十"之时，不再徘徊困顿，进入一个无"惑"的阶段；当人"五十"之时，已经知道"天命"的所在；在人"六十"的时候，自在"耳顺"；当人"七十"的时候，就应该达到"从心所欲""不逾矩"的境界。在孔子看来，人的一生是天意所定，人只需要遵守敬畏即可。

正是源于对天命的敬畏和尊崇，孔子在言语中认为生命的价值就在于物欲层面的简单和修身层面的自爱与爱他。具体而言，就是无欲无求，遵循自然规律，爱己、爱他人，用实际行动做到爱父母的孝行、爱学习的乐道、爱国家的入世、爱民众的治政等。

圣贤对物质追求甚少，体现在衣冠粗布，餐饮粗茶淡饭，坐卧简宅陋室，很少有现代人意义上的奢华排场，尤其主张亲近山水，乐道治学，修身养性。圣贤们大多热爱自然，喜欢在恬淡的自然山水间问道求学，并自得其乐。《论语·述而》中描绘的正是这样一个场景，"饭疏食饮水，曲肱而枕立"，故"乐亦在其中矣"。《论语·先进》中，孔子徜徉在无尘喧嚣之境中，"冠者五六人，童子七八人，浴乎沂，风乎舞，咏而归。"孔子的这种沉醉自然清风的论说，自然影响了学生颜回，即使"一箪食，一瓢饮，在陋巷。人不堪其忧，回也不改其乐。闲哉，回也！"（《论语·雍也》）治学是人生的一项重要内容。孔子提倡勤奋治学，甚至要达到"发愤忘食"（《论语·述而》）的地步，由此"朝闻道，夕死可矣"（《论语·里仁》）。子曰："志士仁人，无求生以害仁，有杀身以成仁。"（《论语》）提倡仁重于生，重视杀身成仁。在孔子看来，对"仁""道"等的追求要远远高于生命本身，在这一理念的指导下，其思想自然就会"求仁"不求生，为理想而不为生命。

圣贤对自我修身的要求非常高，这种"润身"[1]体现在不仅爱自己爱父母，而且也要爱他人他物，以及更高层面的爱国爱民。

从爱己孝亲层面上看，由于对孝的遵守，孔子提倡爱自己，尤其是要爱护自己的身体，即"身体发肤，受之父母，不敢毁伤，孝之始也。立身

---

[1] 礼记·大学. 原文是"富润屋，德润身，心广体胖"。

行道，扬名于后世，以显父母，孝之终也。""夫孝，始于事亲，中于事君，终于立身。"(《孝经》) 就是说，身体是父母所给予的，为了不让父母担心忧虑，也应该不让自己的身体有任何的伤害，这是尽孝的开始。这自然要求任何人都不能轻易用死来作为承诺，更不能"许友以死"(《礼记》)，这都是对父母的不孝之言之行。孝顺父母是中华民族的传统美德。每一个生命体都是父母所赐予的。为人儿女必须孝敬父母。因此，在儒家的生命观中，孝敬父母是天经地义的事情，而且理所当然。为了尽孝，儿女要时常在父母身边，即使远游也应该有固定的处所，只为不让双亲担心，所以才有了《论语·里仁》中"父母在，不远游，游必有方"的说法。

从爱国爱家的层面上看，古人讲究齐家治国。古人具有浓厚的家国情怀，往往在自己的学说中把家与国紧密地联系在一起。齐家是修养，是入世治国的基础；入世是目标，是治国的必然选择。"所谓治国必先齐其家者，其家不可教而能教人者无之。故君子不出家而成教于国。"(《大学》) 古人为政力主执政爱民。古代圣贤不仅推崇爱自己，爱自然，而且由此引申到爱国爱民。对平民百姓之爱，《尚书·周书·康诰》曰："如保赤子"，即保护老百姓就如同母亲爱护自己的婴孩一般。

(二) 天人合一：生命依附自然

道家是自然生命观的典型代表。正是由于对自然天命的尊崇，圣贤道学主张生命与自然的和谐，从物质和精神层面追求天人合一的理想。《老子》第二十五章中言："有物混成，先天地生，寂兮、廖兮。独立而不改，周行而不殆，可以为天下母，吾不知其名，字之曰道。"宇宙形成之初，世界一片混沌，苍茫辽阔，先生天而后有大地。如此周而复始，四季轮回，不生不息。这孕育于自然中的道就是宇宙法则，是自然规律，也是人与天相融合交集点。由此，如老子的《道德经》第四十二章所言："道生一，一生二，二生三，三生万物。""天地与我并生，而万物与我为一"。冯友兰先生说过"道家的出发点就是舍生避害"，即保全生命，排除威胁生命的各种力量。"今吾生之为我有，而利我亦大矣：论其贵贱，爵为天子，不足以比焉；论其轻重，富有天下，不足以易之；论其安危，一曙失之，终身不复得。"(《吕氏春秋·重己》) 从中可以看出吕不韦这种生命至上，珍惜生命的生命观。吕不韦则认为人的生命珍贵而不可替代，即使贵为天子、富甲天下也不能跟生命相提并论，所以主张人们应当看重和珍惜生命。这种生命观比较容易为近现代人所接受。

不仅人的物质生活和物质生产要依附于自然，人的精神世界也要在自然中去旧除新，如汤之《盘铭》所记曰："苟日新，日日新，又日新。"（《大学》）"盘"虽然是商汤的洗澡盆，然而"新"本指洗澡来除去身体上的污垢，使身体焕然一新，但是引申义则指人在精神上的弃旧图新。

在儒道共生的中国传统文化中，儒家侧重生命的当世性，追求入世，奉献国家，建功立业；道家侧重忘情山水，主张通过"心齐"修身、"坐忘"求立，并且在精神境界上摒弃生死的区分，实现与大道的自然合一，达到"死而不忘"，从而保持了精神修炼的人生哲学。

第二节　为何而生：追问生命的意义载体

中国古人对生命的思考离不开文化载体。文学、艺术、事业、理想等都是生命意义的对象化，德行、文章、功名都是生命意义的载体，承载了不同时代、不同人群的生命价值思想。

一、以德为体，立德修身

生命的意义可以是以德养心，在立德修身中实现德治理想，生命的价值体现在一言一行的德行操守中。中国古代的圣贤儒者主张养德修身，治贤治理，通过自家学说修身而养性，目的是成为一代贤者智者。孔子，因自成一家弟子三千而开圣学之先，成一代圣人，万世师表。孟子，因承继儒学要义而尊至亚圣。圣贤的生命价值在于立德、传道、修身，为后人授传圣贤之道。其后世儒学代代相传，虽有变革，虽有标新立异，但是贤道未变，德心未改，延续至今仍是中华民族的优良传统文化。"以德治国"的治国理念，"德法兼修"的人才培养目标，都是立德修身的生命价值思想在不同领域的影响和实践。

二、以文为体，文以载道

生命的意义可以是文质彬彬，以文章立身实现"文以载道"，生命价值体现在口诛笔伐的文章中。俗话讲："言为心声，文如其人"，"字如其文"。"文如其人"源于文豪苏轼的《答张文潜书》："子由之文实胜仆，而世俗不知，乃以为不如；其为人深不愿人知之，其文如其为人。"武者一杆枪，文者一支笔。因为文字与写作者的性格精神气质具有对应性，所以人们常常以"文如其人"来探寻作者的性格和心理特点。承载论事之道的文章往往体现出一介书生的价值观。在古代，读书人的价值追求在于能写出一手好文章——承载世间正道，抒发人生真义，展示满腹才华，既可以启迪人生，又可以治国为谏。

三、以名为体，功成名就

生命的意义可以是追求事业发展，以事业立身赢得"功成名就"，生命价值体现在建功立业的事业中。《左传》有不朽的"三立"之说，即"太上有立德，其次立功，其次立言，虽久不废，此之谓不朽。"中国古人在有生之年强调为国建功立业，为家传承家风，具有强烈的标榜青史，后世留名的价值追求。实际上，这种显著的"留名"情结是一种典型的生命价值观，既体现了个体生命的存在意义，也为国为家为他人做出了贡献，身前身后都是生命留下的足迹，其中的"功"与"名"都是生命意义的符号，生命价值的载体。难怪专家学者会概括说"在传统的文化上，无论古今中外，都在指出：一个人生存在天和地之间，要顶天立地；生活在人与人之间，要出人头地。这都表示对人生的积极的、进取的看法。"[1] 千古第一女词人李清照高唱"生当作人杰，死亦为鬼雄"，大丈夫文天祥奋笔疾书"人生自古谁无死，留取丹心照汗青"……这些都是为留后世美名而生之价值观的体现。

---

[1] 邬昆如. 人生哲学 [M]. 北京：中国人民大学出版社，2007.

第三节　死里求生：寻找生命的终极归宿

当然，生命问题的思考角度无非就如同硬币的两个方面，离不开生与死的双向思维。人们的忙忙碌碌，要么忙着生，要么忙着死。既然生命要从生命伊始出发，直到终极死亡为止，那么生命价值的追问就离不开关于死亡的思考。人们往往会在终极世界里探寻活的意义。重视生命价值的思想者们，历来把生与死作为一个重要问题来探讨。

一、百家争论的生死观

中国古代的诸子百家生死观各异，这些学说观点奠定了华夏几千年思想文明的基石。

春秋时期，世道人心失度，盛周纲常无序，如《易经》所谓"天地闭，贤人隐"之困扰。于是"世衰道微，邪说暴行有作"，甚至出现"臣弑其君者""子弑其父者"，如此不堪的社会乱象引起孔子的忧虑，即"孔子惧，作春秋"，以正名位，以倡王道，以归天命，这正是《孟子·滕文公上》所记史文。正是怀"为天地立命"之心，圣人孔子完成了《春秋》大作。儒家认为，宇宙本质是"生生"，滋生万物，"天地"有"好生之德"，以德配天。如是，人应该有"生生不息"的精神，珍惜生命，修养心性。所以，儒家代表人孔子在回答自己学生子路所提出有关死的疑问时，就曾直言："未知生，焉知死？"意在过好今生，关注当下，引无数学者入世报国，服务于封建君王。

儒家学说承继者孟子谈到"生亦我所欲，死亦我所恶"，虽喜生恶死，但是仍主张"舍生取义"，主张性善之说，弘扬死而为义的思想，也主张自我反省，让生命亲近教育环境，用"浩然之气"发展了孔子的"天人合一"之说。

战国时期，七雄争锋，思想交锋日益尖锐。孟子的"性善说"已不能满足现实需要。荀子的"性恶说"兴起，其强调人的劣根性，必须通过外在治理约束才可能实现为善之行，生命也必须接受管制和教育，通过"师法之化"来实现"礼义之道"，一方面促进了法家之学，一方面带来了暴政专权，直至彻底摈弃天命之说。这在法家著作《韩非子·五蠹篇》中得到了充分的体现——"上古竞于道德，中世逐于智谋，当今争于气力"，最终提出了强权政治，其学说为强权政治服务，其生命也为强权政治献身。

道家学说则不同，在尊天命的言行中，老庄主张亲近自然，表面是追求清静无为，实则纠偏私欲，戒图荣华，小看富贵，在无中求有，有的放矢，拥有一个充满真性情的人生。如庄子所言的"死生为昼夜"，认为生死是瞬息之间的事情，所以"生亦何欢，死亦何苦"，对生死要顺其自然，更要乐观对待。同时，生命也是自然之气的不同存在形式，"人之生也，气之聚也，聚则为生，散则为死"，生命不仅依附自然，不仅具有自然变化的客观规律，而且生命同自然万物相比，又显得非常渺小，无非是"天地一指也，万物一马也"[①]。正因道家主张生命的自然性，在逍遥自在中享受生命，由此逐渐推崇清静无为，乐道养生，炼丹成仙，画符驱鬼，祈望长生不死，而这种追求永生的观念直接影响到秦始皇的政业，使其毕生炼丹逐仙，在历史的大舞台之上上演了蓬莱梦想终未已的悲剧。但是，道家神仙的诉求反映出了古人的生命意识。"在先民们的精神世界中，最大的局限莫过于生命本身的局限。摆脱这种局限，是先民们一种持久的愿望。故而，当我们考察神仙信仰体系的时候就会发现，无论是民间的口头传说还是道教的经典文献，都通过理想的方式来表达超越生命局限的愿望。于是，祖先或英雄人物在死后往往成为蜕化升仙的典型。在先民们的心目中，无论是黄帝、老子、姜太公，还是妈祖、临水夫人、关圣帝君，他们都是'死而不亡'的。他们在先民心目中的存在方式就是蜕化飞升到天宫，在天上仙班享有位置，而后又降临人间，作为先民们的保护神。"[②] 魏晋时期的《抱朴子·内篇》即是一本求仙炼丹的名作。魏晋玄学以及竹林七贤的自然隐居生活，都一定程度上承继了道家之说，在出世的境界中逍遥自在，

---

① 庄子. 齐物论.
② 詹石窗. 道教文化十五讲 [M]. 北京：北京大学出版社，2003：103.

获得精神的自由。

以孔子和老庄为代表的儒道两家,都有周游列国的人生经历,也都为后世留下了经典之作——《论语》和《道德经》。虽然是同样的经历,但形成了不同的思想。儒道两家的生命价值观影响了中华文明几千年的人生哲学:要么在道德规约中修德,选择天人合一;要么在禁欲中完善内心,实现心道合一。

佛教又称释教,其在中国的传入是两汉时期的事情。佛教虽然是印度宗教,但是在我国却流播甚广。佛家追求极乐世界,讲究生死轮回,期盼凤凰涅槃,在来生来世获得圆满,相信死后同样可以获得生命的延续,主张行善事,在因果报应中转世投胎,重生可待,真正的佛者也会在念经祷告中消除罪孽,摒弃欲望,修成正果。其积善留德的生命价值思想也满足了统治者维护既有秩序的政治需要。

儒释道三家是中国古代的三大文化影响源。曾经历独是一家到三教合一的历史发展过程。但是,不管哪家学说居于主导,中华民族自来不缺少有关生死的论说。在中国古人的世界中,生命视野包含了生与死这两重边界。人们也是在司马迁那句"人固有一死,或重于泰山,或轻如鸿毛"的慨叹中,日益强化着生命价值的深意。

二、文人笔下的生死观

中国文人已经在字里行间就生死问题达成了共识,基本认为生死的规律就是万物的规律,类似花草树木,江河流水,由枯而荣,由生而死。

西汉时期最著名的大辞赋家扬雄认为:"有生者,必有死;有始者,必有终。"[①] 东晋道教学者葛洪也曾直言不讳:"有始者必有卒,有存者必有亡","死者,人理之常然,必至之大端"[②]。一代文豪苏东坡在《赤壁赋》中无限感叹生命的短暂,"哀吾生之须臾",羡慕滔滔江水的无穷无尽,"羡长江之无穷"。但是,尽管生命有涯,也要保持乐观情怀,要"自其变者而观之,则天地曾不能以一瞬;自其不变者而观之,则物与我皆无

---

① (西汉)扬雄. 法言. 第十二卷之《君子》。
② (东晋)葛洪. 抱朴子·内篇·论仙。

尽也。"

难怪《红楼梦》中的林黛玉会在《葬花吟》中凄婉哀叹道："尔今死去侬收葬，未卜侬身何日丧？侬今葬花人笑痴，他年葬侬知是谁？试看春残花渐落，便是红颜老死时；一朝春尽红颜老，花落人亡两不知！"

三、战争时期的生死观

战争时期，向往和平是最朴实的理想。人们主张为和平而战，生命可以为正义而死，生命的价值可以在死后获得永生的力量。在这种背景下，中国人民会万众一心，八年抗战抵御日本侵略者的入侵，展示了抗日战争中的英雄风采。随之的国内战争、解放战争都让中国官兵和民众为这份朴素的理想抛头颅洒热血，赢得了一个又一个的胜利，最终赢来万众瞩目的和平年代。

战争时期，民族存亡是第一位的需求。人们愿意为民族而战，声明可以为国家而死。毛泽东为刘胡兰题写："生的伟大，死的光荣。"这一题词也高度概括了中国战争时期的生死观。战争时代的生命要为正义、和平而生，要为人类的解放事业而战，这样的生死观才有意义，才有价值。无数革命烈士也正是在这样的生死观影响下，毕生用大无畏的精神战斗，直至取得革命的胜利。

四、和平年代的生死观

人总是要死的，但死的意义有不同。司马迁说过："人固有一死，或重于泰山，或轻于鸿毛。"为人民利益而死，就比泰山还重；替法西斯卖力，替剥削人民和压迫人民的人去死，就比鸿毛还轻。张思德同志是为人民利益而死的，他的死是比泰山还要重的。（毛泽东，为人民服务，1944-09-08）"为人民服务"是中国人民始终遵守的为官为民的生命价值标准。在社会主义建设的新时期，这种生命价值观继续发挥着引领中国党员干部建设社会主义事业的积极作用。

和平年代里，生死观发生了巨大变化。一方面，大多数人受中国传统文化的影响，忌讳死，奢谈死，认为"好死不如赖活着"，即使没有为他人为社会做出贡献,但是仍要活下去。一定意义上讲,这种观念认为只要活着就是生命的意义和价值。另一方面,一部分人对生命的要求是幸福指数和快乐指数,做事不在乎结果,只在乎曾经拥有。持有这种观念的人行事做人方面都比较自我,潇洒生活,自由自在,在物质条件允许的情况下,最大化地追求精神世界的满足。

第四节 德育为先:中国生命价值观的文化特质

中国生命价值观的文化特质是德育为先。无论是"英雄豪杰的人生观,或是仁人志士的人生观,或是一般百姓对生活的见解,都形成生活习惯,并进一步成为文化的一部分。这些文化开始时是局部的,通常是发生在河流两旁,或是出海口的三角洲。而在世界各地许许多多的河流中,似乎在三千年前就已形成了许多文化群。这些文化各有各的特性,像尼罗河的物质文明,有金字塔、木乃伊的发明;像恒河的宗教气节;像黄河流域的道德意识,都是文化特质的象征。"[1] 从古至今,道德修为是中国人的立身之本。中国文化的土壤孕育了先民以德为先的生命观。在这里,生命为德而生,生命为义而终。教育并不是简单的知识传输,更多的是道义的传承。从一定意义上讲,农耕文化的合作,道德文化的滋养,必然决定了中国古代圣贤教育的核心是德育。"道德文化是中国发源于黄河流域的一大特色,这是经过良知的反省后,提升求生存的层次之后的高一层文化。"[2] 在道德律令中,纯朴的天命观能够用修德来完善自我,做人做事要求分寸尺度,约人约己,救人救国,并对逆天命者给予口诛笔伐,起到道德威慑作用。而这种天命观也不仅仅限于道德自律,也需要教育的干涉,这个纳入中庸之道所言及的"天命之谓性,率性之谓道,修道之谓教。"

---

[1] 邬昆如. 人生哲学 [M]. 北京:中国人民大学出版社,2007:18.
[2] 邬昆如. 人生哲学 [M]. 北京:中国人民大学出版社,2007:20.

一、经典篇章里的德育：从蒙学读物到方家论纲

在古代中国，关于德行修养的教育观念常常体现在蒙学读物和经典篇章中。《论语》虽然万余言，却是德育的经典读本，师徒问答之间道出了有关教育的主旨，即仁爱为主，修身齐家，德行始终是为人的根本；《三字经》短小易读，起句"人之初，性本善，性相近，习相远。苟不教，性乃迁。教之道，贵以专。"意在说明，在生命的最初时期，人的本性都是善良的。但是随着时间的推移，若不进行教育，人的性情就会发生改变，直接指出后天教育对于一个人品德形成的重要性。《大学》里，治国的大事基于治家。"所谓平天下在治其国者，上老老而民兴孝；上长长而民兴弟；上恤孤而民不倍。是以絜矩之道也。""絜"是丈量长度的工具，"矩"是丈量面积的工具，"絜矩"即画方形的用具，引申为法度，儒家以絜矩来象征道德上的规范。这里"絜矩之道"就是规范人们日常行为的规范尺度。具体而言，这就是一种在讲求家族关系基础上的治国方略。《诗经》举的例子非常形象："桃花鲜美，树叶茂密"，女孩子出嫁了，让全家人都和睦；"兄弟和睦"，一家人自然就和睦。只有家庭和睦，兄弟友善，国家才可以获得太平。治国必先治家，国乃"民之父母"。由家及国的思路既体现了上行下效的积极政治主张，也看到了家国相互关联的影响作用。《孟子·离娄上》中有"不以规矩，不成方圆"一句，其间，"规"指圆规，"矩"指曲尺，比喻做事要遵循一定的法则。这种讲规矩，重规范的教义贯穿中国古代经典著作的始终。而《大学》中所笃守的"慎于德"就是强调德的重要性。其原因在于"有德此有人，有人此有财，有财此有用，德者，本也；财者，末也。"德行与人、财、用具有不可分割的直线联系。

二、现身说法中的德育：从个人孝行到家国情怀

在古代中国，从教育方法和内容方面看，案例往往是进行德行教育最实用的经典例证。其中，由个人教育环境出发，比较讲究个人孝行和家国情怀。孟母三迁讲述环境育人的道理；黄香温席传递孝道尊亲的温暖。孝感动天、单衣顺母、戏彩娱亲、卖身葬父、郭巨埋儿、卧冰求鲤等孝道故

第一章 渊源钩沉：中国生命价值观的历史发展与文化特质

事口耳相传。尽管鲁迅曾用他尖锐的笔墨批判传统的《二十四孝图》，但是，谁也不能否认由此带来的古人有关孝亲的既定认知。可以说，古代很多教育内容都是在或口述传说或文字记载的实例中完成的。"虽说中国文化既是有丰富面向的、又是有诸多层次的，可唯有谈论道德修养的话语，才堪称它的正宗与主流。"① 为此，生命可以贡献给双亲、贡献给君王，唯独没有为自己而活。

在中国，儒家文化的生命价值观深深地影响了数代中国人的人生选择。在更高的层面上讲，生命可以属于社会，属于国家，所以，我们遵守着孟子的箴言："鱼，我所欲也，熊掌亦我所欲也；二者不可得兼，舍鱼而取熊掌者也。生亦我所欲也，义亦我所欲也；二者不可得兼，舍生而取义者也。""富贵不能淫，贫贱不能移，威武不能屈，此之谓大丈夫"。所以，我们称赞着文天祥那句"人生自古谁无死，留取丹心照汗青"的豪迈。那些为国为民的慷慨陈词至今仍令人歌颂。如叶挺的囚歌，夏明翰的"砍头不要紧，只要主义真"等。

其间，由于封建制度本身的局限性，人分等级层次的观念也影响到人们对生命的态度。"君君、臣臣、父父、子子"和三纲五常让人的生命有了贵贱之分，生命处在等级地位之下，由此自然生命是不平等的，精神生命更无从谈起。

正如当代学人认为的那样：从文化的角度说，当代的中国人不能完全脱离传统文化的束缚和缠绕，因为文化是一种特殊的生命连接体，它所具有的绵延性和辐射性，往往不是时代所能完全割裂和断开的。伟大思想家马克思曾经把过去的意识传统比喻成纠缠着活人头脑的"梦魇"，认为新时代的思想、精神是在对过去传统的继承和改造中发展的。当代中国人的价值观与中国历史传统中孕育并延续下来的价值观有着密切的联系。②

所以，生命价值和生命教育问题一直是中国古代传统德育的重要组成部分之一，无疑也是引导当今大学生生命价值和开展生命教育活动的一个重要的思想来源。

---

① 梁启超. 德育鉴[M]. 北京：北京大学出版社，2011：2.
② 宇文利. 中国人的价值观[M]. 北京：中国人民大学出版社，2012.

第五节 结 论

生命价值可以回答人生意义这个重要的问题。生命价值离不开教育载体，生命价值的教育贯穿生命的始终。有关生命价值的认知、理解和实践并不是与生俱来的。这需要多种多样的教育载体来承载，并通过适合的形式予以宣教才可能达成人们的共识。

一、生命价值不是口号，生命价值要在教育的形式中获得认同，得以践行，予以升华

生命不是天上的浮云，价值不是空喊的口号，生命价值应是印在人们心中的道德标准和为人尺度。教育不仅仅是知识的桥梁，更是生命价值诸多内容的载体。按照学者的论述，"从根本上讲，教育对生命具有本体论的意义。人的生命的获得主要是通过广义的教育来实现的，因此，教育唯一地隶属于人。只是在文明社会由于分工的发达，教育才逐渐变成一种相对独立活动，与生活日益分化，这种独立化反而掩盖了教育与生命的本源关系，使教育远离生命，表现出生命的遮蔽和阙失。"[①] 然而，现阶段的文化国情先在地决定了教育的价值功能，甚至是教育使命，只要生命有自身的价值，教育必然要承载价值传输传播的功能。

二、良好的教育可以起到关注生命价值，增强生命意识，平衡文化心理的积极作用

天地苍生，自然万物，生命都是用来呵护和培育的。在一个文明进步的理想时代，良好的教育活动都应该是一项关注人们心灵世界的积极活动。尊重人，关心人，爱护人的教育常常会通过无声的言行沁人心脾，促进受教育者的自主成长，不仅会自然而然地增强人们对生命的关注程度，提高

---

① 冯建军. 生命与教育. 前言 [M]. 北京：教育科学出版社，2004：3.

生命意识,而且还会在人的社会化过程中,顺理成章地融入价值的思考,通过社会实践来提升生命的意义,在生命的社会化进程里实现自然生命与精神生命的统一。

三、关注生命教育,是人自身的需要,也是社会发展的内在需要

人是自然生命与价值生命的双重存在,无论是自然生命的发育完善,还是精神生命的成长都离不开教育,教育是人的生命的存在形式。这正如哲学家康德(I. Kant)所说,"人是唯一必须接受教育的动物。人只有受过教育,才能成为人。受教育是生命的一种发展需要,非外力所施。"

教育是因为人的生命而存在,生命的生长需要才是教育的基本内容。马克思说过,"全部人类历史的第一个前提无疑是有生命的个人的存在"。但长期以来,我们的教育语境并不关乎人的生命,而是把教育作为工具。"把'教育'理解为社会借此可以保存、延续、进步,个体借此得以获得某种素质而在未来过上'幸福''完满'的生活的工具。"[1] 对教育的关注,不是因为人本身的需要,而是因为社会的直接需要,间接由培养社会的人来完成,这就是工具主义的教育语境。教育的工具主义思维方式,导致了功利主义教育盛行,造成了生命的遮蔽。[2]

四、生命价值的教育贯穿于整个历史进程中,不限于中小学基础教育

如有关学者的论述那样:"生命价值的教育"我们似乎比较熟悉,因为几千年的中华文明在教诲我们什么样的人生才有意义、才有价值,而且从我国教育内容的设置来看,一直也把有关生命价值的内容作为其主要课程内容。但是我要说明的是,这里关于"生命价值的教育"不同于传统的所谓的生命价值的教育。传统的生命价值教育实际上仍把人当作认知的工具而非完整的有生命的人,它忽视人的生命的特点而强制向学生灌输大量

---

[1] 周浩波. 教育哲学 [M]. 北京:人民教育出版社,2000:35.
[2] 冯建军. 生命与教育. 前言 [M]. 北京:科学出版社,2004:2.

有关生命的价值与意义等方面的知识,并"强迫"学生根据"伟人"的价值观来欣赏生命。这种生命价值教育授予学生的知识及其在学生心中形成的价值观与现实状况形成极大的反差,以致学生不但不会运用所学的知识来珍惜生命,反而在许多时候为了"生命的尊严"含恨离世。[①] 深刻的生命价值的教育离不开人文关怀。这在西学中可以获得更多的理论资源。

---

① 王晓虹. 生命教育论纲[M]. 北京:知识产权出版社,2009:37.

第二章

西学探源：西方生命价值的哲学思考与要义拾略

我们只有献出生命，才能得到生命。

——泰戈尔

尽管生命的意义是一个深奥且看似无解的哲学问题。然而，人们还是总喜欢在"我为何来到世间""什么是生命""生命的真谛是什么"等有关生命意义、目的等问题的纠结与追问中过完此生。在西方，生命是上帝创造的，与物质世界无关。而人类的诞生是上帝六天时间的劳动成果。这与中国有着相似的认知，只是换了造物的主人公。在学术领域中，那些善于思考的哲学家并没有把生命锁定在神灵世界，而是通过理性分析概括出或感性或理性的各家学说，在理论家的论述中，生命的意义经常与哲学、宗教的存在、意识、幸福等一系列概念联系在一起，并且抽象地概括出一些诸如象征符号、实体论、道德论、意志论、神学、来世说等理论，从多个角度分析和解释了有关生命内容的深刻的哲学内涵。

第一节　崇尚生命自由的非理性哲学

对于生命的本质问题，非理性哲学提出了自由、虚无等概念。这些概念尽管具有非理性的认知取向，却可以引起人们理性的思考。

一、叔本华：生命的虚无

（一）生命的本质就是虚无

叔本华认为，生命的本质就是虚无，"这种虚无在事物存在的全部方式中把自己表现出来，它表现在时间和空间的无限性中，也表现在个体存在的有限性中。它既表现在仅仅作为实际生存方式的稍纵即逝的瞬间中，也表现在万事万物的相互依存和关联之中。它既表现在没有任何永恒存在的绵绵变易之中，也表现在人的永不知足的欲念之中。甚至还表现在形成人的生命历史的长期斗争之中，这些斗争展示了人类的全部努力都得到了严峻考验，在没有克服它们之前人类是绝不会善罢甘休的。时间犹如吞没一切的深渊，在它里面一切都消逝得无影无踪了；时间仅是一种形式，在这种形式中生命意志展示了它的一切努力都是虚妄不实的；时间具有这样一种魔力：在任何瞬间，我们所掌握的一切东西都会化为乌有，并失去它们所具有的真正价值。"①

（二）人的存在是虚无的

叔本华认为，人的存在是虚无的，经历人生后，"一个人将会诧异地发觉，在沉寂了成千上万年的幽幽虚无之后，他忽然获得了存在：他的生命是多么短暂啊！然后，他将再次返回一种同样的慢慢长夜之中，那时他又不存在了。人的心灵抗拒着这种残忍的状况，它感到这绝不可能是真实的；最原始的理智对时间就其本性而言是一种理想的东西，缺乏一种先觉，因此它不能对这样的问题做出思辩。时间与空间的这种理想性是把握任何一种真正的形而上学体系的关键；它与我们在自然领域中所遇到的情形相比，它提供了另一种事物秩序。"②

（三）人的事件是虚无的

在叔本华看来，世间的每一件事情也是虚无的，因为"只是在瞬间才是现存的，尔后便成为过去。每当夜幕降临，过去的一天总使人们感到百无聊赖。思考短暂的人生何以转瞬即逝，或许会使我们变得疯狂。如人们不是在生活最深层的底蕴隐秘地发现其永恒的源泉是可以耗尽的，那人们就总是希冀于再次获得生命。""最高的智慧是将现存的欢悦作为生命的最高目的；因为这才是唯一的现实，其他一切仅仅是思想的游戏而已。一方面，这样一种举动或许被称为最大的愚蠢：因为一切都是转瞬即逝的，像

---

①② 〔德〕叔本华. 叔本华论生命悲剧哲学[M]. 长春：北方妇女儿童出版社，2004：206.

同一场无需任何努力的梦幻。"①人的生命基础就是虚无,"人们生命赖以存在的全部基础便是现存——转瞬即逝的现存。他以永恒运动的形式存在于人类生存的本质之中。"② 放在时间和空间的发展过程当中来审视,任何世间都不能永存永在,运动是永远的,而人相对就要渺小的多,最终如尘埃灰屑,毫无痕迹,都将化成为瞬间即逝的过去和历史。"生活主要表现为一种任务——这种任务,我的意思是指生存,即维持生命。如果这一目的达到了,生活就成为一种负累,于是,随之而来的第二项任务便是以已经获取的生存条件来驱赶厌烦之情……"③ "如果我们仅仅记住人是一种其需求和必要均难以满足的复合物,即便他得到满足,他所得到的一切只不过是一种无痛苦的状态。在这种状态中,除了厌烦之情的摒弃,他别无所获,这恰好证明了生存就其本质而言是毫无价值的;因为,若非生活的空虚,还有什么称得上是厌烦之情呢?倘若生活——对生活的渴望正是我们生命的本质——具有任何实际的内在价值,那么,也就无所谓厌烦之类的东西了。仅生存就使我们自身得以满足,我们将别无他求。"④

二、尼采:存在的价值

(一) 无意义的生命可以放弃

尼采肯定生命的价值,因为有价值才要去热爱,这既开启了现代非理性主义思潮,也引起人民关注生命,理解人生价值的讨论。当然,尼采的生命观显得极端而非理性。"尼采认为人应该热爱生命,但与其你的存在不能给世人做出贡献,相反在欺骗、在嘲弄人时,你还不如放弃生命。"对于世间的"多余人",就像垃圾,可以让他们离开这个生命。⑤ 当然,此外的人群可以热爱生命。

(二) 审美艺术可以救赎人生

日神和酒神是一种艺术的想象和人的一种内在精神欲望的象征。尼采

---

①② 〔德〕叔本华. 叔本华论生命悲剧哲学 [M]. 长春:北方妇女儿童出版社,2004:206.
③ 〔德〕叔本华. 叔本华论生命悲剧哲学 [M]. 长春:北方妇女儿童出版社,2004:208.
④ 〔德〕叔本华. 叔本华论生命悲剧哲学 [M]. 长春:北方妇女儿童出版社,2004:208-209.
⑤ 〔德〕尼采. 尼采的自我哲学 [M]. 唐译,编译. 长春:吉林出版集团有限责任公司,2013.

推崇的审美艺术是日神与酒神托起的艺术。尼采让日神和酒神象征了人生的美与丑。在《悲剧的诞生》艺术中,他把生命的意义归于审美,归于艺术,指出"艺术是生命的最高使命和生命本来的形而上活动。"① 艺术世界的梦与醉是由日神和酒神来代言,日神可以体验"梦的愉快",酒神可以让人进入"浑然忘我之境"②。"用日神艺术美化生存"③ 是必要的,用酒神艺术实现忘我也是生命的冲动,实现暂时打破日神"清规戒律"④ 的满足感。由此,人生的痛苦和不如意会"从大自然的心灵中现身说法"⑤。所以,审美艺术不仅仅可以阅读分享,也可以拯救心灵,慰藉生命,获得精神生命的圆满。

(三) 强权意志可以战胜逆境

人生最难的是做自己。"成为你自己!"⑥ 尼采告诉人们,"从根本上说,每个人心里都明白,作为一个独一无二的事物,他在世上只存在一次,不会再有第二次这样的巧合,能把如此极其纷繁的许多元素又凑到一起,组合成一个像他现在所是的个体。"⑦ 由于外在的限制,人们需要找回自己,这需要脱去外壳,更需要向上一步步攀登,"因为你的本质并非深藏在你里面,而是无比地高于你,至少高于你一向看作你的自我的那种东西。"⑧ 超越自己需要强权意志的力量。在《人性的,太人性的》中,尼采主张用强力意志来战胜生活中的困苦,高喊一切价值皆可重估。

尼采认为,"生命本身是力的生长、保持和积聚的本能,是权力的本能:哪里缺乏权力意志,哪里就会衰退。""人类的一切最高价值都缺乏这种意志,——衰退的价值,虚无主义的价值顶着最神圣的名义实行着统治。"⑨ 在《作为教育家的叔本华》中,尼采称:"哲学的使命是解释整幅

---

① 周国平,选编,译. 尼采读本 [M]. 北京:新世界出版社,2007:1.
② 周国平,选编,译. 尼采读本 [M]. 北京:新世界出版社,2007:6.
③ 同上书,第6页。
④ 同上书,第9页。
⑤ 同上书,第9页。
⑥ 同上书,第47页。
⑦ 同上书,第47页。
⑧ 同上书,第49页。
⑨ 同上书,第238页。

生命之画的意义"①，并且从叔本华的哲学谈了自己的理解："不论财富、名声还是学问都不能使个人摆脱对其人生之无价值的深深烦恼，对这些东西的追求唯有靠了一个高尚的光芒普照的总体目标才有意义，这就是获取权力，藉之补救躯体，成为对躯体之愚昧和笨拙的永恒矫正。尽管一开始也只是为了自己；但通过自己最终是为了一切人。"②权力意志是尼采的核心概念，也是其人生价值的关键词。"不做'好人'做强者"③，这是尼采思想给当代人的新警醒。

尼采用一生来述说生命意志，在《查拉图斯特拉如是说》中，用诗一样的语言肯定生命的价值；在离经叛道的言论中，高呼上帝死了，以此实现人的超越和卓越，大胆提出重估一切价值，呼唤人的复苏。"高贵的灵魂拥有的是某种对自身的根本肯定，这是一种不能被追求、不能被发现、或许也丢不掉的一种东西。高贵的灵魂，乃自己尊敬自己。"④"生命，应被热爱"⑤"人类之所以伟大，正在于他是一座桥梁而非目的；人类之所以可爱，正在于他是一个跨越的过程与完成。"⑥

三、萨特：自由的矛盾

（一）自由的生命结构不可取代

在西方哲学中，一个非理性的人就是萨特⑦，一个非理性的学说就是存在主义哲学。"萨特说，一个人就是他的一生，也就是说，他就是构成他的一生活动的总和，一点不多，一点不少。要真正理解一个人的一生，我们只需把握住把所有公开活动结合在一起的一个既简单又复杂的结构。因为，这一结构实际上就是这个人对自己一生的独一无二的、不可取代的设

---

① 周国平, 选编, 译. 尼采读本 [M]. 北京：新世界出版社, 2007：60.
② 同上书, 第61页.
③ 吴光远, 肖娟娟. 尼采——不做"好人"做强者 [M]. 北京：新世界出版社, 2005.
④ [德] 尼采. 尼采生存哲学 [M]. 杨恒达, 等, 译. 北京：九州出版社, 2003：209.
⑤ 同上书, 第67页.
⑥ 同上书, 第274页.
⑦ 让·保罗·萨特（Jean Paul Sartre, 1905–1980），法国作家、哲学家、社会活动专家。

计，也就是个人的生命。"① 这个生命本身已经是人的一个独特的存在，并且是自由的结构存在，具有独一无二的特点，既不可以被他人替代，也不可以替代他人，这是生命自身结构的独特性，也是人的生命区别于其他生命存在的结构特征。

（二）矛盾的现实决定矛盾的自由

存在主义哲学强调人的自由，但总是离不开矛盾的现实。人是一个矛盾的统一体。一方面，人有无限的自由，另一方面却在选择的自由中丧失自由。例如人会在生死之间徘徊、踌躇、犹豫不决，恰恰如萨特的那句话——"人有选择的自由，但是人没有不选择的自由。"这种矛盾的境遇也正如陀思妥耶夫斯基在《白痴》中塑造的梅斯金一样相似："有一次，这个人同别人一起被押到断头台上去，对他宣读了判处死刑的判决书……过了二十分钟后，又宣布了特赦的命令，改换了另一种刑罚。但是，在这两次判决的中间，在这二十分钟的时间内，或者至少一刻钟的时间内，他肯定地相信，再过几分钟后，他就要死去。……神甫已经拿着十字架依次在大家面前走过了。他只有五分钟可活。他告诉我，这五分钟在他看来是无穷的时间，是巨大的财富……但是他说，他在这时候最可怕的是一个不断袭来的念头：假使我不死有多好呢！假使我还能活下去，——永生该有多好呀！生命的一切都会是我自己的！我将把每一分钟变成一年，一分钟也不白过，一点也不糟蹋！他说他的这些念头最后变得非常强烈，以致愿意把他赶快枪毙才好。在这个故事里，陀思妥耶夫斯基描述了自己被判处由行刑队执行死刑之后获得的缓刑，就等于是最终承认：在死亡面前，生命有绝对的价值，死亡的意义正是生命的这种价值的揭示，这就是存在主义对生命所抱的观点，后来由托尔斯泰在他的小说《伊凡·伊里奇之死》，以及海德格尔在整套哲学体系中，作了详细的阐述。"② 所以，人有选择的自由，但是也会面临选择的困扰。尼采主张"上帝死了"，人有了自由，人的选择的行动也是自由的，既然人可以自由选择，就要面对应付的行动责任。

---

① ［美］威廉·巴雷特. 非理性的人——存在主义哲学研究［M］. 杨照明，艾平，译. 北京：商务印书馆，2004：251.

② ［美］威廉·巴雷特. 非理性的人——存在主义哲学研究［M］. 杨照明，艾平，译. 北京：商务印书馆，2004：138-139.

(三) 自由境地里"他人即地狱"

萨特认为，世界的诞生就具有荒诞性，人的出生和生活等一切行动都是具有偶然性的。在人类自由选择的行动中，其结果就是——人要处在与他人共生共存的世界里。在《禁闭》中，萨特把人与他人的关系概括成——"他人即地狱"。这是一种典型的现代人际关系困境说。当人生活在他人的目光下，非常容易受到他人的左右，不知所为，失去本我的真性情。如果不能理性对待他人的存在，这种人际关系是焦虑的；如果不能科学地对待他人的判断，这种人际关系是被动的；如果不能科学地对待自己，自己也可能成为自己的地狱，迷失自我，无所适从。

第二节 发现生命自身存在的人本哲学

人是万物的尺度。

——[古希腊] 普罗塔戈拉[①]

人本主义是指以人人存在、人的价值、人的尊严等作为评判标准的一种哲学思想。古希腊的普罗塔戈拉曾留下一句最主要的哲学名言："人是万物的尺度，存在时万物存在，不存在时万物不存在。"[②] 这就是强调人的存在是万物存在的一个参照系，也是以人为本的思考角度。这种认识论哲

[①] 普罗塔戈拉（Protagoras，约公元前490或480年—前420或410年）：古希腊智者学派代表人，公元前5世纪希腊哲学家，智者派的主要代表人物。普罗塔戈拉约生于公元前490—前480年之间，大约活了70岁。他出生在阿布德拉城，多次来到当时希腊奴隶主民主制的中心雅典，与民主派政治家伯里克利结为挚友，曾为意大利南部的雅典殖民地图里城制定过法典。一生旅居各地，收徒传授修辞和论辩知识，是当时最受人尊敬的"智者"。

[②] [古希腊] 普罗塔戈拉（Protagoras）. 论真理.

学思想类似于法国哲学家勒内·笛卡尔①所讲的"我思故我在"。只要我思考,我就存在。这是思考者的存在,也是人的存在。而人在关注存在问题,关注思想问题的时候,自然也就同生命价值问题有了关联。现代西方人本主义哲学关注人的存在与发展,侧重从价值层面阐释人的生死意义、价值选择、精神需要、公德伦理、自由发展等问题。在满足人生命的物质需求的基础上,相对于其他哲学流派而言,人本主义哲学注重价值探讨,更追求人的精神需求和自由发展。

一、笛卡尔:我思故我在

"我思故我在"是笛卡尔最富有代表性的哲学命题,不仅成为学人研究阐发的起点,也成为笛卡尔哲学的"第一真理"和"第一原则"②,为我们认识人的问题提供了更多的思考空间。

(一)人是思想的主体

"我思故我在"体现了一种生命意识,是思考者的存在,是自我的存在。其间,"我思"就是自明,即"思想的主体",即"其自身存在的意识",换句话说,又是"人的心灵对于自身存在的透露"③。有了自我意识,就有了主体的存在。没有思考的"我",思想不可能呈现;没有"我"的思考,思想不可能产生,所以,人是思想的主体,所以,生命本身的存在必然要在意识之中。由此,"笛卡尔在他的哲学体系中,最突出的作用就是确立了精神性主体'人'的地位。他把精神主体和现实世界看作两个对立的世界。笛卡尔认为,人可以通过真理性思维认识世界、掌握世界;而物质世界是人的认识对象、改造对象。④"

---

① 勒内·笛卡尔(René Descartes),1596年3月31日生于法国安德尔-卢瓦尔省的图赖讷(现笛卡尔,因笛卡儿得名),1650年2月11日逝世于瑞典斯德哥尔摩,是世界著名的法国哲学家、数学家、物理学家。他对现代数学的发展做出了重要的贡献,因将几何坐标体系公式化而被认为是解析几何之父。他还是西方现代哲学思想的奠基人,是近代唯物论的开拓者且提出了"普遍怀疑"的主张。黑格尔称他为"现代哲学之父"。他的哲学思想深深影响了之后的几代欧洲人,开拓了所谓"欧陆理性主义"哲学。堪称17世纪的欧洲哲学界和科学界最有影响的巨匠之一,被誉为"近代科学的始祖"。
② [法]笛卡尔的人类哲学[M].唐译,编译.长春:吉林出版集团有限责任公司,2013:58.
③ [法]笛卡尔人生哲学[M].北京:中国工人出版社,2011:167.
④ [法]笛卡尔.笛卡尔的人类哲学[M].唐译,编译.长春:吉林出版集团有限责任公司,2013:59.

（二）人要知道自己思想的存在

"我思"与"我在"二者之间是同等而互相联系的关系，只有思考才会知道"我"的存在，这种存在，不是单一的指人的肉身，人的身体，人思考的时候考虑的自己费尽心思的问题，不管身体是否存在，但是自己的所思所想所忧所虑等都是我得以存在的东西。所以，"对笛卡尔来说，一个没有意识的思想是不存在的"①。而"人与动物最本质的区别在于人有心灵，而动物则不存在心灵。也就是说，从肉体存在的角度来看，人与动物都是单纯的生理活动，但是从心理的角度分析，人与动物最大的差别是：人具有特有的心灵，即思想。"② 在此，一个人最重要的是要知道自己思想的存在。对于现代人而言，这种思想是肯定还是否定并不重要，重要的是自知而自明，获得认识领域和精神世界的充实。

二、马斯洛：生命价值是人的最高精神需求

在马斯洛那里，生命价值是人的最高精神需求，是精神需求和人自由发展的重要内容之一。按照他的说法，人的需要是分层次的，并且遵循着一条由低级需求向高级需求发展的脉络，即在低级需求得以满足的同时，必然要迈向更高的需求，直至实现人的全面发展和最终的价值。

（一）分层的需求

在马斯洛的论述中，人的各种需求是分层进行的。从内在结构层面讲，"人类不仅具有生理上的需求，也的确具有心理上的需求，二者都是人类内在结构的一部分。"③ 毫无疑问，"这些需求或价值彼此之间不仅具有层次排列与发展的关系，而且具有强弱与先后的次序。例如，安全的需求先于爱的需求，安全是一种比爱更强烈、更迫切、更属于生命的需求，而食物的需求则更先于前二者。此外，这些基本需求亦可视为在人生旅途中纯粹为达到普遍自我实现的措施。而所有一切的基本需求又均可含容于自我

---

① [法]笛卡尔. 笛卡尔人生哲学 [M]. 北京：中国工人出版社，2011：168.
② [法]笛卡尔. 笛卡尔的人类哲学 [M]. 唐译，编译. 长春：吉林出版集团有限责任公司，2013：72.
③ [美]马斯洛. 马斯洛谈自我超越 [M]. 石磊，编译. 天津：天津社会科学院出版社，2014：242.

实现的需求之下。"于是，人在满足自身基本需求之后，就必然要迈向更高的精神需求，比如：自我实现、他人的承认、爱的满足等。"所谓绝对、终极的价值就是生命本身的同义词，就是在某一段时间内主宰他的任何层次的需求。因此基本需求或基本价值可以视为目的，亦可视为迈向某一单独目标的进阶。"① 而生命价值的实现就是人的最高精神需求。

（二）超越的自我

"追求卓越""超越自我"，这是马斯洛带给人类的经典口号，也是人追求最高精神价值的一种理想状态。自我何以被超越，这个问题是人本主义心理学大师马斯洛的重要研究对象。他"从叛逆者和神经病患者的身上，转移到了正常健康人的身上，抛弃了过去大多数心理学理论总是依据一些或者全部是假设的理论基础，修正了那些空洞的、不适当的、存在严重缺陷的观点，进一步发展了心理学的论据和价值体系。"② 他认为，把握自我的人较容易实现和谐相处。"当一个人比较能单纯地把握住自我，他便也比较能够与世界相互交融，并与形式上的非我互相融合。"③ 而这种能够独立自主的自己，"其本身同时就是一种对自我的超越，一种对自我的不断扬弃与逾越。因此，这样的人会变得相当地无我。"④ 一定程度上可以说，超越"自我"的人，就是进入"无我"状态，并轻松享有自己学业和事业的"高峰体验"⑤。反过来，"高峰体验"又会推进人的创造力，使人成为"自己一切活动及感知的创造中心"，成为"自己命运的主人"和"操纵者"⑥。这正是人类自我生命存在的价值。

---

① [美] 马斯洛. 马斯洛谈自我超越 [M]. 石磊，编译. 天津：天津社会科学院出版社，2014：243.
② [美] 马斯洛. 马斯洛谈自我超越·序 [M]. 石磊，编译. 天津：天津社会科学院出版社，2014.
③ [美] 马斯洛. 马斯洛谈自我超越 [M]. 石磊，编译. 天津：天津社会科学院出版社，2014：138.
④ [美] 马斯洛. 马斯洛谈自我超越 [M]. 石磊，编译. 天津：天津社会科学院出版社，2014：139.
⑤ [美] 马斯洛. 石磊，编译. 马斯洛谈自我超越 [M]. 天津：天津社会科学院出版社，2014：139.
⑥ [美] 马斯洛. 马斯洛谈自我超越 [M]. 石磊，编译. 天津：天津社会科学院出版社，2014：140.

第三节 探究生命秘密的精神分析学说

弗洛伊德①是精神分析心理学的创始人。他对生命的关注始于心理，却高于心理。精神分析学说"作为一种社会人生哲学，因将精神分析的基本原理推广运用于社会、人生问题而极大地影响了哲学、文学艺术、教育、社会生活等诸多领域的理论与实践。"② 生命中的许多意识和对生命价值的认知都可以在此找到内心世界的渊源。

一、记忆深处的伤害：难愈的创伤

人生中，创伤是影响生命个体价值选择的重要原因之一。弗洛伊德认为，"假若一种经历在短期内给心理提供一种强有力的刺激，致使心理再也不能用正常的方法来应付抑或适应，并导致心理的能量分配方式受到永久性的干扰，我们称这种经历为创伤的经历。"③ 他在无数患者有关创伤的经历中，了解到神经症患者的发病原因。我们也会再发现：在现实生活中，有创伤经历的人比较容易形成病态人格，生活在创伤世界的人也容易做出轻生的极端行为，从而影响生命价值的判断，甚至出现轻视生命，无视生命，放弃生命的现象。有些人，只有对其创伤予以诊治，才可以使其回归正常的生命轨道。所以，弗洛伊德也给了我们一剂治愈创伤的良方——

---

① 弗洛伊德（Freud. S, 1856—1939），奥地利犹太心理学家、精神病医师。精神分析学派创始人。曾在维也纳大学医学院学习，1881年获医学博士学位。次年起作为临床精神病学家私人开业。早期从事催眠治疗工作，后创用精神分析法。1936年当选为英国皇家学会通讯会员。1938年奥地利被德国侵占，赴英国避难，不久因颌癌逝世。他把人的心理分为意识、潜意识和无意识，后又分为意识和无意识（包括被压抑的无意识和潜伏的无意识）。认为存在于无意识中的性本能是人的心理的基本动力，是支配个人命运、决定社会发展的力量；并把人格区分为自我、本我和超我三个部分。其学说被西方哲学和人文学科各领域吸收和运用。主要著作有《梦的解析》（1900）、《日常生活的精神病理学》（1904）、《精神分析引论》（1910）、《图腾与禁忌》（1913）、《精神分析引论新编》（1933）等。

② [奥]弗洛伊德. 精神分析引论 [M]. 彭舜，彭运石，车文博，译. 西安：陕西人民出版社，2001：1.

③ [奥]弗洛伊德. 精神分析引论 [M]. 彭舜，彭运石，车文博，译. [M]. 西安：陕西人民出版社，200：279.

"把潜意识的过程变为意识的过程",这样病态的心理症状就会自然消失,而且,"只有实现了这一转变,我们的治疗才会获得应有的效果。"① 如果教育中探究出人潜意识的心理内容,就会很好地激发引导生命意识,强化生命认知。

二、无意识的影响者：发现潜意识

"潜意识深处的图景,塑造了现在的你。"② 在人生命意识的世界中,弗洛伊德发现了潜意识,他认为"潜意识是包含了较小的意识范围的更大范围。每个意识内容都具有一个序言性的潜意识阶段,而潜意识却能停止在此阶段上,并仍需被看作具有充分的精神功能。潜意识是真正的精神现实,其内在本质正像外部世界的现实一样对我们是未知的,并且正像我们通过感觉器官而报告了外部世界一样,它通过意识的资料而与我们进行着不完善的交流。"③ "智力成就属于在白天引起同样成就的同一种精神力量。"④ 这是意识活动的贡献,更是潜意识的贡献。这为生命认知发现了一个新视界,生命价值可以从潜意识来解读,生命教育可以从潜意识入手。

潜意识与意识不同,甚至是相反。"潜意识一方面包含着种种因潜伏而暂时不为意识所察觉,其余一切都与意识活动相仿的活动;另一方面又包含着种种被压抑的活动,这些活动如要变成意识活动,它们肯定与意识中其他种种活动形成极鲜明的对照。"⑤

弗洛伊德认为,人有群居本能,"就像其他动物种族一样,也为人类先天所拥有。"在他的论述中,我们可以分享一份原始本能的清单,即"自我保护本能、营养本能、性本能和群居本能。群居本能常常与其他本能相对立。罪恶感和责任感是群聚性动物的特有方面"⑥。在群居中,人们的情感会由起初的敌意反转成肯定色彩的认同,但是"群体中平等的要求只是

---

① [奥] 弗洛伊德. 精神分析引论 [M]. 彭舜,彭运石,车文博,译. 西安：陕西人民出版社,2001：285.
② [美] 约瑟夫·墨菲. 吴忌寒,译. 北京：光明日报出版社,2014.
③ [奥] 弗洛伊德. 梦的解析 [M]. 姜春香,译. 北京：中国文联出版社,2016：360.
④ [奥] 弗洛伊德. 梦的解析 [M]. 姜春香,译. 北京：中国文联出版社,2016：361.
⑤ 车文博. 性学三论与论潜意识 [M] //. 弗洛伊德文集. 长春：长春出版社,2010：351.
⑥ 车文博. 弗洛伊德文集. 自我与本我 [M]. 长春：长春出版社,2010 年：87.

适用于其成员，而不适用领袖。"①

弗洛伊德认为，人的自我是分等级的，因为"每个人都是各种群体的一个组成部分，他在许多方面受到认同联系的束缚，他根据各种各样的模范，建立起他的自我理想。因而每一个体都享有多样的群体心理，如种族心理、阶级心理、宗派心理以及民族心理等。它也能使自己超出这些群体心理之上，以致具有某种程度的独立性和创造性。"②自我的等级区分表现为自我和自我理想的分离与融合："在发展的过程中，我们实现我们的心理存在分离成连贯的自我，以及分离成位于这个自我之外的潜意识和被压抑的部分。"当然，"自我理想与自我的分离也不能长久地保持，不得不暂时打破，这是完全可以设想的。在施加给自我的所有否认和限制中，定期性地违反禁忌是一种常规。这的确被节日制度体现出来。"③最终获得自我的宣泄和满足。"当自我中的某些东西与自我理想相符合时，总是出现狂喜的感情。而罪恶感（以及自卑感）也能被理解为自我和自我理想之间的紧张的表现。"④

三、消除心理的困扰：生活必须有意义

人的一生是一次次不断追求意义提升的旅程。不同的生活环境和人生经历创造出不同的意义认同感。用奥地利精神分析学者的论述来讲，"人类的生活必须要有意义"，"生活与'意义'是相随相伴的"⑤。在自卑与超越的思考中，阿尔弗莱德·阿德勒（Alfred · Adler）⑥探寻着生活的意义：

到底什么是生活的意义？对于这个问题，人人都能说得清楚，但未必

---

① 车文博. 弗洛伊德文集. 自我与本我 [M]. 长春：长春出版社，2010：89.
② 车文博. 弗洛伊德文集. 自我与本我 [M]. 长春：长春出版社，2010：95.
③ 车文博. 弗洛伊德文集. 自我与本我 [M]. 长春：长春出版社，2010：96.
④ 同上书.
⑤ [奥] 阿尔弗莱德·阿德勒. 论灵魂与情感 [M]. 石磊，编译. 北京：中国商业出版社，2016：1.
⑥ 阿尔弗雷德·阿德勒（Alfred Adler，1870年2月7日—1937年5月28日），奥地利精神病学家。个体心理学的创始人，人本主义心理学先驱，现代自我心理学之父，是精神分析学派内部第一个反对弗洛伊德的心理学体系的心理学家。著有《神经病的形成》《自卑感》等，他将精神分析由生物学定向的本我转向社会文化定向的自我心理学，对后来西方心理学的发展具有重要意义。

人人都能回答得很准确。尤其是处在矛盾状态中的人，不是因此而使自己困扰，就是用老生常谈式的回答来搪塞。但是自有人类历史起，这个问题就已经存在了。如今，青年人（老年人也不例外）也常会发出这样的疑问："我们是为什么而活？生活的意义又是什么？"我们可以断言：他们只有在遭遇失败的时候，才会发出这种疑问。假使每件事情都平平淡淡，在他们面前没有阻碍，那么这个问题就不会诉诸笔端。如果我们对每个人的话语都充耳不闻，而只观察他的行为，我们将会发现：每个人都有其"生活意义"。他的姿势、姿态、动作、表情、礼貌、野心、习惯，乃至性格特征等，都以遵循这个"生活意义"而行。他的作风，他的一举一动，都蕴含着他对这个世界和他自己的看法，好像在说："我就是这个样子，而宇宙就是那种形态。"这便是他赋予自己的意义以及他赋予生命的意义。

　　生活的意义因人而异。我们说过，每一种意义多少都含有些错误的成分，都在正确和错误之间变化。没有人拥有绝对正确或绝对错误的生命意义。然而在此我们却可以将意义分出高下：有的美好，有的糟糕；有的错得多，有的错得少。我们还能发现：较好的意义具有哪些共同特征，而较拙的意义缺少哪些东西。这样，我们就可以得到一种科学的"生命意义"，它是真正的意义的共同尺度，也是能使我们应付与人类有关的现实的"意义"。[①]

　　面对困惑，心理学家也是困惑的。他们从心理学的层面提出方法予以解决，但是最终必须在确定的意义世界里获得答案，并试图能够消除这种亘古的心理困惑。生命必须有意义——这是心理学的贡献，也是让人们用一生来读懂自己生命的一剂良方。

---

① ［奥］阿尔弗莱德·阿德勒. 论灵魂与情感［M］. 石磊，编译. 北京：中国商业出版社，2016：1-2.

※ 理论分析篇

第三章

价值认同：生命价值的基本原则与范畴

第一节　生命价值的基本原则

人们对生命价值的判定和认知需要有最基本的原则和标准。因为生命价值不是主观的感觉，不是任性而为的标尺，而是具有特殊规定性的标准和原则。坚守这样的一个原则，才可能比较客观地分析和认识生命价值问题；违背这样一些原则，就有可能误导和曲解生命的意义。本书对生命价值的认知是在坚持平等、尊重、欣赏原则的基础上展开论述的。

一、平等

理想的认知是从平等开始的。人生而平等，生命也不例外。生命的价值探讨是建立在生命平等的基础上的。只有平等地看待周围的人和事，才可能获得比较客观的结论。

（一）平等是生命价值最基本的原则

史怀哲[1]曾呼吁全人类："重视尊重生命的伦理。这种伦理，反对将所有的生物分为有价值的与没有价值的、高等的与低等的。这种伦理否定这些分别，因为评断生物当中何者较有普遍适当性所根据的标准，是以人类对于生物亲疏远近的观感为出发点的。"对于生命的态度应没有种族、性别、身份、地位等方面的差异，更没有高低贵贱的划界。

---

[1] 阿尔贝特·史怀哲（1875—1965）出生于阿尔萨斯（"一战"前属德国、战后属法国），获得过哲学、神学、医学三大领域的博士学位，对音乐也有极高的造诣，但他的声誉并不建立在他的才艺之上，而是他对人类苦难的无比同情及其热忱的献身精神。他将生命中的半个世纪贡献给了赤道非洲，贡献给了那里的医疗事业，从1913年建立丛林诊所，直到与世长辞，他在非洲蛮荒丛林中度过了五十余年，非洲人称他为"非洲之父"。他一直被视作行动的人道主义的象征。他的"敬畏生命"思想闻名于世，爱因斯坦说："像史怀哲这样理想地集善和对美的渴望于一身的人，我几乎还没有发现过。" 1954年他获诺贝尔和平奖，但他将资金用来修建麻风村。这里选录的是他在瑞典斯德哥尔摩授奖仪式上的演讲词中的几句话。

（二）平等是实现社会和谐的条件

从生命的物质价值而言，每一个人都是一样的。只有坚守生命的平等原则，才可以最大化地减少社会冲突。"源于不平等的冲突"[①] 会带来虐待他人，仇视社会，甚至暴力犯罪等践踏生命的诸多不和谐的因素。传统思想意识中的男尊女卑的性别歧视观念，君贵民轻的地位歧视观念，都违背和践踏了生命价值的平等原则。

二、尊重

平等的生命需要尊重。这种尊重既可以体现在对他人生命和价值的认可上，也可以体现在言行举止的合礼得体上；既可以是对自身生命行为的理性把控，也可以是对他人生命的认可与敬畏。

（一）尊重生命就是尊重生命规律

从马克思主义哲学观来看，生命存在决定生命的意识。马克思认为："人们的社会存在决定人们的意识。"[②] 人们应该敬畏存在的生命，尊重生命的价值。而"尊重人的价值，即是满足人的生存和发展需要，尊重人的劳动创造精神，尊重人的做人的资格和起码的权利；另外，人的劳动贡献越大，人生就越有价值，他就会越受到他人和社会的尊重"[③]。

（二）尊重生命就是尊重人自身

生命应该是被尊重的。从为人哲学来讲，尊重生命就是尊重他人，尊重自己。从生命的不可复制性来讲，尊重生命就是尊重人本身。每一个生命都承载着从个人到家庭、社会、国家赋予的责任，不可轻视，不可亵渎。为了维护生命的尊严，雅典"残奥会"曾取消文艺表演，原因在于七名前往雅典观看残奥会的中学生 2004 年 9 月 27 日上午在重大交通事故中不幸遇难。此举弘扬了奥运精神，也赢得了他国的尊重。在这里，人的生命价值要远远胜于奥运会自身的工具性价值。

[①] 马皑. 缘于不平等的冲突——当代中国弱势群体犯罪问题实证研究 [M]. 海口：海南出版社，2010.
[②] 马克思恩格斯选集（第 2 卷）[M]. 北京：人民出版社，1979：32.
[③] 胡月. 大学生生命价值观对自杀意念的影响研究 [M]. 北京：人民出版社，2016：54.

三、欣赏

欣赏是一种超越自我的心态和姿态，是一种良好心态和姿态相融合的生命境界。这既可表现为人的一种积极的生活心态，也可以表现出一个人热爱生活的姿态。

（一）欣赏是一种积极的生活心态

从心理学角度讲，欣赏是一种优秀的心态。每一个人都会通过言行举止来有意或无意地体现出自己的价值观。试图了解生命个体的价值认知，就必然需要用一种欣赏的态度来观察和理解。"了解一种生活样式就像了解一位诗人的作品一样。诗虽然是由字组成的，但是它的意义却远比它所用的字要多。我们必须在诗的字里行间推敲其大部分的意义。个人的生活样式也是一种最丰富和最复杂的作品，因此心理学家必须要学习如何在其表现中推敲。换句话说，他必须学会欣赏生活意义的艺术。"[1]

（二）欣赏是一种热爱生活的姿态

生命是用来爱护的，不是用来破坏和亵渎的。人类真正的英雄就是那些创造生命，热爱生命，保护生命，捍卫生命的人。用罗曼·罗兰的话讲，"世界上只有一种英雄主义，那就是了解生命而且热爱生命的人。"战争和杀戮都是对生命的摧残，是人类历史的灾难。身处乱世的生命，备受亵渎的生命，必然是无价值可谈的。这种爱护既是指爱自己的生命，也指爱他人的生命，甚至是广义的自然万物之爱。其内容包括身体健康和心理健康两个方面。这既要获得物质身体的毫发无损，也要获得心理愉悦，提高快乐指数和幸福指数。爱护生命的人，既可以获得身心健康，又可以获得事业的发展，当然就不会存在放弃生命的极端行为。

生命是用来热爱的，不是用来博弈和拼杀的。欣赏源于喜欢，热爱源于宽容。每个人都需要发自内心地喜欢自己，喜欢他人，喜欢所生活的这个世界，这样才能保持欣赏的眼光看待自己和他人，才能够在生命中肯定价值的存在，欣赏他人的优长。只有欣赏生命，才可以发现价值，肯定价值，践行价值，弘扬价值。

---

[1] [奥]阿尔弗莱德·阿德勒. 论灵魂与情感[M]. 石磊，编译. 北京：中国商业出版社，2016：17.

第二节 生命价值的基本范畴

生命价值的基本范畴即生命价值的分类问题。从生命的自然性起源的角度来审视可以看出，生命具有物质价值；从生命参与的社会化过程角度可以看出，生命具有社会价值；从生命意义追求探索角度可以看出，生命具有精神价值。生命价值的基本范畴应该涵盖物质价值、社会价值和精神价值三大范畴。

一、物质价值

生命体存在本身具有物质性。从唯物论的角度讲，生命是物质的存在体，从物质世界进化而来，又将回归物质世界。从神造说来看，同样是上帝或者天神依据物质世界而造的物质个体——一具有血有肉的生命躯体。

（一）来源与归处

生命体来源和归处都具有物质性。生命起源于宇宙，同天地相通，同万物交合，生于天地而归于天地，或与黄土合一，或同风尘同在。生命孕育于父母，随日月生长，沐风雨成人，每日呼吸空气，时刻哺育阳光。人的生命，血肉之躯，源于宇宙，归于黄土。为此，人们总是怀着朴素的情感来祈求落叶归根，希望身后之躯入土为安。

（二）分享与消费

生命体的消费世界和分享资源都具有物质性。每一个生命从诞生之初，就在消费和分享着由人类创造的各种物质财富。每个生命体的衣食住行都依赖于自然物质，每个生命体的生活起居都依赖于自然物质，分享自然雨露，消费天地餐食，如此周而复始，循环往复。

二、社会价值

生命的存在是从对象化的他者的世界中来获得肯定的，生命的价值也是在所生存的环境中来体现的，正如马克思和恩格斯所言及的那样："人同自身的关系只有通过同他人的关系，才能对他说来是对象性的现实关系"[①]。既然人是社会关系的总和，自然要在生命与社会的对象化关系中探寻生命的价值。通过学习与创新改造世界的实践，生命在参与社会活动中体现出不同于其他生物的社会价值。

（一）学习实践

学习是人一生都要进行的能动性实践活动之一。学习活动伴随着一个人生命成长的始终。在人类历史的源头，原始人类为生存而学习，制造武器，捕捉猎物，摩擦取火，烧肉煮饭，延续生命，繁殖种族。反观当代，现代人为发展而学习，科技发明，理论研讨，适应社会，畅想未来。学习是人一生的实践功课，"学而不思则罔，思而不学则殆"，在终身学习的理念下，每个人都拥有属于自己的学习领域，亦步亦趋，且学且进步，在学习中不断提升自身的社会价值。

学习是一个不断探索的实践过程。人类通过不断的尝试、摸索，在学习中必然要遇到各种各样的问题，发现问题，解决问题，而后重新提出问题，再次解决问题，在经过无数次的失败之后，学习行动要继续，学习实践要推进，直到用人类的聪明智慧掌握各类学习的方法和技巧，取得学习的阶段性成果，获得新的文明和进步。

学习是一个永无止境的实践过程。人类经历千万年的发展进化，收获了数之不尽的人类物质文明和精神文明。但是真正的未来图景永远在远方。因为人类的生命是有限的，但是学习的实践活动却是无限的，并在一代代人的尝试中延续下去。每个时代有每个时代的文化，每个社会有每个社会的文明，人类永远是一个初学者，能够做的事情就是在有限的生命中摸索未来的道路，虽无归途，却总有远方。

（二）创新实践

人类社会价值的创造需要人的创新实践来实现。创新实践是推动社会前进的助动力之一。在社会实践中，人不仅掌握基本的理论知识和生存技能，而且要结合自身需要和时代发展的需要，不断激发创新活力，不断贡

---

① ［德］马克思，恩格斯. 马克思恩格斯全集（第42卷）[M]. 北京：人民出版社，1979.

献智慧才华，不断为社会注入新鲜的产品，从而带动时代进步，通过多重社会价值的作用不断推动人类社会日益走向辉煌。

人类的创新实践日益丰富着自身社会价值的内容。与一般动、植物的生命活动不同，人类的生命历程充满了创新实践的汗水与血泪。从古代的茹毛饮血到当代的人工智能，从沧海桑田的变迁到高楼大厦的崛地而起，人类的生命历程经历了从简单到复杂、从低级到高级、从物质到精神的创新之旅。每一份成就的取得，每一个新鲜事物的产生，无不凝聚着生命自身的创造力。

三、精神价值

与其他动物和植物不同，人的生命富有灵性——人独有的精神价值。精神价值是指人对生命意义的追求和探索的过程。这是指生命的充实程度，是超出于物质生命体之外的意义，是生命的深度与厚度。"生命的意义在于活得充实，而不是在于活得长久"（马丁·路德·金）。精神价值丈量的尺度是无限的意义，与生命本身的长短无关。每一个生命体都在自觉自愿地从事满足自己不同需求的精神活动。在现实世界，生命存在不仅要解决满足于自己衣食住行的温饱问题，还要追求娱乐享受、文化消费和高出自身需求的自由发展。所以，生命的精神价值是在自我和超我的层面上来体现的。正因为有了精神价值，人的生命就不仅仅是血肉之躯，就不是行尸走肉，而是承载无限精神世界的灵性生命。

（一）自我需求

人的需求离不开精神世界的满足。对于个人来说，自我需要是最基本的精神需求。人的生命过程中，诸如心情愉悦、学业成功、事业发展、他人认可等，都是生命获得的精神价值。自我需求的满足让人获得成就感。带着这份成就感，人们可以继续生活与创造。可以说，在赢得自身精神价值的基础上，人才可能发挥主观能动性，最大化地服务他人，服务社会，追求更高层面的精神价值。

（二）超我追求

走出自我的范围，人的生命就会日益向超我层面聚集能量。实现社会价值和精神价值，离不开超我的追求。如何用所学造福他人，贡献社会，如何用实践服务国家，贡献人类，这都是超我诉求要指向的方向。"小我"的境界会在"大我"的天空里，充分激发"超我"的力量，最终取得精神价值的功德圆满。

第三节 生命价值的基本属性

一、自然性

（一）生命是大自然的杰作

生命本身是大自然馈赠给人类最美好的礼物。诺贝尔曾说："生命，那是自然付给人类去雕琢的宝石。"恩格斯指出："我们统治自然界，绝不像征服者统治异族人那样，绝不是像站在自然界之外的人似的，相反地，我们连同我们的血、肉和头脑都是属于自然界和存在于自然之中的。"[1] 如果从纯科学的角度来看，尤其是在生物学角度上讲，生命就是生命本身。

生命本身是宇宙万物自由演化的过程，经历了从低级向高级、无机向有机、单细胞向多细胞的发生发展过程。在这样的演变过程中，生命从原始状态走向现代文明，从简单的身型生理到复杂的心理情感认知，逐渐具有当代人类生命的身心特征。这一个由简单到复杂的发展变化历程是大自然参与制造的，更是宇宙万物自由进化的奇迹。形色各异的生命从自然中来，同时也日益丰富着大自然，并最终归于大自然。

（二）生命本身就是价值

谈论生命价值，必然要从生命开始。生命价值的一个重要内容就是人的生命本身。每个人与生俱来的只有一具带着血肉的生命躯体。生命的存在，是上帝赐给人类最好的礼物，是父母生命的延续与继承。就如华罗庚所说："我们最好把自己的生命看作前人生命的延续，是现在共同生命的

---

[1] 马克思，思格斯. 马克思恩格斯选集（第4卷）[M]. 北京：人民出版社，1995.

一部分，同时也是后人生命的开端。如此延续下去，科学就会一天比一天灿烂，社会就会一天比一天更美好。"从客观角度看，生命本身无国籍之隔，无高低之分，无美丑之别，所以无论身处何时何地，生命体本身都是等价的。可以说，人的"生命是美丽的，对人来说，美丽不可能与人体的正常发育和人体的健康分开"（车尔尼雪夫斯基）。"任何人类历史的第一个前提无疑是有生命的个人的存在。"① 任何生命价值的起点都是生命自身的存在。肯定生命，热爱生命，是探索生命价值的第一步，也是最根本的一步。

从生物学的角度来讲，生命来之不易。不是每一次受孕都可以产生新的生命，不是每一个生命都可以顺利来到人间。这就让生命具有可贵的现世性。而 DNA 的遗传又让生命具有可延续性。

从统计学角度讲，生命仅仅是亿分之一的生存概率。"全世界的人无论谁来到人间的概率都是极小的。因此，我们应该想到，仅仅生身这一件事就足以证明我们是天之骄子。"②

从经济学上讲，生命是市场利益的参与个体。经济利益的多寡，决定了一个生命体的价值。

从哲学角度讲，生命是独一无二的。没有一模一样的生命个体，正如没有一模一样的两片树叶一样。生命无法复制，也无法复原。这正是证明生命可贵可爱的关键所在。

正如刘易斯概括的那样：生命之可贵，还表现在每个生命都有自己鲜明的个性，正如世间没有两个人的指纹可能是相同的一样，也没有任何两个声音是一模一样的。在世间，毕竟一个人的"生命不可能有两次"（法国诗人吕凯特）。现实的生活中，我们每个人都是一个完备而独立的个体，由细胞表面特异的蛋白质构形加以标记，可以根据精致的指纹的螺涡，甚至可以根据身体特殊的混合气味而一一加以鉴别。③

（三）生存是生命的基本需求

人是自然文明和精神文明的产物。自然性和精神性必然统一存在于人

---

① 马克思，恩格斯. 马克思恩格斯选集（第1卷）[M]. 北京：人民出版社，1972：24.
② [美] 刘易斯·托马斯. 观海窥天 [M]. 胡寿文，译. 北京：商务印书馆，1994：61.
③ 同上书.

的生命中。每一个独立的生命体,都潜移默化地受着自然界和精神界的双重影响。经实践的千载磨砺,这种亘古就有的影响,自然地演化成哲学家话语体系中经典语录:人一半是野兽,一半是天使。不言而喻,"兽性代表了自然属性,天使代表了文明属性。"① 在生命价值的追求中,人们在努力地克服和削减着自然具有的兽性,力求凸显人天使的一面。这就形成"大我"的价值观。

于是,生命价值的第二步,就要生存。凭自己的努力,靠自己的能力,快乐自由地生活在这个世界上。"生命不等于是呼吸,生命是活动。"(卢梭)如蚂蚁的奔波,如蜘蛛结网一般,人们始终行走在生存的道路上,从小到大,从生到死,周而复始,在必需的活动中延续生命的长度,也力求创造生命存在的厚度。这也令本土学者们为之自豪,欣然自誉曰:"我们中华民族是人类历史上最为勤劳,最不怕吃苦,最勇于吃苦,最具有生存韧性与生存能力的民族。"②

二、道德性

康德哲学贡献给人类的伟大学说就是三大批判理论,即纯粹理性批判、实践理性批判、判断力批判,从而在认识能力、情感道德之间来阐释真善美的要义。为生命的意义建构的价值体系必须符合道德的要求,否则会成为反道德的负面认知而淡出主流价值观的范畴。

(一) 生命价值观反映了个人德行

从个人道德品行的高低来看,君子以厚德载物,小人以利益为尊。在生活中,以金钱利禄为价值标准的人生,充满了低级趣味;以家国为己任的人生,充满了责任担当。或高或低的道德修为直接体现了个人的生命价值观。不同标准的生命价值观也直接影响了一个人的生活境界和品味。

(二) 生命价值观要符合公共道德

从一定意义上讲,生命价值观是公民个体的个人选择,但是,绝不能触碰公共道德的底线。过于自我的生命价值观比较容易超越公共道德的规

---

① 史仲文. 生死两论·序 [M]. 北京:中国社会出版社,2009.
② 史仲文. 生死两论·序 [M]. 北京:中国社会出版社,2009:3.

约，比如不尊老爱幼、不遵守交通规则、不讲究公共卫生等。表面是生活习惯的问题，实则多是自我为尊价值观的一种体现，因为遵守自己的个人标准而忽视公共的规则，这是一种价值观的僭越，但僭越者往往并不自知。

三、时代性

生命价值经历了上下五千年的历史变迁，并且随着时代的发展而发展。生命价值具有属于自己的历史。一方面，每一种生命价值观的存留与发展都保留着先前的痕迹；另一方面，关于生命价值的认识也会因时代的不同而不同。世界是发展的，观念也是在更新的。在人类的生命史中，不同时代具有不同的生命价值观，不同时代所推崇的价值观不尽相同。

（一）人类社会形态更替中的时代性

从人类社会发展的形态来看，奴隶时期生命价值在于谋生；封建时期生命价值在于入世；资本主义时期生命价值在于利益最大化；社会主义时期生命价值在于公有；共产主义时期生命价值在于自由。这就是生命价值的时代性。

（二）人类科技飞速发展中的时代性

从科技发展的不同时期来看，在原始的新石器时代，生产力水平低下，人们对自然充满了敬畏，生命的脆弱让人们的价值追求仅限于维持生命本身；在高科技的当代社会，物质产品极大丰富，信息科技高速发展，人力与智能同在，对科技的依赖程度越来越高，人们对生命的价值追求日益提高，挑战自然，追求卓越日益成为人们新的价值目标。

四、精神性

搜罗各家论说，道德之论讲究"仁者爱人"，信仰之说重在"赎罪忏悔"，小说家余华则用笔墨描述"活着"的不易，生物学家用实验结果告诉我们生命的神奇……除了生命本身外，人是生活在一个充满意义的世界里，总是求得精神世界的满足。只要去自觉地感知意义，领悟意义，就会寻找自身的生命价值所在。换句话讲，即使是无意义，也是人生的一种意义。"七情六欲"是人之常态。在对自己的层面上，生命价值的另一重要内容就是通过真善美的诉求来获得情感的快乐和心理的健康。

(一) 超越物质的灵性与美善

蔡元培曾在谈及人生问题时指出:"进化史告诉我们:人类的义务,为大众不为小我,为将来不为现在,为精神愉快不为躯体享受"。① 人从物质世界诞生,却"拥有非物质所能囊括的精神生命,正是这种精神生命使人和物拉开了距离。也就是说,人类所拥有的不是一般的生命,是一种特别的高级的有灵性的生命,人类的这种灵性不是体现在他的牲口似的物欲里,而是体现在他们种种奇妙的精神性经验里——微妙的感觉与情感、神奇的想象与梦幻,以及深刻的洞察与思想等方面。人之所以为人就在于他拥有种种基于灵性的丰富多彩的生命经验,而人类生命经验的独特性与神奇性在于:它可以超出自身的自然性的利益需求,向着更为深广、更为深邃的梦幻般的方向迈进。人类所拥有的想象力与情感力量激励了这种勇敢行为。可以说,人类的这种充满勇气的行为创造了自身,也产生了种种被称为'精神性'的经验,这种超出自身自然性需求的精神性的试验或尝试,是人类最值得骄傲的行为,是人类所有经验中的精华部分。"② 这更是一个人生命价值中最为高尚的价值取向之一。

人生在世,求真不易,务实难得。能坚持真言真行真论者,其生命价值也会增添光彩。鲁迅早在《狗、猫、鼠》中通过人与虫蛆、鸷禽猛兽等的对比,鲜明地表达出对虚伪言论者"正人君子"的讽刺态度和厌恶之感。"虫蛆也许是不干净的,但它们并没有自命清高;鸷禽猛兽以较弱的动物为饵,不妨说是凶残的罢,但它们从来就没有竖过'公理''正义'的旗子,使牺牲者知道被吃的时候为止,还是一味佩服赞叹它们。人呢,能直立,自然是一大进步。能说话了,自然又是一大进步;能写字作文了,自然又是一大进步。然而也就堕落,因为那时也开始了说空话。说空话尚无不可,甚至连自己也不知道说着违心之论,则对于只能嗥叫的动物,实在免不得'厚颜而忸怩'。"③

---

① 蔡元培. 蔡元培论人生 [M]. 韦伯,葛富斌,译. 天津:天津出版传媒集团天津教育出版社,2012:100.
② 丁来先. 诗人的价值之根·引言 [M]. 北京:中国社会科学出版社,2011:1-2.
③ 鲁迅. 朝花夕拾·狗猫鼠 [M]. 长春:吉林出版集团有限责任公司,2009:4-5.

(二) 追求生命的发展与永恒

生命价值的精神性体现为追求生命的发展，每个人要实现的自由发展。人类有共性需求，在满足自身物质需求的基础上，自然会不安于现状，并且在不断打破现有生活方式的过程中，寻找更优质的生活方式。人总是在不断超越自我的过程中创造更多物质财富和精神财富。因为"只有献身社会，才能找出那实际上最短暂而有风险的生命的意义"（爱因斯坦）。

生命价值精神性体现为追求生命的永恒。这是一种崇高的境界，是生命的延长。如若"能将自己的生命寄托在他人记忆中，生命仿佛就加长了一些；光荣是我们获得的新生命，其可珍可贵，实不下于天赋的生命。"（孟德斯鸠）"留在他人的记忆中"是一种留名和传世的方式，其核心内容恰恰是美德、美言、美行。"生命苦短，只是美德能将它传到遥远的后世。"（莎士比亚）"生命，如果跟时代的崇高的责任联系在一起，你就会感到它永垂不朽。"（车尔尼雪夫斯基）追求真善美是实现最高生命价值的基本途径。这既是精神上的诉求，也是道德上的要求。

五、发展性

从生命个体的纵向产生而言，"发展指的是个体从受孕（父亲的精子与母亲的卵子结合形成新的生命）到死亡这个过程中的系统的连续性和变化。"[1] 每个生命体都会经历幼年到成年直至老年的人生道路，每个人生都会经历从幼稚到成熟的价值观认知过程。所以，生命价值观是一个发展的概念，具有发展性这一特点。

(一) 生命价值观的萌芽期

中小学阶段是生命价值观的萌芽期。因为这一时期，人的价值认知还不成熟，主要处在家庭教育和学校教育的环境中，学习和课外兴趣活动居于主导，对于大多数孩子来说，真正意义上的生命价值问题还未正式列入思考和思想的日程。

---

[1] [美] 谢弗. 发展心理学——儿童与青少年（第六版）[M]. 邹泓，等，译. 北京：中国轻工业出版社，2005：4.

（二）生命价值观的形成期

大学深造阶段是生命价值观的形成期。因为这一时期，人的价值认知已经相对成熟，走出家庭和父母呵护的青年学子，已经融入社会生活，完成社会人的身份变化，也有更多机会来接受身外的思想熏陶和影响，加之所学专业的道德的引导，能够较理性地认识生命的意义，也能够把握自身的价值诉求，并为之付出努力。

（三）生命价值观的成熟期

毕业入职阶段是生命价值观的成熟期。因为这一时期，人的价值认知已经相对成熟，独立的工作和独立的实践活动，让青年大学生拥有独立的人生体验，有助于形成成熟的人生价值观，通过工作和生活来实现既定的目标，实现人生价值。

第四章

内外融合：生命价值观形成的主要影响因素分析

一个人生命价值观的形成取决于两种主要因素,即内在因素和外在因素。内在因素包括生理结构、心理结构、生活经历、文化程度和精神需求等;外在因素包括家庭教育理念、社会道德舆论、国家意识形态等。其中内部因素是基础,外在因素是条件。

第一节 影响生命价值观形成的内在因素

影响生命价值观形成的基础是人的内在因素,甚至有学者认为"价值观的基础被认为是可发现的内部,而不是物质世界中的外部"。[①] 对人而言,正如哲学人类学家兰德曼(Michael Landmann)所言:"创造性完全不限于少数人的少数活动,它作为一种必然性,根植于人本身存在的结构之中。"[②] 这种结构既可以是生理结构,也可以是心理结构。一个人的生理结构、心理结构、生活经历等千差万别,其形成的生命认知自然也不尽相同。

一、生理结构

(一)物质基础

人体特有的生理结构是其生命价值观产生的一个重要物质基础。"人是具有生物性、认知和社会性的动物,并且自我的每个成分都在某种程度

[①] [美] 卡尔·罗杰斯. 论人的成长 [M]. 石孟磊,等,译. 北京:世界图书出版公司北京公司, 2015: 256.
[②] [德] M. 兰德曼. 哲学人类学 [M]. 阎嘉,译. 贵阳:贵州人民出版社, 1988: 228 – 229.

上依赖于发展的其他方面的变化。"[①] 况且,这里的自我也是"每个独特的个人生理和心理特征的总和"。[②]

(二)生理变化

现在的大学生年龄在 18~20 岁,从年龄阶段而言属于青春期的末期。所以,更加关注自身生理变化及其所带来的评价和影响,比如,女大学生更加关注身材衣着,男大学生更注重运动力量和男性气质。无论是女孩子的美丽诉求,还是男孩子的魅力打造,都是自我价值意识的凸显。这都将直接影响大学生人格的养成和对生命价值的认知。

(三)生理性疾病

病态的生理性疾病将影响人的价值认知和选择。例如,暴食症与厌食症都是生理性疾病,往往引发个体对生命的摧残、自虐,甚至是放弃生命的极端行为。

所以,对于人而言,生理结构密码决定了未来的价值取向。健全型生理结构往往会生成健全人格和积极的生命价值观,残疾型生理结构往往会生成畸形人格和消极的生命价值观。

二、心理情绪

对于人来说,生命价值观的高尚与否取决于人的心理是否健康。积极的心理情绪容易生成高尚的生命价值观,消极的心理常与低级庸俗的生命价值观为伍。

(一)积极情绪和正能量

人的心理处于愉悦状态的时候,容易产生积极情绪,其精神世界会充满阳光,价值选择会趋于正能量标准。而积极的生命价值观又反过来激发人的向上动力,让人向着更好、更高的人生目标努力奋斗,从而有助于成就人的终极价值理想,抵达生命的圆满境界。

---

① [美] David R. Shaffer. 发展心理学——儿童与青少年(第六版)[M]. 邹泓,等,译. 北京:中国轻工业出版社,2005:7.
② [美] David R. Shaffer. 发展心理学——儿童与青少年(第六版)[M]. 邹泓,等,译. 北京:中国轻工业出版社,2005:436.

（二）消极情绪和负能量

当人的心理处于压抑郁闷的时候，容易产生消极情绪，其精神世界会充满阴郁，价值选择会趋于负能量标准。而消极的生命价值观又反过来影响人的心理状态，使人产生躁动不安的负面情绪，从而进一步影响人生言行的评判，阻碍生命最优化的路径选择。

三、文化程度

在现实人群中，文化程度不同，对生命价值的认识的角度和理解的深度就会迥然不同。不同的文化程度的群体会形成属于自己的生命价值体系。

（一）无文化群体

无文化群体的生命价值体系比较简单。单单从某一方面讲，无文化的人群物质满足度较高，精神需求相对较低。他们的生命价值谱系当中，更重视衣食住行等基本的物质层面，所以幸福感会较强。通常情况下，他们不会钻牛角尖，更不会陷入理想不得实现，志向不得舒展的精神苦闷当中。

（二）低文化群体

低文化群体的生命价值体系相对复杂。因为这部分群体一方面要通过学习工作获得其追求的高学历或高收入，另一方面又要面对起点相对较低的工作岗位，自身实力的欠缺和实际梦想的距离感总会令他们无端地苦恼。其中，不停奋斗者会付出更多的辛劳，甚至要面临许多不可预期的失败和打击，相比较而言，反而是安于现状的人群更容易获得生命价值的满足感。

（三）高文化群体

高文化群体的生命价值体系最为复杂。因为拥有较高的文化层次，认识问题和分析问题的能力较强，对生命中的物质价值和精神价值、个人价值和社会价值都会有所预设和期待。这就容易造成现实与理想的冲突，在较高的期望值的驱使下，心理预期更高，生命价值指数也会更高。

第二节　影响生命价值观形成的外在因素

人的生命价值观的形成离不开外在环境的影响。"行为主义者华生和斯金纳把环境定义为塑造个体发展的所有外部因素。"[①] "皮亚杰认为，我们总是依靠同化和顺应这两个相辅相成的过程来适应环境。"[②] 实际上，人既要在自身发展中来适应环境，又要在外在环境（包括家庭、学校、社会、网络等环境）的影响下促进自身的发展。

一、家庭的主导教育理念

家庭是构成一个国家的基本组织单位，是一个人最初生命价值得以形成的原产地。它负有生理遗传和环境影响的双重职责。可以说，"人类的大多数复杂属性是天性因素（遗传）和养育因素（环境）长期交互作用的结果。"[③]（Plomin 等，1997）。作为"原生家庭"，养育环境包括父母为主导的家庭中的每个成员。"养不教，父之过"，强调了父亲的教育职责；"孟母三迁"的故事，反映了母亲的教育影响。父母的言行举止和行事风格都潜移默化地影响着孩子的价值取向。而每个家庭成员共同遵守践行的道德行为规范和准则就形成每个家庭特有的家风。家风一般是指一个家族传承恒久不变的精神规则，并对整个家族成员修身持家产生深远的影响。家风或以格言形式记载，或以训教形式成书。如《诫子书》《朱子家训》《范氏家训》《颜氏家训》《曾氏家训》等，皆是中国历朝历代家风的典范之作。家风的精髓也就是该家庭所主导的教育理念。

---

① ［美］David R. Shaffer. 发展心理学——儿童与青少年（第六版）[M]. 邹泓，等，译. 北京：中国轻工业出版社，2005：61.
② ［美］David R. Shaffer. 发展心理学——儿童与青少年（第六版）[M]. 邹泓，等，译. 中国轻工业出版社，2005：53.
③ ［美］David R. Shaffer. 发展心理学——儿童与青少年（第六版）[M]. 邹泓，等，译. 北京：中国轻工业出版社，2005：71.

(一) 物质育人

物质利益是人们生活必需的。现代阶段，不少贫困生就读大学都有机会申请到国家的补助，这种援助与支持性的物质补贴，很大程度上缓解了贫困生的心理压力，从而让压力转变为前进的动力，怀感恩之心，更好地读书学习，奉献他人，用优秀的专业素质和报国热情来回报国家与社会，这是物质育人的典型事例。这是高等教育在做并已经取得良好育人效果的实际工作。

然而，在家庭中，以物质利益为人生价值追求就会有偏颇，严重地违背了育人的教育宗旨，也会带来许多不尽如人意的教育后果。"家庭不只是人们身体的住处，更是人们心灵的归宿。家风好，就能家道兴盛、和顺美满；家风差，难免殃及子孙、贻害社会。"[1] 这是一段习近平总书记关于家风家教的重要论述。毫无疑问，以追求物质财富为中心的家庭，其子女过多关注金钱，容易形成"为富不仁""唯利是图""势利眼"等畸形的价值观。

(二) 精神育人

在优良的家风熏染中，家庭会起到精神育人的作用。一个人的精神素质涵盖物质需求以外的个人风貌，如礼貌、合作、友爱等。这些精神要素很大程度上源于家庭的影响。阿德勒的假设告诉我们："家庭中某一分子的成功，可以刺激其他人的奋发向上，而且家庭的传统也使得孩子们在耳濡目染中继承先人的志趣。"[2] 自然可以说"家风家教如种子破土，不可见却有千钧之力"。周恩来总理为中国人民和世界人民做出过杰出的贡献，他严于律己、廉洁奉公、淡泊名利、无私奉献，不仅是党风的楷模、治国的典范，也是治家的榜样，为世人留下了极为宝贵的精神财富。其侄女周秉德老人用自己的亲身经历和点滴感悟，饱含深情、声情并茂地讲述了周恩来总理的家风和家训，打造了一堂感人的家风课——"家风里的核心价

---

[1] 李苑，方曲韵. 家风家教：一门国人必修课 [N]. 光明日报，2017-03-10.
[2] [奥] 阿尔弗莱德·阿德勒. 论灵魂与情感 [M]. 石磊，编译. 北京：中国商业出版社，2016：132.

值观——在身边感悟伯父周恩来的人格风范"。① 周总理的家风凝聚成受人景仰的精神人格，对后辈成长产生了重要的影响，潜移默化地实现了精神育人的目标。"从爱家而爱国，是自然生发的情感脉络"，作为"独特的中国力量"②，家风家教需要在国人共同的关注中获得新的生发力，成为引导和影响青年大学生的精神力量。

钱理群在分析现在大学生不能适应现代社会发展需要的原因时，就提出过精神素质问题。他认为：

> 在我看来，一个重要方面是精神素质的问题。很多就业单位，对大学生的素质有许多批评，我觉得我们大学生应该听一听这样的批评。他们主要认为现在的大学生，一个是独立自主能力比较差，一个是缺少团队精神，不善于和他人合作，还有知识面太狭窄，独立思考和创新能力不足。
>
> 这些问题，其实都是精神素质问题。而这种精神素质问题，就是独生子女家庭教育和中小学应试教育的后果。正是因为这样，大学教育就应该补这个课。中学的应试教育造成了你们这些毛病，这些弱点应该在大学里弥补，大学不仅仅使你成为一个有知识有技术有技能的人，更重要的是成为一个健全发展的现代公民。如果不着眼于这一点，只是按职业知识、技能的要求来设计自己的大学生活，那么，你们中的许多人就很有可能在中学成了应试机器，到大学又成了就业机器，这样来度过自己的青春时代，且不说会影响自己一生的长远发展，单就个人生命而言，也太委屈自己了。③

（三）经验育人

每一个大学生都处于不同的家庭既有经验环境之中，从而形成不同的人格和生命价值观。按照行为遗传学家罗伊（David Rowe）和普罗明（Robert Plomin）的说法："对人格起到很大作用的环境因素是非共享的环

---

① 周秉德. 家风里的核心价值观——在身边感悟伯父周恩来的人格风范 [J]. 高等教育管理干部培训平台.
② 李苑，方曲韵. 家风家教：一门国人必修课 [N]. 光明日报，2017-03-10.
③ 钱理群. 大学里绝对精致的利己主义者 [J]. 中国社会学，2016年11月14日微信公众号.

境——使个体彼此不同的影响。并且，在一个普通家庭中有许多非共享的经验源。例如，父母常常对待儿子与对待女儿不同，或者对待第一胎的孩子与对待后出生的孩子不同。兄弟姐妹被父母不同的对待，他们将经历不同的环境，这将增加他们的人格在许多重要方面相区别的可能性。兄弟姐妹之间的交往是非共享的环境影响的另一个来源。例如，一个习惯支配小弟弟妹妹的大孩子受这些家庭经验的作用，可能变得具有坚持性和支配性。但是对于这个小些的孩子来说，这个家庭环境是支配性的，可能促进了他的被动、忍耐和合作这些人格特质的发展。"[1] 所以，"我们这个社会最为普通的群体就是家庭。建立了家庭之后，才会产生抚育儿女、赡养老人、分担劳动、照顾生病的事情。把一个乡的人集合起来，组成一个群体，才有彼此之间的互助，才有学校的发展建设。把一个省或一个国家的人们集合起来，组成一个群体，才有更加便利的交通和更高等的教育。"[2]

二、高校的德育教育体系

高校的德育体系涵盖课程内容、教师素质、就业教育等多个方面的内容。只有全员参与，多方对话的德育教育体系，才可能会实现理想的生命教育目标。

(一) 课程内容

在学校缺席的时代，学生德育实际是生活教育，是家庭教育，是民俗教育。当学校产生以后，学校就会通过课程内容的设置对学生开展一系列的思想道德教育活动。具体来说，高校的德育课程内容主要是指高校课内外德育活动所传授的道德价值观和所要传递的精神价值取向。高校德育课程内容设置的优劣和师资配备的高低也将直接影响到大学生对生命价值的衡量尺度。

在实践中，传统的直接灌输和强制要求式的德育模式已远远达不到既有的教育目的。相反，那些充满生命内涵、关注生命存在和尊重生命威严

---

[1] [美] David R. Shaffer. 发展心理学——儿童与青少年（第六版）[M]. 邹泓, 等, 译. 北京: 中国轻工业出版社, 2005: 97.

[2] 蔡元培. 蔡元培论人生 [M]. 韦伯, 葛富斌, 译. 天津: 天津出版传媒集团天津教育出版社, 2012: 218.

的课程内容，更容易激起大学生的情感共鸣，也能够更有效地发挥德育的作用，从而积极引导大学生树立科学的生命价值观。

（二）教师素质

教师的政治素质是理想信仰。在社会主义教育事业的建设发展中，教师素质首先是要具有坚定的理想信念，是培养社会主义事业建设者和接班人的政治导师。2014 年，在与北京师范大学师生的座谈会上，习近平强调，百年大计，教育为本。教育大计，教师为本。国家繁荣、民族振兴、教育发展，需要我们大力培养造就一支师德高尚、业务精湛、结构合理、充满活力的高素质专业化教师队伍，需要涌现一大批好老师。全国广大教师要做有理想信念、有道德情操、有扎实知识、有仁爱之心的好教师，为发展具有中国特色、世界水平的现代教育，培养社会主义事业建设者和接班人做出更大贡献。[1] 无疑，在其"四有"教师的要求中，教师的政治素质是第一位的。

教师的师德素质是德心德行。毫不夸张地讲，"理想的教师实际上负有一种神圣的、激动人心的使命：他铸造学生的心灵，人类的未来也掌握在他们的手中。"[2] "习近平强调，教师是人类灵魂的工程师，承担着神圣使命。传道者自己首先要明道、信道。高校教师要坚持教育者先受教育，努力成为先进思想文化的传播者、党执政的坚定支持者，更好地担起学生健康成长指导者和引路人的责任。要加强师德师风建设，坚持教书和育人相统一，坚持言传和身教相统一，坚持潜心问道和关注社会相统一，坚持学术自由和学术规范相统一，引导广大教师以德立身、以德立学、以德施教。"[3]

教师的文化素质是专业知识。教师是一个社会、一个国家承担专业教育的特殊群体，因其所担任的专业教育而肩负着重要的教书育人使命。其专业知识涵盖文化积累、教学技巧、职业修养和师生情怀等内容。这既有

---

[1] 习近平号召全国广大教师：做"四有"好老师 [OL]. 中国青年网，2014 – 09 – 09.
[2] [奥] 阿尔弗莱德·阿德勒. 论灵魂与情感 [M]. 石磊，编译. 北京：中国商业出版社，2016：126.
[3] 习近平在全国高校思想政治工作会议上强调：把思想政治工作贯穿教育教学全过程 开创我国高等教育事业发展新局面 [OL]. 人民网，2016 – 12 – 09.

纯粹的理论知识的掌握程度，也有应用的实践艺术，理论与实践结合而成的专业知识是重要的教师素质，也是教师获得学生尊重并发挥生命教育职能的基础。

教师的职业素质是教学技巧。传统教育中，教师与学生始终是存在等级差异的。"教师拥有知识，学生是预期的接受者。教师是专家，他们了解自己的领域。"[①] 但是，单纯的知识传授已远远不能满足现有的教育需要。在大学的课堂上，因为信息时代的熏染，大学生了解社会的渠道日益多元，掌握的信息更是多学科多领域。在这样的背景下，教师吸引学生的不仅是知识本身，而且要依赖得体的教学形式和技巧，尊重学生的生命体验，注重情感渗入，通过语言表达与合理的互动对话，实现师生的默契交流，以此达到最优化的教学效果。

（三）就业教育

中国高校的就业教育工作是高校德育工作的重要内容之一。长期以来，受多种因素的影响，提升就业率一直是各大高校德育工作的奋斗目标。而就业率的高低也是衡量高校教学和办学水平高低的重要指标之一。为此，一些功利主义、利己主义的就业引导取向自然会影响大学生的生命价值取向。

现存狭隘的就业观教育影响到大学生对专业课学习的兴趣。北京大学著名教授钱理群曾对部分就业教育工作表示担忧。他在《大学里绝对精致的利己主义者》一文中谈到了大学教育与就业问题，针对入学就谈就业的教育模式充满了危机感："要求大学生按照就业的需要来设计自己的大学生活，与就业无关的教育是不是也进入不了大学教育呢？"[②] 自然，知名教授与就业无关的讲座也会面临门庭冷落的尴尬景象。而重理轻文现象的产生也就在情理之中了。究其根源在于——大学入学教育即是就业教育的现状。这使得大学生把生命的价值归于找到好的工作，从而将生命价值狭隘化、单一化。

---

① ［美］卡尔·罗杰斯著. 论人的成长［M］. 石孟磊，等，译. 北京：世界图书出版公司北京公司，2015：225.
② 钱理群. 大学里绝对精致的利己主义者［J］. 中国社会学，2016-11-14日微信公众号.

现存单纯的就业率排名影响大学生自身道德修养的形塑。在网络上，每一年我们都会看到各种各样的就业率排名榜。就业率高的专业成为家长和学生报考和学习的"香饽饽"。客观地讲，就业率是对所学专业市场需求程度的考量测评，其排名和数值是市场化的产物。换言之，其依据的标准是市场。由此，依据就业率并不能直接肯定或否定某一专业的优劣，尤其是一些人文学科，需要知识积累和人文情怀，并不能直接产生社会经济价值，却是一个人自身修养需要具备的基本素质与涵养，这些都是就业率无法体现的。"打铁需要自身硬"，就业率低的专业并不代表将来就无法就业。在人才济济的当代，每个专业都是竞争上岗，择优而用。相信机会总是留给有准备的头脑，只要青年大学生掌握足够的专业知识，具备德才兼备的综合素质，成为某一领域某一行业的佼佼者，那么就业就不会成为大学生担心的问题。所以，单纯的就业率过于强调专业带来的就业机会，相对忽略了大学生自身的道德修养建设，其弊端也是显而易见的。

三、社会的道德文化氛围

文化是可以遗传的，道德也是可以影响的。"每种文化、亚文化和每个社会阶层都会向自己的下一代传递特定的信仰、价值观、风俗和技能，并且这种文化的社会化内容对个体的特性和能力有很大的影响。"[1] 不同时代的文化与道德舆论取向都强烈地影响着各个时代的价值取向。例如，封建帝王时代，人们的生命价值取向侧重于仕途，以货卖帝王家的官阶高低作为一个人立命修身的最高追求。市场经济时代，人们的生命价值取向多侧重于经济利益，以金钱房产等物质多寡来衡量一个人的价值。这些既有的社会道德标准、舆论取向和引导趋向，自然影响着每个生命个体的生命价值观选择。

（一）评价标准

所谓评价标准，是指人们用于评价某种人、事、物的价值尺度。评价标准具有主观性和客观性。如果只凭主观喜好来评价客观人事物，那就使

---

[1] [美] David R. Shaffer. 发展心理学——儿童与青少年（第六版）[M]. 邹泓，等，译. 北京：中国轻工业出版社，2005：7.

评价标准陷入可变化的旋涡中，也容易产生"楚王好细腰，宫中多饿死"的悲剧。同时这种主观标准具有变化性，因人而异，因时而变，没有科学依据。如果根据客观规律和理性决策，那么这种评价标准具有客观性和可执行性。在古代，王者所好影响臣子的言行和选择，甚至影响到一个国家的评价标准。

(二) 宣传取向

所谓宣传取向，是指主流媒体所弘扬的价值标准。任何一个时代，任何一个社会，人们的选择和喜好都在很大程度上受到主流媒体的影响。上行而下效，官做而民应。"只许州官放火，不许百姓点灯"似的特权取向，都会遭到民众的唾弃。一个国家和一个政府，在主流宣传中身体力行，就必然会获得民众的支持和响应。相反，其宣传取向只针对特定人群，公权私权混淆不堪，那么，其宣传力度和可信程度就必然下降。同理，有关生命价值观的宣传与报道，都会不同程度地影响人们的选择和践行，并在实践中成为普遍认可或普遍否定的价值观，最终影响到整个国家、整个社会的价值判断和行事风格。

四、国家的主流意识形态

对一个国度的公民而言，国家的主流意识形态对个体生命价值观具有形塑功能。这种形塑功能往往通过强制规约和法律道德手段予以实现。其中，对内的核心价值观和对外的国家交往观会影响到个人对生命的认识和理解。

(一) 对内的核心价值观

核心价值观具有时代性。不同时代不同阶级对价值问题的理解认识不同，在不同时代会形成不同的核心价值观体系。核心价值观是凝聚一个时代的价值标准。从古至今，中国的核心价值观经历着一个不断演变的发展历程。

核心价值观具有历史性。随着社会政权的变化，核心价值观也会发生历史性的变化。封建时代，帝王执政，皇权第一，国家的核心价值观必然要服务于封建君王，类似于入世哲学和忠君思想等成为读书人的主流价值追求。资本主义时期，财产私有，资本交流，自由主义政党执政处于主流地位，国家的核心价值是利益最大化；社会主义时期，无产阶级执掌政权，服务主体是广大人民，国家核心价值观必然要服务于广大人民群众，为人民服务是最基本的价值追求。

核心价值观具有概括性。在中国社会主义建设的不同时期[①]，核心价值观常常被提炼成一些可读可颂可记的口号、警句、名言语录等影响一代人的价值取向。在儒家文化的体系中，"仁"是核心价值观的关键词，由此概括出的"仁""义""礼""智""信"等思想，深刻地影响了中国的华夏文明。近代中国，在中西文化冲突与融合的过程中，中国传统文化中的精华不断被发扬光大，如民国时期，孙中山以忠、孝、仁、爱、信、义、和、平这"八德"为核心价值观，在"礼义廉耻"的推崇中，追求中华民族的固有精神。五四时期，儒家文化遭到摧残，西学走入国门，"德先生"和"赛先生"成为当时社会的思想价值主流。随着我国经济的发展，核心价值观的内容也更加丰富。比如，新中国成立初期颁布的《中国人民政治协商会议共同纲领》（1949年）以"五爱"作为公民共同遵循的道德规范，即爱祖国、爱人民、爱劳动、爱科学、爱护公共财物；20世纪80年代，全国学联、全国伦理学学会等九个单位联合推出的《关于开展文明礼貌活动的倡议》（1981年）则让"五讲四美"之风盛行。"五讲"即讲文明、讲礼貌、讲卫生、讲秩序、讲道德，"四美"即语言美、心灵美、行为美、环境美。随之与"三热爱"（"热爱祖国、热爱社会主义、热爱中国共产党"）活动相结合，形成传诵一时的"五讲四美三热爱"的社会价值观口号。党的十三届四中全会以后，价值问题逐渐成为当时社会的流行话语，并概括成"三个代表""八荣八耻""科学发展观"等耳熟能详的价值观概念，引导人们理性把握科学价值观的内涵。2006年3月，党中央提出了"八荣八耻"的社会主义荣辱观，继承和发展了我们党关于社会主义思想道德建设褒荣贬耻、我国古代的"知耻"文化传统，同时又赋予了新的时代内涵，深化了我们党对社会主义道德建设规律的认识。2012年11月，

[①] 一般划分是：1949—1956年，社会主义过渡时期；1956—1966年，社会主义探索时期；1966—1976年，社会主义"文化大革命"时期；1979年以后，社会主义建设新时期。

党的十八大倡导富强、民主、文明、和谐，自由、平等、公正、法治，爱国、敬业、诚信、友善，号召人们积极培育和践行社会主义核心价值观。其中，富强、民主、文明、和谐是国家层面的价值目标，自由、平等、公正、法治是社会层面的价值取向，爱国、敬业、诚信、友善是公民个人层面的价值准则，这24个字是社会主义核心价值观的基本内容。社会主义核心价值观是社会主义核心价值体系的内核，体现社会主义核心价值体系的根本性质和基本特征，反映社会主义核心价值体系的丰富内涵和实践要求，是社会主义核心价值体系的高度凝练和集中表达。社会主义价值观引导着我国道德建设的取向和方向。2013年12月，中共中央办公厅印发《关于培育和践行社会主义核心价值观的意见》，明确提出，以"三个倡导"为基本内容的社会主义核心价值观，与中国特色社会主义发展要求相契合，与中华优秀传统文化和人类文明优秀成果相承接，是我们党凝聚全党全社会价值共识做出的重要论断。

在经典名著中，我们经常会感受到具有核心价值观内涵之名言的影响力，比如：

> 人最宝贵的东西是生命，生命属于人只有一次。人的一生应该是这样度过的：当他回首往事的时候，他不会因为虚度年华而悔恨，也不会因为碌碌无为而羞耻；这样，在临死的时候，他就能够说："我的整个生命和全部精力，都已经献给世界上最壮丽的事业——为人类的解放而斗争。"
>
> ——［苏］奥斯托洛夫斯基

这是小说《钢铁是怎样炼成的》的经典名言，字里行间表达出身残志坚者的生命理想，展示了保尔·柯察金的光辉形象。这段经典的励志名句也以其不朽的精神力量感染了一代共产主义战士，感动了几代青年学生。这无形中成为教育大学生的教育素材。而这些素材的来源往往是一个国家在特定时期的核心价值观所决定的。

2016年，习近平在全国高校思想政治工作会议上强调，我们的高校是党领导下的高校，是中国特色社会主义高校。办好我们的高校，必须坚持以马克思主义为指导，全面贯彻党的教育方针。要坚持不懈传播马克思主义科学理论,抓好马克思主义理论教育,为学生一生成长奠定科学的思想基础。要坚持不懈培育和弘扬社会主义核心价值观,引导广大师生做社会主义核心价值观的坚定信仰者、积极传播者、模范践行者。要坚持不懈促进高校和谐稳定,培育理性平和的健康心态,加强人文关怀和心理疏导,把高校建设成为安定团结的模范之地。要坚持不懈培育优良校风和学风,使高校发展做到治理有方、管理到位、风清气正。[①]

至此,继承传统,凝聚当代的新型价值观体系为新时期道德建设提供了新标准,也日益丰富和发展着中国特色的社会主义核心价值观的内容,为青年学生理解和认识自己的生命价值提供了可靠的核心依据。

(二) 对外的国际交往观

一个国家,对外的交往是强势还是弱势,直接决定了该国民众在世界舞台是主角还是配角的地位。而强国地位绝对影响到青年学生的民族自豪感和生命存在的价值感。当自己的祖国国富民强时,青年大学生就会奋发有为,珍惜生命,热爱生活,凭一股青春热情为国争光;当自己的祖国积贫积弱,满目疮痍时,青年大学生更多的是悲愤自立,立志图强,靠一份为国出力的理想自力更生。富国多才俊,贫国少勇男。多少世纪的抗争与奋斗,中国才迎来今天的大国盛世。对外和睦相处,睦邻友好,开通"一带一路",极大地增强了中华儿女的自豪感和自尊心。可见,这对于青年学子形成爱国爱家的生命价值观具有非常重要的时代意义。

---

① 习近平在全国高校思想政治工作会议上强调:把思想政治工作贯穿教育教学全过程 开创我国高等教育事业发展新局面 [OL]. 人民网, 2016 - 12 - 09.

第五章

问题聚焦：中国青年学生生命价值观的错误取向及原因

因受传统文化的熏染，当代中国青年学生大多信守主流价值观，具有集体观念和家国情怀。但是，西方价值观的渗入和市场经济唯利是图的影响，当代大学生有关生命价值的理解趋于多元，一定程度上偏离了核心价值观，一部分大学生出现错误的价值观取向，表现为对生命意义的漠视，推崇金钱至上，乐于追求实用主义，安于享乐主义，甚至有极端轻视生命的现象发生，这些偏离生命意义本身的价值取向，需要高校德育工作者给予理论思考和实际行动方面的关注。

第一节　中国青年学生生命价值观的错误取向

一、实用主义取向

当今，美国的思想对大学生的影响非常大。诸如麦当劳、肯德基等西方文化的深入无处不在。实用主义原本是源于美国的哲学流派，并在哈佛大学留下活动的足迹——"形而上学俱乐部"，这是一个实用主义的组织。20世纪初成为美国最主要的哲学流派，并经胡适传入中国。"实用主义"是威廉·詹姆斯（William James，1842—1910）[1]提出的核心概念，其著作《实用主义》也被认为是一部塑造美国气质的书，是一本决定美国人行动

---

[1] 威廉·詹姆斯（William James，1842—1910），美国心理学之父。美国本土第一位哲学家和心理学家，也是教育学家，实用主义的倡导者，美国机能主义心理学派创始人之一，美国最早的实验心理学家之一。1875年，建立美国第一个心理学实验室。1904年当选为美国心理学会主席，1906年当选为国家科学院院士。2006年，詹姆斯被美国权威期刊《大西洋月刊》评为影响美国的100位人物之一（第62位）。

准则的书,是美国的半官方哲学,几乎影响了整个世界。自然影响到大学生群体的价值观。概括来讲,实用主义的基本纲领就是把确定信念作为出发点,把采取行动作为主要手段,把获得实际效果当作最高目的。① 从理论上讲,"实用主义使一切有用的理论和谐,并把它们付诸实践。在注重特殊事实方面,实用主义和唯名主义是一致的;在着重实践方面,它和功利主义是一致的;在鄙弃一切字面的解决、无用的问题和形而上学的抽象方面,它与实证主义是一致的。"② 实用主义论调转化为大学生的价值观就是有用即做,无用的不为。这在部分大学生的理想追求、专业学习和就业选择方面都有突出的表现。

(一) 大学生理想追求的实用主义

一定时期,有关于实用主义思想的影响,大学生的理想追求过于看重金钱、利益、名声和荣誉,而对无功利的信仰、奉献等字眼弃之如履。从高考选专业选学校开始,每一个准大学生都已经被装入实用主义的牢笼。选一个好专业,为了一份好工作;选一个好学校,为了一个好前途。对于高考生而言,进入大学就是理想,进入名校就是理想,挣一分好颜面就是理想,找一份体面工作就是理想。这些停在浅层面的追求严重束缚了大学生的思想空间。在这种狭隘的理想主义框架下,回报社会,贡献国家,服务他人等高大上的生命价值观被重重地压在了实用主义的臂膀下。

(二) 大学生专业学习的实用主义

由于实用,大学生更愿意选择能够挣钱多和具有较高社会地位的专业来学习,相对轻视人文学科和技术专业。现实中,法律、经济学等都是长年不退的热门专业,而历史学、考古学等则是无人问津的冷门专业,大学生的学习热情比较集中在考证书、考公务员等,原因只有一个,这些都将是可以带来自身发展的敲门砖。在实际的调查中,真正为提高自身综合素质,为回报父母之恩,真正想到为国家做贡献的大学生,所占比例并不多。相反,为自己赚大钱、为自己获得好工作的学习目标所占比例最高。当然,

---

① [美] 威廉·詹姆斯. 实用主义·扉页 [M]. 燕晓冬,编译. 重庆出版社,2006.
② [美] 威廉·詹姆斯. 实用主义·扉页 [M]. 燕晓冬,编译. 重庆出版社,2006:39.

这也是当下所谓冷门专业和热门专业产生的一个原因。可以说，这种带着牟利和赚取地位的思想来求学，冲着好名声来深造的学习动机，自然会使得大学生把父母亲人，甚至是把祖国人民的利益弱化掉了。

（三）大学生就业选择的实用主义

就业选择是大学生人生的关键选择，直接影响到未来的人生轨迹。实用主义就业观的典型表现就是用金钱来衡量工作的高低。以往大学生立足家乡，支边支教，乐于奉献，哪里需要哪里去，热情高涨，而今的大学生多是放眼世界，或盼出国留学，或期待金领公司，只要哪里钱多就往哪里去，重高收入，比高职位，轻实践，轻基层，并为此竞相攀比，沉醉利益分享，侧重个人价值的实现，而对自己的社会价值往往不予勾勒规划。

二、金钱至上取向

崇尚金钱至上论调者，大多认为金钱的多寡是评价一个人成功与否的主要标准。在此，金钱不仅是炫富的资本，也是为所欲为的导火索。在现实生活中，市场经济带来的一大弊端就是日益激发了人们对金钱的追逐欲望，金钱、地位、权利等都是炫富的资本，并且把昔日曾隐藏在内心的炫富心理公之于众，也把人性的丑陋暴露无遗。例如，炫富有的"郭美美事件"、炫权贵的"我爸是李刚"事件等。实际上，大学生的炫富本应是学业成就，然而受金钱至上论的影响，大学生群体也出现了"富二代""星二代"，甚至是到处惹是生非被置于舆论审判台的"坑爹党"。

（一）炫富的大学生"富二代"

在金钱至上的生命价值取向中，部分大学生并不以能够学习而自豪，而是以物质利益的多与少来评价人与事，而且常常以此为荣，炫耀自己的富有，嘲讽他人的贫穷等。这些取向严重地损害了当代大学生的形象。可以说，"富二代"们炫耀、惹事生非的行为尽管被主流意识判定为"错"，但他们仍然在公共场合以及网络上乐此不疲，仿佛在金钱和权力上"碾压"其他人才能获得人生的满足；而在大众口诛笔伐的大军中，还夹杂着一部分低龄人群对"富二代"先天优势和荒唐行为的羡慕，对金钱盲目地崇拜，且人数越来越多。2010年，相亲节目《非诚勿扰》中一句"宁愿坐在宝马车里哭，也不愿坐在自行车后笑"，不啻为扇向社会的耳光。当社会未来的接班人（包括"富二代"和所有普通青少年）在形成"三观"的关键时期，对炫耀、惹是生非、拜金等持有欣喜、暧昧、羡慕的心态，无异于给整个社会的未来发展埋下一颗可怕的定时炸弹。所谓"垮掉的一代"，这绝不是危言耸听。[①]

（二）显贵的大学生"坑爹党"

"你是谁不重要，关键你爹是谁。"这种论调在大学生中也有存在。追问出身是特定年代的产物，而今仍是冠冕堂皇地走进了大学生的价值观体系当中。其间，有不少大学生善于借用父母的权势为自己和他人谋出路，求方便，由此来赢得同龄人的羡慕，甚至是赢得媒体的关注，以凸显自己的尊贵。这种以父母为光环的思维模式完全忽视了自身的生命价值，将自己的价值和发展寄托在父母身上，并以此为借口放弃努力和奋斗过程，不思进取，自甘堕落，不劳而获，最终不仅摧毁了自己，也降低甚至是毁掉了父母的应有的权威。当大学生成为"坑爹党"，当大学生成为"啃老族"，应该反思的不仅仅是父母，更是我们的教育，尤其是我们的生命教育问题。

三、个人主义取向

大学生个人主义取向主要表现为两个方面。

（一）重"小我"轻"大我"

人是自私的动物，容易在"小我"的世界里徘徊，侧重利己取向也无可厚非。在很多理论研究中，不乏利己是人的天性的论断。"达尔文的适者生存观似乎反对利他行为是人类的天生动机的观点。许多学者对此做出的解释是：把自己的需要放在他人需要之前的强有力的自私个体最有可能生存下来。如果是这样的话，进化论支持利己和自我中心主义是人性的基本

[①] 张子毅. 中国活法 [M]. 北京：人民东方出版传媒东方出版社，2016：60.

要素，而不是利他主义。"① 然而，当代大学生是时代的宠儿，肩负着历史交付的发展重任。国家的培养，家庭的教育，最终是希望大学生能够成为社会发展和国家富强的中坚力量。就东方文化而言，"工商业时代的文化，在国家和民族层面上多有局限，甚至摆脱不了个人主义的束缚。在个人主义的自私心态下，甚至破坏了家庭的人际关系，更遑论国家、民族的集体概念，更不必谈世界大同的终极理想了。"② 如果学生都沉迷于个人的一己之私利，那么这个国家的未来就无从谈起。现实中，虽然有利己思想的影响，但是教育仍需担起职责，最大化地消除利己的负面作用，积极唤起大学生的"大我"情怀，走出利己主义的狭隘窠臼。

（二）重"西学"轻"国学"

文化是思想产生的一个重要根源。明清之际，西学东渐，西方的思想文化、科学技术等方面逐渐通过西方传教士传入中国。特别是鸦片战争以后，速度加快，也曾通过"洋务运动"取得了时代的进步。可以肯定的是"西方文化存在不同的趋势，它更强调个体的重要性。民主与人权的理念、自主权，都是着重强调的要素。这一土壤发展出具有哲学性质的存在主义——我所提及的个人中心取向"③。中国立于世界东方，作为地球村的一员，不可避免地受到西方文化的影响。大学生在学习中，谈西方文化思想，学西方的先进技术，但是不要被其间的消极元素所同化。与倾慕"西学"相对而言，我们的大学生更应尊重本土文化传统，了解中国的特殊国情，不能对西方的理论和思想生搬硬套，避免张冠李戴，阻碍中国的发展。在社会实践中，大学生更应该做到中西合璧，扬长避短，兼容并蓄，为我所用，弘扬国学，发扬优秀传统文化，积极投身社会主义伟大事业的建设当中，这才是青年学子的大胸怀，这才是民族发展的大计。

---

① ［美］David R. Shaffer. 发展心理学——儿童与青少年（第六版）［M］. 邹泓，等，译. 北京：中国轻工业出版社，2005：60.
② 邬昆如. 人生哲学·绪论［M］. 北京：中国人民大学出版社，2007：13.
③ ［美］卡尔·罗杰斯. 论人的成长［M］. 石孟磊，等，译. 北京：世界图书出版公司北京公司，2015：137.

第二节　大学生错误生命价值观生成的主要原因

一、社会新思潮的影响

社会思潮是指特定时期占据社会主导地位的思想潮流。这些社会思潮有助于大学生了解西方文化和价值观，与此同时，由于国情不同，文化差异比较明显，在社会思潮的西学东渐的过程中，中国当代大学生正经受着几大社会思潮的消极影响。

（一）后现代主义思潮带来碎片化的生命认知

后现代主义思潮主张颠覆传统，呼唤自由，尊重个体，这无疑可以提升大学生的思想境界，拓宽认识世界的角度，有助于开拓研究视野，丰富理论认识。但后现代主义思潮所提倡的价值多元，否定一切的思想，又引发大学生利己主义情绪高涨，在建构和结构的实践中将生命碎片化，无意义化，从而走向另一个极端，以至于产生荒废学业，虚度岁月，只顾个人享受而不问家国的负面价值取向。

（二）消费主义思潮带来物欲化的生命体验

消费主义意识的兴起成为新的社会思潮。这里并不是一般的衣食住行消费，而是讲究名牌，追求时尚，甚至是奢侈品的消费与攀比，其消费的目的是满足主观欲望，而实际上是忽略精神品味。这种思想倾向易于滋生享乐恶习，在个人和集体利益发生冲突的时候，容易只顾个人而放弃集体利益。这种唯我的价值观与我国培养社会主义建设者和接班人的目标相违背，是需要思想教育干预和给予纠偏的。

（三）自由主义思潮带来平庸化的生命理想

自由主义思潮崇尚个人存在，追求个性解放，是一种典型的自我主义思潮。在这种思潮的影响下，大学生会放纵不羁，无所约束，成为不可规约的时代叛逆者。这种影响往往将高等教育培养的社会精英打造成高举自由主义旗帜的急先锋。

不同时期，不同的社会思潮会影响大学生的价值判断。严格意义上讲，"社会思潮是指某一时期内在某一阶级或阶层中反映当时社会政治情况而有较大影响的思想潮流。它以一定的社会存在为基础，以相应的意识形态为理论核心，并与某种社会心理发生相互影响、相互制约、相互渗透作用。社会思潮对大学生的影响是多方面的，它既有积极的影响，也存在消极的影响；既有短期的影响效应，也有长远根深蒂固的影响，需要进行全面系统分析。"[1]

二、网络亚文化的影响

随着信息化时代的到来，网络亚文化对大学生思想言行的影响不可避免。网络亚文化是与网络主流文化相对提出的文化概念，具体指以网络为传播渠道，但是内容涉及暴力、色情、犯罪、吸毒等的低俗文化，即网络传播的非主流文化。这种文化通过自身的边缘化特点对大学生的价值取向产生消极的影响。

（一）网络亚文化的形式灵活多样，迎合了大学生的猎奇心理

主流价值观是指一个国家、社会和家庭都推崇的价值取向。相反，非主流价值观是指不被广泛提倡和推崇的价值取向。在我国，自市场经济深入发展以来，随着经济结构的调整和生产方式的多样化进程，人们的思维方式、行为方式和生活方式等方面都发生了巨大的变化，并日益形成多元化的趋势，传统的非此即彼的思维模式被打破，保守的因循守旧的思想也面临挑战。大学生群体喜欢猎奇，关注非主流的言辞信息，在不能科学分辨是非的情况下，很容易邯郸学步，人云亦云，忘却自我，成为新兴亚文化的传播者和践行者，造成主流价值观的缺失，严重者可能成为主流价值观的对立者。

（二）网络亚文化的载体毫不设防，低门槛吸引青年大学生的关注

由于网络监管不够严厉，部分网站会进入上网者的视线。大学生是上

---

[1] 余双好. 社会思潮对大学生思想行为影响的特点及对策研究 [J]. 思想教育研究, 2013 (6).

网民众中最为庞大的群体,他们对外界事物充满了好奇心,没有父母在身边的约束,没有寸步不离的师生提醒,思想自由,言行自由,很容易受到网络亚文化的影响而树立错误的生命价值观,或从中强化享乐意识,或从中学会不劳而获,甚至遇人不淑,糟践生命,残害他人,最终走向歧途,懊悔终生。

(三)网络亚文化的内容贴近自我,无形中助长大学生自我宣泄的负情绪

在大众文化和商业经济的潮流中,在追求个性自由和物质财富的前提下,人们很容易产生追求金钱、崇拜时尚、及时享乐、放纵情欲的价值观。一定程度上讲,诸如网络亚文化这些非主流的话语模式严重地扰乱了大学生的价值观判断和选择,尤其是在面临人性趋利避害的本性问题时,大学生更容易选择非主流价值观以获得自我利益的满足。同时,非主流价值观往往具有隐蔽性、功利性、娱乐性等特点,这些特点往往使得大学生真假难辨,从而在随大流的行为中成为非主流价值观的践行者。无论是流行话语还是自由的行动,网络亚文化都主张标榜自我,洋溢个性,不在意他人的感受和评价,只求自己内心的满足,甚至把自己的快乐建立在他人的痛苦之上。如此的价值观取向,严重地扭曲了生命的本义,更无从谈及生命价值,必然带来类似于"垮掉的一代"般的危害。

三、微信自媒体的影响

(一)微信自媒体作为通信工具影响大学生的生活习惯

作为新生代的自媒体,微信已经成为每个人必需的一种日常通信工具和交流方式。微信,显然具有其他媒体所不具有的多种功能:对话、视频、聊天、文件传输、新闻浏览等,完全取代了传统的交流方式,集电视、电话、手机、银行、购物等功能于一体,最大程度地方便了人们的生活。现代生活中,可以说带一部手机就可以走遍天下。青年大学生思想活跃,接受新事物的能力更强,受到自媒体的积极影响就更明显。大学生的生活习惯与微信紧密相关,衣食住行手中都是手机,上课自习都是各种刷屏和晒朋友圈。每一名大学生都受制于手机微信,显然,自

媒体完全融入青年大学生的生活之中，是生活的一部分，也是生命的一部分。

(二) 微信自媒体作为阅读机器影响大学生的阅读习惯

在高校，大学生的阅读学习主要来自于图书馆，数以万计的资料查阅可以丰富大学生的学习内容，有助于研究型人才的培养，有助于学习品格的养成。然而，由于当代微信自媒体的渗入，不可忽视的一点是，现代的微信阅读正在取代传统的纸质阅读，一定程度上讲，经典名著阅读也成为快餐阅读，降低了阅读理解的深度和厚度。当微信自媒体成为人生活的一部分，或者说，当微信已经成为人，尤其是青年大学生自身生命的一种延展延伸部分的话，那么人的阅读习惯将发生颠覆性的改变，由此对生命价值问题也将会有新的认识。

(三) 微信自媒体作为人生平台影响大学生的价值判断

与此同时，不可否认，由于生活阅历和理性认知的不足，当代大学生还不能够科学驾驭微信领域，一定程度上还存在言行痴迷而耽误学业者，盲目跟风而散布非法言论者，片面展示自我而构造虚假人格者……微信自媒体在方便人们沟通的同时，无形中也让青年大学生成为自媒体的奴隶，被绑架了身心，束缚了自由。这又使得人与人面对面的心灵沟通减少了，表面上无时无刻不在掌握之中，但也会遇到对面不相识的尴尬。真实的生命状况反而被包裹起来，生命价值似乎都是掌中手机，人与人，人与社会的关系往往被虚化。

由上可见，"当代大学生价值取向已非过去那种非此即彼的思维模式与定式，呈现出兼容性、主体性、多元化趋势。以前很流行的'舍个人而集体''为国家利益，舍我其谁'的传统单一选择在当代大学生中已很难达成共识。这既可以看作社会发展进步、个人价值和独立意识得到充分体现和尊重，也必须看到其对集体主义、大局意识、国家利益等的负面影响。只有将自身价值、时代发展与社会需要统筹兼顾、协调一致、同步发展，才能找准自己的坐标，确立自己的位置，实现自身的价值。"[1] 大学生既要关注自身的物质需求，也要关注生命的精神价值，既要拉长生命的长度，

---

[1] 郑春晔，吴剑. 大学生涯与职业规划 [M]. 北京：经济科学出版社，2009：184.

也要加深生命的厚度……而这些都需要在现有的高等教育体制内发挥思想政治教育的积极作用，予以积极的引导。

四、校内外教育的影响

（一）家庭教育直接奠定了大学生关于原初生命价值的认知基础

家庭是孩子生命价值观形成的第一所学校。父母和其他家庭成员的影响不可忽视。规矩需要在家庭中养成，因为"儿童从小必须学习循规蹈矩，听从教诲，始有助其以后的社会化。大人应帮助儿童建起心中的价值标准，儿童日后即可根据大人的标准，控制其自己行为，亦即在儿童与大人的交互过程中自然采取大人所给予的价值标准，在此情况之下，儿童自然而然发展其社会性"。[1] 然而，家庭教育的现实是中国家庭教育离不开应试教育，重点小学、重点中学以及重点大学是家庭教育追求的目标。从一定意义上讲，中国的家庭教育就是一种急功近利的学习教育。在成绩决定一切的观念影响下，孩子就像永不停息的"学习机"一样运转，从幼升小、小升初到中考、高考，几乎每一个家庭都围绕升学择校来进行，考什么就学什么，艺术特长为了升学，文化课成绩为了择校，竞赛考证为了加分，诸如此类，在考试的压力下，家庭教育显得跟风走，并没有形成统一的价值共识。而真正提倡家庭教育的观点显得另类，甚至是理想化诉求了。英国前首相丘吉尔说："生命的意义是什么，无非为了崇高的理想而奋斗，为了改善这混乱的世界，让在我们逝去以后生活于其中的人，能有一个比较好的生活环境。"

西方家庭教育没有严格意义的孝亲教育。父母兄弟都是独立的人，并不强调长幼之分。18岁以上的家庭成员就可以独立行事，不再接受父母的支配供养。他们侧重孩子作为独立人和社会人的培养，绝对不允许出现类似于中国的"啃老族"。孩子长大后，保持法律上的父母儿女关系，但是孩子都具有完全的独立性和自由性，不存在违背父母意志的所谓不孝不顺。西方家庭教育比较尊重孩子的生命本身，侧重心理层面的交流沟通，没有

---

[1] 蔡墩铭. 生命与法律 [M]. 台北：翰芦图书出版有限公司，2000：300.

应试式的焦虑,父母尊重孩子的选择,尊重孩子的成长,不会用父母的双手代替孩子的自由发展,衣食住行、劳动学习、家庭责任等都是孩子自然而然的事情,都需要孩子在成长过程中独立进行,独立完成。即使是高官要员的孩子,也同平民百姓一样,接受社会的选择,承担工作的职责,不可以分享公权特权。从西方的家庭教育中可以传递出一种教育理念:尊重生命,热爱生命,关注生命的自由成长和自由发展,生命教育就是从家庭教育开始的。可见,这与中国的家庭教育理念完全不同。

(二) 学校教育直接影响了大学生关于未来社会价值的判断标准

任何教育都离不开氛围的营造和影响。好的教育取决于该学校所形成的良好氛围。好的学校氛围应该具有最基本的特点:(1) 强调学术。高效学校有明确的教学目标。他们会经常给孩子布置家庭作业,并能检查、纠正、与他们讨论。(2) 班级管理。高效学校在发起活动、处理纪律问题方面花费时间很少;准时上下课;学生明确老师对他们的期望,能获得明确的成绩反馈;班级氛围舒适,积极鼓励所有学生充分发挥其能力,并对做得好的学生给予充分表扬。(3) 组织纪律。高效学校人员严格执行规章制度,及时处理问题而不是把违纪者送到校长办公室。指导者很少使用会导致逃学、越轨、造成班级气氛紧张的体罚措施(例如打耳光、打屁股等)。(4) 团队合作。高效学校全体教员联合工作,他们在校长积极而有活力的指导下联合设计课程目标,督促学生进步。[①]

高等教育有助于学生养成道德认知,换言之,"另一类促进道德发展的社会经验是接受高等教育。那些进入大学并接受多年教育的成人对道德问题的推理往往比受教育少的成人更加复杂(Speicher, 1994),随着大学生受教育程度的增加,他们与不上学的同伴在道德推理上的差异也会逐渐增大(Rest & Thoma, 1985)。高等教育可能通过两种方式促进道德发展:(1) 促进认知的发展;(2) 使学生意识到各种各样的道德观点,从而引起

---

① [美] David R. Shaffer. 发展心理学——儿童与青少年(第六版)[M]. 邹泓,等,译. 北京:中国轻工业出版社,2005:610.

第五章 | 问题聚焦：中国青年学生生命价值观的错误取向及原因

他们的认知冲突和自我反省（Kohlberg，1984；Mason & Gibbs，1993）。"①对于大学生而言，在接触社会的过程中开始建立价值标准的实践，道德标准和价值标准的设定大多是通过学校教育来完成的。

（三）私塾教育直接扩充了大学生关于生命和未来设计的新尺度

私塾教育是中国古代社会最重要的教育形式。《礼记》中就曾对私塾教育有过介绍："古之教者，家有塾，党有庠，术有序，国有学。比年入学，中年考校，一年视离经辨志，三年视敬业乐群，五年视博习亲师，七年视论学取友，谓之小成。九年知类通达，强立而不反，谓之大成。"

可见，通过"小成"与"大成"的目标设置，我们可以看出这种私塾教育是有规划、有步骤、自成体系的。但是，因为在古代，受物质条件和经济基础、社会地位的影响，只有很少一部分家庭的孩子才有可能请得起私人教师，或在家里，或在固定的乡村内部接受单独的儒家思想教育。这种私塾教育是贵族式的教育，并不具有普遍性。随着新中国的成立，私塾这种教育形式也日益消除。

在新时期，随着市场经济的发展和受教育者的自身需求，类似于古代的私塾教育，即 VIP 教育开始兴起。这种教育形式大多在教育培训机构开展，针对受教育者的具体需要开展具有针对性的教育活动。其内容广泛，涉及小初高的升学辅导、出国留学的外语规划，问题学生的心理辅导等各个方面。虽然此种教育要承担高额的培训费用，但是教育内容针对性强并且教育效果明显，直接扩充了大学生关于生命和未来设计的新尺度，因此很受各级家长和学生的欢迎。

在现实教育中，"教育的产业化及对金钱的追求已成为当今中国教育最大的问题之一，伴随而来的必然是功利性凸显和受教育者主体生命的丰富性及成长的复杂性被忽视。在校学生的一切存在价值都体现为考卷上的分数，一切教育后果反映为升学的比例和考取重点学校的人数，这同时成了教师福利收入高低的关键及学校社会地位高低的标志。伴随着这样一种

---

① [美] David R. Shaffer. 发展心理学——儿童与青少年（第六版）[M]. 邹泓，等，译. 北京：中国轻工业出版社，2005：540.

追求，教育被简化成一系列量化指标和既定程序，因为升学及高考是统一的、大学专业课程是统一的，所以，学校的教科书要统一、课程要统一、考试要统一、作息时间要统一、教学内容要统一。这样，就把学生的生命成长简化成了统一规范的数字，学生们鲜活的生命变成了预定的教育教学的程序。这样的教育必然是忽视人文精神教育的，后果就是学生们对生命存在及价值的无知和漠视，许多人缺失了对生命意义、道德人格和生死问题的认知。此时的学生精神性萎缩、人文性丧失，沉于物欲，不会欣赏音乐，不想阅读经典，精神世界一片荒芜，有知识却没文化，有技能却无素质。他们没有了对生命价值的认知，没有了生存的信念；而没有了对生死的认知，则没有了存在的尊严。"[1]

---

[1] 郑晓江. 生命教育演讲录 [M]. 江西出版集团·江西人民出版社，2008：1-2.

第六章

价值导向：高校大学生生命教育工作的引导取向

人生可以设计，价值可以引导，理想化的教育可以更加亲近生命本真，让人生更富有光彩。亲近生命，这是世界教育的眼光，也是眼前教育的缺失。

从全球视野的角度讲，教育本身就是一个不断亲近生命并追求生命价值的过程。迄今为止，联合国教科文组织先后发布过三份关于教育本质问题的研究报告，其内容重心的转移让我们看到教育日益注重人文和生命价值的路径：

1972年出版的研究报告是《学为生存：教育世界的今天和明天》(*Learning to Be：The world of education today and tomorrow*，简称《富尔报告》[Faure Report])。因为是在20世纪五六十年代科学技术迅猛发展的背景下提出的，所以这份报告充满了科学主义和经济主义精神。该报告认为：20世纪科学技术的发展改变了世界，科学技术革命把人类带入了学习化社会。人们只有不断学习才能适应科学技术革命所带来的生产和社会的变革。而"教育是随着经济的进展而进展的，从而也是随着生产技术的演进而演进的"。因而科学技术革命使得知识与训练，也就是教育有了全新的意义。报告提出了"终身教育"的概念，并特别强调"学习化社会"和"终身教育"两个基本观念。这两个观念影响了世界教育的发展。[1]

1996年出版的研究报告是《教育：内在的财富》(*Learning：The treasure within*，简称《德洛尔报告》[Delors Report])，这是继1972年出版的研究报告之后，又一份非常重要的报告。这个报告是在世界经济经过七八十年代高速发展的黄金时代逐步走向衰退的时候，也是在世纪之交的时候，人们期望21世纪经济能有更好的发展、社会矛盾能有所缓解、环境得到有效的改善。报告充满了乐观主义和理想主义的色彩，并对教育充满了希望。

---

[1] 顾明远. 对教育本质的认识 [J]. 新华文摘，2016：121.

在教育上提出"四大支柱",即学会认知、学会做事、学会合作、学会生存。①

2016 年出版的研究报告是《反思教育:向"全球共同利益"的理念转变?》(Rethinking Education: Towards a global common good?),这是联合国教科文组织(UNESCO)前不久公开出版的一份新的研究报告。我国权威教育学者、中国教育学会前会长、北京师范大学资深教授顾明远第一时间发表评论称:这份报告必定像前两份报告那样对世界教育的发展产生重大影响。② 报告说"可以这样认为,维护和增强个人在其他人和自然面前的尊严、能力和福祉,应是 21 世纪教育的根本宗旨",并且指出"这种愿望可以称为人文主义"。报告认为应将人文主义价值观作为教育的基础和目的。正如其导言中所说的那样:教育应该以人文主义为基础,以尊重生命和人类尊严、权利平等、社会正义、文化多样性、国际团结和为可持续的未来承担共同责任。在教育和学习方面,要超越狭隘的功利主义和经济主义,将人类生存的多个方面融合起来,采取开放的灵活的全方位的学习方法,为所有人提供发挥自身潜能的机会,以实现可持续的未来,过上有尊严的生活。③

然而,现实教育实践和理想教育理念之间是有差距的。当前,对于教育本身的缺陷问题,郑晓江教授做了深刻的阐释和描述:"教育的本质应该是让受教育者能够更好地适应社会生活,获得身、心、灵的全面发展。但是,由于社会竞争的加剧,也因为就业的困难,现代教育越来越偏重于知识的传授,使受教育者越来越缺乏人文关怀、价值关怀和意义关怀。也就是说,凡与'升学'和'就业'无关的东西,学校不教、学生也不学。于是,许多青少年的道德品质、文化素质、人格人性等都出现了程度不同的问题,有些还相当的严重。比如青少年群体暴力事件、犯罪事件、吸毒乱交事件,乃至自杀事件,已频繁地见诸报端电视广播,甚至让人们习以为常了。种种情况表明,现在是我们还教育本来面貌的时候了。印度大诗人、哲学家泰戈尔说:'教育的目的是应当让人类传送生命的气息'。美国

---

①② 顾明远. 对教育本质的认识 [J]. 新华文摘,2016:121.
③ 顾明远. 对教育本质的认识 [J]. 新华文摘,2016(7):121.

教育哲学家杜威先生也说过：'教育即生活'。让受教育者学会如何善用此'生命'与更好地'生活'，是当代教育所要关注和解决的最重大的问题；也就是说，提升人之'生命'与'生活'的品质才是教育的真正核心所在。这就是生命教育在当代社会兴起的最深刻的历史背景。"①

高校大学生的生命价值观出现了错位，在学者"生命教育刻不容缓"的呼声中，如何定位需要关注大学生教育的人们进行理性的反思。生命不容轻视，价值需要定位，高校大学生教育中的生命教育引导工作不容缺席。

第一节 坚定信仰：生命与信仰

一、信仰是人类思想进步的精神支柱

信仰是一种精神支柱，不仅支撑着仁人志士救亡图强的言行，而且推动着大学生的思想进步，成为不可替代的民族魂灵。

（一）践行救亡图强思想

信仰是推动一代代中国志士仁人践行救亡图强思想的精神支柱。当爱国主义思想成为一种信仰，救亡图强就成为坚不可摧的思想堡垒。从1840年至1949年，从鸦片战争到中华人民共和国成立，"中华民族仁人志士救国图强的可歌可泣的壮举，丰富了我国百年历史发展进程中的民族精神——爱国主义为核心的团结统一、爱好和平、勤劳勇敢、自强不息的伟大民族精神。这是我们建党立国的最宝贵财富，激发了一代又一代人的爱国热情。"② 顾炎武的名言"天下兴亡，匹夫有责"，曾激励了华夏儿女的爱国情怀；詹天佑坚守"各出所学，各尽所知，使国家富强不受外侮，足以自立于地球之上"，最终赢来举世闻名的铁路辉煌；吉鸿昌在"恨不抗日死，留作今日羞。国破尚如此，我何惜此头"的悲壮中，守住察哈尔抗日

---

① 郑晓江. 生命教育演讲录 [M]. 江西出版集团·江西人民出版社，2008：4.
② 浦启华，彭立兵. 百年图强：从鸦片战争到澳门回归 [M]. 黑龙江教育出版社，1997.

同盟军的精神；周恩来在"我们爱我们的民族，这是我们自信心的泉源"中建设新中国；陈毅在"祖国如有难，汝应作前锋"的豪情中，教育儿女为国奋斗不已；徐特立在"人民不仅有权爱国，而且爱国是个义务，是一种光荣"的推崇中，坚守教育事业；巴金在"我爱我的祖国，爱我的人民"的温情中，成为"人民艺术家"；吴玉章在"不辞艰险出夔门，救国图强一片心；莫谓东方皆落后，亚洲崛起有黄人"豪言中，成为跨世纪的一代革命家和教育家。中国不乏仁人志士，中国更不乏信仰精神。周恩来"为中华崛起而读书"，邓小平曾言："我荣幸地从中华民族一员的资格，而成为世界公民。我是中国人民的儿子。我深情地爱着我的祖国和人民。"在中国历史长河中，信仰最终是一个民族的魂灵，"中国唯有国魂是最可宝贵的。唯有他发扬起来，中国人才真有进步。"（鲁迅）

改革创新成为一种信仰，求新求变就成为一股不可阻挡的革命浪潮。无论时代如何变化，历史如何更替，只要改革成为一种信仰，求新求变的思想就会成为一股不可阻挡的创新浪潮。中国近代改革中，从戊戌变法到辛亥革命，虽然未实现真正意义上的成功改革，但是"戊戌六君子"的鲜血已彰显出信仰的精神力量——向往美好未来，不顾血肉之躯。中国当代的改革开放，需要的就是这种信仰精神——不惧风险，勇于实践，团结一切可团结的力量，坚定不移地走好党和人民在长期实践中开辟出来的改革之路。在坚持社会主义先进文化前进方向，用文化的创新复兴伟大的中华民族中国梦，在提高经济发展速度的基础上，用经济的创新来建设美好的富强中国。随着时代大潮的推进，坚持共产主义信仰的中国人也再度激发出创新改革的积极力量，在改革中发展，在信仰下前进，必将是这个时代的最强音。

（二）推进世代文化的传播

信仰是支撑一代代中国大学生思想进步与文化传播的精神支柱。20世纪初的大学生以马克思主义为信仰，肩负着爱祖国抗敌辱和传播马克思主义思想的使命。五四时期，坚守爱国信仰的大学生走上了历史的舞台。众所周知，发生在1919年5月4日的"五四运动"是一场以青年大学生为主要力量发起的爱国运动。在这次学生爱国运动中，大学生不仅是坚守爱国信仰的中坚力量，而且是马克思主义思想的积极传播者，更促进了马克思主义思想与中国工人运动的结合。

与此不同，21世纪的大学生以马克思主义为信仰，是和平时代的青年生力军，不仅与我国的改革发展同行，而且融合中西文化精神于一体，用自己的青春激情融入崇高的社会主义事业建设中。因中国特有的国情使然，其责任重大，其使命艰巨，是民族的未来和希望。《中共中央、国务院关于进一步加强和改进大学生思想政治教育的意见》指出："大学生是十分宝贵的人才资源，是民族的希望，是祖国的未来。目前，我国在校大学生包括本科生、专科生和研究生约有2000万人。加强和改进大学生思想政治教育，提高他们的思想政治素质，把他们培养成中国特色社会主义事业的建设者和接班人，对于全面实施科教兴国和人才强国战略，确保我国在激烈的国际竞争中始终立于不败之地，确保实现全面建设小康社会的宏伟目标、加快推进社会主义现代化，确保中国特色社会主义事业兴旺发达、后继有人，具有重大而深远的战略意义。"因此，高等学校培养出来的大学生，不仅要有较高知识储备，更需要坚守理想信念，坚守"四个自信"——坚持中国特色社会主义道路自信、理论自信、制度自信和文化自信（2016年习近平在纪念建党95周年大会上的讲话），成为中国社会主义事业的合格建设者和可靠接班人。

反之，信仰的失落必然导致价值观的无序。"价值观的失落，虽然小于失掉生命，却大于失掉其余的一切。一个人对自己生命意义的肯定，没有比这更大的事，更根本的事"①，而"信仰失落之魂，不仅仅在于行尸走肉，更在于对生命的苦恼与恐慌。"② 青年大学阶段是人生岁月最富理想的时期，需要信仰的光华来滋养成长，放出霞光异彩。相反，无所依存的生命也自然失去光彩，更无生命的硬度和长度可言。

二、信仰是一种价值坚守和生命境界

（一）价值坚守

信仰是一种价值坚守，不仅考验着生命的硬度，而且拉伸着生命的长

---

①② [美] 威廉·詹姆斯. 实用主义. 编译者语 [M]. 燕晓冬，编译. 重庆出版社，2006：1.

度，成为一个考量生命价值的量角器。

信仰是一种价值，而且是最高价值。当代大学生需要具有科学和理性的信仰。一个有信仰的人生，必然负载了生命的最高追求，在特定时期，为了信仰，个人的生命可以牺牲。坚守共产主义信仰的共产党人可以为共产主义事业奋斗终生，可以为人类的自由解放献出生命而无怨言，慷慨赴死而引以为豪，演绎了许多历史的悲壮诗篇。"信仰是一种力量"[①]，在这种价值坚守中，正如法国安托尼·摩尔所认为的那样："能够激发灵魂的高贵与伟大的，只有虔诚的信仰。在最危险的情形下，最虔诚的信仰支撑着我们；在最严重的困难面前，也是虔诚的信仰帮助我们获得胜利。"[②]"信仰是人类精神的需求，心灵的家园，幸福的源泉，人生价值的坐标，塑造人格的基石。"[③] 正是这种放眼人类伟大事业的价值坚守，使得信仰者具有了可以瞻仰的高度，随着时代的发展和人类的进步，永远被世人怀念瞻仰，由此人的生命价值在历史长河中伸展延长并获得永恒。

（二）生命境界

信仰是一种生命境界，不仅提升了生命的高度，而且增加了生命的重量，成为一份完美生命价值的望远镜。

信仰是不同于普通人的生命境界，需要信仰者具有理性的判断力和践行力，需要信仰者具有超脱于衣食住行等物质需求之外的精神境界。在物欲的俗世中，在追求自身满足的过程中，大学生很容易迷失方向，随着青春的焦虑一起迷失自我。但是，对于有信仰的青年人，他们的世界是澄清的，是可预见的，是有理想和梦想的。信仰者所追求的目标是理想的境界，是完美的境界，是走出本然状态的应然世界。这自然就提升了生命价值的高度，也增加了生命应有的厚度和重量，必然肩负一种社会担当，在人类自由诉求的过程中望得更远，走得更远，最终实现完美的人生价值。

[①②] ［英］塞缪尔·斯迈尔斯. 信仰的力量［M］. 北京：北京图书馆出版社，2000.
[③] 高占祥，王青青. 信仰力［M］. 北京：北京大学出版社，2012.

第二节　奉献精神：生命与奉献

在个体心理学理论中，阿德勒认为，"奉献乃生活的真正意义"。"生命是有限的，但为人民服务是无限的，我要把有限的生命投入到无限的为人民服务之中去"。雷锋这句平凡的话语自然也激活了一个时代的记忆。对任何人都可以说，生命是不偏不倚的，然而境界却各有不同，教育的重心不应偏颇。理想的诉求必然期望一份理想的硕果，然而，不可否认，在教育实践中，"我们的教育都太注重个人的成功，也都太强调我们能够从生活中获得什么，而不是我们能付出什么。"[①] 所以，引导大学生将生命与奉献紧密结合起来是一个长期的人生话题。

一、奉献的前提是具有蜡烛的精神，肯于牺牲自我

（一）"蜡烛"人生观

奉献，不是空谈的口号。奉献是一种"蜡炬成灰泪始干"的自我牺牲精神。萧楚女生前在农讲所和黄埔军校带病工作时曾说："同学们，你们想蜡烛不是能放光明吗？做人也要像蜡烛一样，在有限的一生中有一分热发一分光，给人以光明，给人以温暖。"这就是典型的"蜡烛人生观"。老一辈革命家萧楚女的文章曾被反动派所控制的报刊赞叹为"字夹风雷，声成金石"，萧楚女的一生也是蜡烛精神的写照。如果你想要给别人带来一杯水，你必然需要有一桶水。奉献的前提是你必须具有可付出的东西，或者物质的，或者精神的；你必须有蜡烛一样的精神，或者燃烧，或者照亮。对于大学生而言，一无所有的青春是无法与他人分享成果的，更无法奢谈奉献与付出。

---

① ［奥］阿尔弗莱德·阿德勒. 论灵魂与情感［M］. 石磊，编译. 北京：中国商业出版社，2016：57.

（二）充实自身的意识

"打铁需要自身硬"。奉献需要有可以奉献的资本。无源之水，无本之木，皆是空谈，无法兑现。当代大学生需要用学业和人品来充实和丰富自己，才随时可能和可以为国为民做出贡献。巴金曾经说过："活着不是为了白吃干饭，我们活着就要为我们生活其中的社会添上一点光彩。"一个青年人，一个时代骄子的大学生，若真正想奉献自己的才华与能量而有益于这个社会，必然自己先富有蜡烛一般的精神，用知识和德行不断地充实自己，点亮自己，不断地储备能量，在他人需要的时候能够发一分光提供一分热，照亮周边的世界，肯于付出，乐于给予，不患得患失，不求索取回报，不以为累而是以之为乐，在奉献中获得满足，在奉献中体验最高的生命价值。

二、奉献的意义是形成时代精神

（一）付诸实践的行动

奉献是青年学生体现人生价值的一种存在方式。然而，奉献不仅仅是一种思想领域的抽象观念、寻常情感和人生境界，更是付诸实践的一种行动。没有行动的奉献是虚假的口号。这种需要切身来做的实践活动，需要来自时代偶像的激发和引导。我们知道，革命时期，无数如江姐、许云峰一样的红色经典英雄人物，激发了共产党人的革命斗志；社会主义和平时期，像为人民服务的雷锋、献身兰考的好干部焦裕禄等，都为人们树立了可以学习的榜样。当代中国，如季羡林献身中国文化的德行，如感动中国的普通人事迹，都无形中形成了特有的时代精神，潜移默化地影响着大学生的价值选择，偶像会发挥有效激励作用和辐射作用。在大学校园里，需要经常树立凝聚时代精神的励志型偶像人物，以此积极引导大学生肯定奉献精神，理解奉献精神，实践奉献精神，发扬奉献精神，最终转化为乐于奉献，肯于奉献的真善美行动，让青春在奉献中获得生命的光环。

（二）照亮渺小的自己

大学生的本职就是修业、修德、修人生。修业，可以成就未来的事业；修德，可以成就完美的性情；修人生，可以提高生命的幸福指数。真正的修成正果是在修行中发挥自己的优长,奉献所学所知所得,在奉献中实现人生价值,在他人和集体的认可中照亮自己身影。奉献就留下足迹,奉献也是收获。中国政法大学的黄进校长曾在《何以幸福:修身立业与修业济世——在中国政法大学 2012 届研究生毕业典礼上的致辞》中谈到过一种"照一隅"精神,就是照亮一个角落之意。这得益于一位韩国校长的书名,也是《史记》的启示。"照亮一隅,其实就是人生意义所在。如果将来你是一名法官或检察官,公正审理手里的每一个案子就是意义;如果将来你是一名律师,依法维护当事人的权益就是意义;如果将来你从政,造福一方百姓就是意义;如果将来你经商,对你的客户诚信服务,对你的员工负起责任就是意义;如果将来你为学,潜心治学、教书育人就是意义。无论你是居庙堂之高的贤达,还是处江湖之远的白丁,无论你是阳光、星光还是月光,或者是烛光,只要你有一分热发一分光,照亮了一隅,履行了自己的社会责任,那你就找到了人的价值、生活的意义。"① 从而,照亮渺小的自己,为人生修成正果。

第三节 团结协作:生命与合作

一、人的群体性特点决定合作是必然的选择

(一) 人是群居的高级动物

群体性伴随生命的始终。"群体性就在人的生命一开始就可以体验出来的。世界上的人,无论怎么孤独,总会有个亲人来照顾,否则就不可能长大成人,而这亲人也就能激发一个人的群体意识,让他晓得世界上,除了自己之外,还有别人,而且在各种境遇中,自己不是单独地孤军奋战,而是有许多'别人'也和自己一样地在生活、在奋斗。这样,群体意识即会使人觉察出,生命的意义至少有一部分是群体性的。因为,他在觉察到

---

① 黄进. 何以法大 [M]. 北京:中国人民大学出版社,2016:117-118.

自己的幸福是在爱与被爱、关怀与被关怀时，才突现出来。而爱与被爱、关怀与被关怀，都是人际关系的体验，同时亦是存在体验中，在群体性的意识里成长的。"[1]那么，这种生命的群体性特点决定了人必须生活在社会关系之中，并且要与他人产生各种联系，合作交流是人社会化的必然选择和理性行为。合作就是指为实现共同目标而进行的个人与个人、群体与群体之间紧密的联合方式。实践中，消极的合作会带来不必要的人生损失，积极的合作可以促进人际关系的和谐融洽程度，并为个人和国家社会带来物质财富和精神财富。

（二）合作是人际交往的必然选择

在生命有限性前提下，合作是人际交往的必然选择。叔本华曾经说过："单个的人是软弱无力的，就像漂流的鲁滨逊一样，只有同别人在一起，他才能完成许多事业。"人体生命的力量是有限的，不能完成所有的社会活动，尤其是那些需要分工合作的活动项目，更需要同他人建立良好的合作关系。他人的帮助和他人的支持是合作中不可缺失的，"漂流的鲁滨逊"需要他人的帮助。所谓"人心齐，泰山移""独脚难行，孤掌难鸣""水涨船高，柴多火旺""三个臭皮匠，赛过诸葛亮""一个篱笆三个桩，一个好汉三个帮"等中国传统文化中津津乐道的谚语，其具体内容都是强调合作的重要意义。好莱坞有一句流行语："一个人能否成功，不在于你知道什么，而在于你认识谁。"合作是人与人相处的必然选择。生命的有限和个体能力的局限性决定了合作的必要性。现实世界中，生命总是有限的，无限的努力是生活的一种常态。这就让我们坚信："奋斗总是要继续下去的，但是也只有合作的人才能真正地增进我们的共同的情境。"[2]"人类所有对价值和成功的判断，最后总是以合作作为基础，这是人类种族最伟大的共同点。"[3]充满激情的当代大学生必然要融入新时期建功立业的洪流中，通过不断增强合作意识和加强合作实践来积极应对未来学习生活和工作实践，

---

[1] 邬昆如. 人生哲学·绪论［M］. 北京：中国人民大学出版社，2007：12.
[2] ［奥］阿尔弗莱德·阿德勒. 论灵魂与情感［M］. 石磊，编译. 北京：中国商业出版社，2016：21.
[3] ［奥］阿尔弗莱德·阿德勒. 论灵魂与情感［M］. 石磊，编译. 北京：中国商业出版社，2016：28.

为取得人生的一个个进步与辉煌做好必要的准备。

二、积极的合作可以带来人类的文明与进步

（一）政治上的积极合作，可以带来人类的政治文明

政治文明源于人类世代的相争与合作。正如《三国演义》开篇所言"分久必合，合久必分"。政治文明可以体现在各项制度的建立与完善中。世界各国各民族，凡是实现政治昌明的国度，必然要进行政治改革，出台各种政治制度，以实现政权统治。尽管"在政治上，有许多政治制度都是可行的，但是其中如果缺少了合作精神，那不管由谁来执政，都必将一事无成。每一个政治家都必须以人类的进步为其最终目标，而人类的进步总是意味着更高程度的合作。假如一个政党能使其党内成员彼此水乳交融，就能够真正使群众踏上进步之途。同样，班级的活动也是团体的合作运动，由于其目标亦在促进人类的进步，所以在班上应该避免造成偏见。"[1] 毫无疑问，国与国、政党与政党之间积极的合作，可以促进和带来真正意义上的政治文明。

（二）师生之间的积极合作，可以促进学业的不断进步

学会与教师合作是大学生学业进步的保障。在师生合作关系中，教师是大学生学业的导师，学生是积极互动学习的主体。

在师生合作关系中，教师是大学生学业的导师。在学习过程中，教师影响大学生学习的兴趣，因为"学生是否专注于自己的学业，在很大程度上将取决于他对教师的兴趣。促使并保持学生的专注，发现学生是否专注或是否能够专注，这是教师教学艺术的一个部分。"[2] 教师自然要发挥专长，积极建构同大学生的互动交流学习模式，提升自身的责任意识，发挥自身优势，体现职业操守，用为人师表的教学实践来实现师生之间的合作，为大学生的未来提供学习发展的平台，从而推进学生不断进取和进步，完成自身应当承担的教学任务和职责。

---

[1] [奥]阿尔弗莱德·阿德勒. 论灵魂与情感 [M]. 石磊，编译. 北京：中国商业出版社，2016 年：69.

[2] [奥]阿尔弗莱德·阿德勒. 论灵魂与情感 [M]. 石磊，编译. 北京：中国商业出版社，2016：123.

在师生合作关系中，大学生本身需要增强合作的意识，不被动传输和接受，而是主动建立和参与师生之间的良性互动关系，一方面勤学好问，增长专业才干，增强专业素质，另一方面要积极进行情感交流，尊师重道，以师为友，积极营造亦师亦友的师生关系，力争在有限的大学四年时光中，获得学业的成就，实现未来的理想规划。其间，学有所获，学有所专，学有所成，这应该是大学生完成学习任务的基本要求。

校园中，生生之间的积极合作，可以提升友谊的情感质量。大学生之间的交往离不开友谊。友谊是指一种"两个个体之间以忠诚和相互的情感为特征的亲密而又持久的关系"。[①] 即"物以类聚，人以群分"。朋友之间也会在合作的过程中互相学习，互相帮助，取长补短，增加生命的情感生命力。"通常说，亲密朋友之间有一种相互吸引力，最好朋友间相似性较高。"[②] 同学之间的积极合作，自然会生成较高情感质量的友谊，而建立在积极而有效的合作基础上的友谊，无疑是可以长久保鲜的，成为一个人一生的人脉财富。

（三）积极的团队合作，可以创造出无限的人类财富

科学研究需要合作。由合作产生的团队精神可以创造出人类的物质文明和精神文明。屠呦呦获得诺贝尔奖被赞誉为是坚韧实干中品出的人生的意义。[③] 她在瑞典诺贝尔大厅进行的演讲中曾言：一岁一枯荣的青蒿，生，就生出希望；死，就死出价值。植物如此，人亦如此。她强调了团队精神的贡献："没有大家无私合作的团队精神，我们不可能在短期内将青蒿素贡献给世界。"其演讲原文如下：

> 团队精神，无私合作加速科学发现转化成有效药物。1972年3月8日，全国523办公室在南京召开抗疟药物专业会议，我代表中药所在会上报告了青蒿No.191提取物对鼠疟、猴疟的结果，受到会议极大关注。同年11月17日，在北京召开的全国会议上，我报告了30例临

---

① [美] David R. Shaffer. 发展心理学——儿童与青少年（第六版）[M]. 邹泓，等，译. 北京：中国轻工业出版社，2005：629.
② [美] David R. Shaffer. 发展心理学——儿童与青少年（第六版）[M]. 邹泓，等，译. 中国轻工业出版社，2005：629.
③ 张子毅. 中国活法 [M]. 人民东方出版传媒 东方出版社，2016：37.

床全部显效的结果。从此,拉开了青蒿抗疟研究全国大协作的序幕。

今天,我再次衷心感谢当年从事 523 抗疟研究的中医科学院团队全体成员,铭记他们在青蒿素研究、发现与应用中的积极投入与突出贡献。感谢全国 523 项目单位的通力协作,包括山东省中药研究所、云南省药物研究所、中国科学院生物物理所、中国科学院上海有机所、广州中医药大学以及军事医学科学院等,我衷心祝贺协作单位同行们所取得的多方面成果,以及对疟疾患者的热诚服务。对于全国 523 办公室在组织抗疟项目中的不懈努力,在此表示诚挚的敬意。没有大家无私合作的团队精神,我们不可能在短期内将青蒿素贡献给世界。

不可否认,合作创造了人类的文明,而"在人类的文明史中,从来没有一种生活形态的基础不是建立在群体基础之上的,而整个动物王国也都证明了这个基本法则:凡是其个体成员不能面对自我保存之战的物种,一定会通过群聚来集结成新的力量。"[①] "人类文明史证明,离开共同生活这个根基,生命将不能延续,人类不能独立成长,必须依赖群体合作才能存活。这是一个非常浅显的道理。动物界的所有现象都证明了这个根本法则,数量单一的物种终归被淘汰,只有成群的物种才能赢得延续后代的战争。"[②] 大学生阶段是人生历程相对的成熟期。大学生个体都在群体的生活与学习中发生着"由成长过程而非学习、受伤、疾病或者别的生活经历导致的身体或行为上的发展变化"[③]。理想的教育应该"使发展最优化"[④]。

[①] [奥] 阿尔弗莱德·阿德勒. 论灵魂与情感 [M]. 石磊, 编译. 北京: 中国商业出版社, 2016: 181.

[②] [奥] 阿尔弗雷德·阿德勒著. 理解人性 [M]. 罗鸿幸, 王心语, 译. 北京: 新世界出版社, 2016: 26.

[③] [美] David R. Shaffer. 发展心理学——儿童与青少年(第六版)[M]. 邹泓, 等, 译. 中国轻工业出版社, 2005: 5.

[④] [美] David R. Shaffer. 发展心理学——儿童与青少年(第六版)[M]. 邹泓, 等, 译. 中国轻工业出版社, 2005: 5.

第四节 责任意识：生命与责任

"一个人一旦了解他的地位无可替代，自然容易尽最大心力为自己的存在负起最大责任。他只要知道自己有责任为某件尚待完成的工作或某个殷盼他早归的人而善自珍重，必定无法抛弃生命。"（维克多·弗兰克的《活出意义来》）生命不是孤立的物质存在，生命不是真空的物体。生命的社会性决定了其必然与社会、与他人发生各种各样的关系。为此，生命教育的引导离不开责任意识的引导。生命教育必然要致力于培养大学生的责任感，对国家的担当，对社会的贡献，是大学生的时代使命；对家人的回报，对亲人的责任，是大学生的情感依托。真正的成长和成熟，不仅仅是年龄的增加，更是责任心的增强。

一、孝亲的责任

中国文化的精髓之一就是孝亲。对于生养自己的父母双亲，每个人都应该无条件地履行尽孝职责，做好侍亲奉亲的本分。中国古人，即使身居要职，俸禄朝堂，也会把守好孝行作为首选职责；中国当代人，仍把孝行作为道德评判标准，以此衡量为人的德行。正是这种对父母的职责让人们更加珍惜自己的生命，勇于承担生活的重担，让生命在尽职尽责的孝行中更有光彩。所以，当你还未尽孝的时候，你无权自残生命，更无权结束生命。

二、爱国的责任

爱家孝亲是自然生命向社会生命延伸的重要内容，爱国则是社会生命价值的升华。因为对父母的孝行还属于血缘生命的层面，爱国则走出自己，走出"小我"，要在理想信念的坚守中走向社会。所以，爱国的责任表现为积极地为国家做出自己应有的贡献，这是当代大学生不可推卸的社会责任。生命教育离不开爱国的使命与责任，其目的是让大学生在活好自己的同时，主动积极地承担家庭与社会赋予的责任，理解生命的来之不易，理解父母的养育之恩，感谢他人的鼎力相助，感恩社会的多重福利等，从而激发他们的生命热情，勇敢承担起应有的生命重任。

三、感恩的责任

感恩不仅是道德修养的问题，还是一个人的责任问题。下面可以读一个小故事：

> 霍金是伟大的物理学家，但他患有卢伽雷病，完全失去了行动自由和生活自理能力。一次，当他刚做完学术报告，一位记者就跃上讲坛，问了一个突兀而尖锐的问题："霍金先生，卢伽雷病已使你永远固定在轮椅上，你不认为命运让你失去了太多了吗？"整个报告厅顿时鸦雀无声，霍金用还能活动的手指艰难地敲击着键盘，投影屏上缓慢而醒目地显示出："我的手指还能活动；我的大脑还能思维；我有终身追求的理想，有我爱和爱我的亲人和朋友；对了，我还有一颗感恩的心……"顿时，报告厅内掌声雷动。

当你一无所有，你还有生命；当你生命忧郁忧患，你还有他人的关爱。所以，生命中，感恩之心不仅是一种面对生活的阳光心态和生活智慧，而且是一个人在生活中需要怀有的一份责任。在感恩情怀中，人们自然而然就会怀揣报恩之心，报恩于亲朋，报恩于师友，报恩于工作，报恩于社会，报恩于国家，走出"小我"，成就"大我"。在这份感恩情怀中，生命价值得以彰显。

机遇与挑战并存。当代的大学生需要爱家爱国，同时要立足自身，放眼世界，在广阔的人生舞台成为国际化的顶尖人才，这也是时代赋予的重任。习近平强调，"要教育引导学生正确认识世界和中国发展大势，从我们党探索中国特色社会主义历史发展和伟大实践中，认识和把握人类社会发展的历史必然性，认识和把握中国特色社会主义的历史必然性，不断树立为共产主义远大理想和中国特色社会主义共同理想而奋斗的信念和信心；正确认识中国特色，全面客观认识当代中国、看待外部世界；正确认识时代责任和历史使命，用中国梦激扬青春梦，为学生点亮理想的灯、照亮前行的路，激励学生自觉把个人的理想追求融入国家和民族的事业中，勇做走在时代前列的奋进者、开拓者；正确认识远大抱负和脚踏实地，珍惜韶华、脚踏实地，把远大抱负落实到实际行动中，让勤奋学习成为青春飞扬的动力，让增长本领成为青春搏击的能量。"①

第五节 人文情怀：生命与人性

生命教育是一种走出功利需求的教育，这种"教育不仅关系到学习技能，还涉及尊重生命和人格尊严的价值观"②。从人文关怀的角度讲，高校对大学生进行的生命教育工作还仅仅局限或停留于心理咨询、心理辅导等心理健康教育阶段，从一定程度上调试和暂时缓解了大学生的心理失衡问题。高校辅导员仍然充当着"救火队"的角色，仅是在事后做补救工作，并不能从根本上解决大学生的生命认知问题。与此不同，真正的生命教育是从本质上和源头上关注大学生成长，并通过人文化的方式加以积极引导，从而树立大学生珍爱生命和享受生命的积极意识，具有人文情怀，提高幸福指数，实现人的自由发展的教育理念。

一、成为自己

人生的最大价值就是追求不断的自我发展与自我成长。成为自己，这是每个生命个体与众不同的特色。在人类的世界，每个人都是不同的，也不应该把人刻成一个模子，打成统一的标签。但是，教育现实中，我们不难发现，"大部分的教育者会认为，教育的首要任务是帮助个体获得知识、信息和个人成长，使其能够更加建设性地与'现实'打交道。这也经常是

---

① 习近平在全国高校思想政治工作会议上强调：把思想政治工作贯穿教育教学全过程 开创我国高等教育事业发展新局面 [OL]．人民网，2016－12－09．

② 顾明远．对教育本质的认识 [J]．新华文摘，2016（7）：121．

毕业演说的主题,对应届生如何面对和应付'现实'表达自己的希望和担心。"① 尼采说过关于人类的完美性（human perfectibility）的第一金句就是"成为你自己";凯伦·霍尼,一个特立独行的心理分析学家,她认为,"就像橡树果实长大了会变成橡树一样,孩子长大后会成为成人"。② 法国哲学家萨特直言"生活在没有人去生活之前是没有内容的;它的价值恰恰就是你选择的那种意义。人类需要的是重新找到自己,并且理解到什么都不能使他挣脱自己。"③ 成为自己是大学生生命教育培养的重要内容之一,也是高校大学生德育工作者需要引导的取向。

(一) 成为自己才可能珍爱自己

人的生命是物质价值和精神价值生成的存在基础。珍爱生命是大学生成为自己的根本保障。认识生命是生命教育的重要内容之一。认识生命,认识自己,了解生命的源起、发展、终结等自然特性,从根本上体悟生命的有限性,在全面认识自己的基础上,科学地正视生命,理性地面对死亡,尤其是对死亡问题采取一种不回避、不惧怕的态度,在珍爱自己生命的成长历程中,始终关注健康,保持阳光心态,成为热爱生活的强者。生命教育必然要对大学生进行生存能力教育,健康保健教育以及防患于未然的安全意识教育,以保障大学生的生命安全,减少对生命的潜在危害,帮助和引导大学生认识到生命的宝贵,成为独特的自己,从而更加珍惜生命。现实生活中,成为自己的人才会爱自己,爱自己的身体健康,爱自己的精神世界,爱自己的一切,由此不会虚度时光,不会浪费生命,不会糟践生命,不会放弃生命。

(二) 成为自己才可能奉献他人

生命中的一个难题就是成为自己。不懂自己的人,无以为未来;不成为自己的人,无以谋奉献。尼采早就说过:"生命中最难的阶段不是没人懂

---

① [美] 卡尔·罗杰斯. 论人的成长 [M]. 石孟磊, 等, 译. 北京: 世界图书出版公司北京公司, 2015: 75.

② [美] 卡尔·罗杰斯. 论人的成长 [M]. 石孟磊, 等, 译. 北京: 世界图书出版公司北京公司, 2015: 4.

③ [法] 萨特. 存在主义是一种人道主义 [M]. 周煦良, 汤永宽, 译. 上海: 上海译文出版社, 2012.

你，而是你不懂你自己。"想给别人一滴水，自己必须先有一桶水。教学是这样，做人也是这样。大学时代是积累文化知识的关键时期，每一个大学生都需要明确这四年大学时光要付出的辛苦是为了什么，要努力实现的目标是什么。每个大学生都是带着诸如学有所成的理想憧憬走进校园的。带着这样的目标追求完美的自己，必然需要大学生付出时间勤学苦读，珍惜时间，用辛勤的汗水换来学业的收获，成为自己想成为的人，通过自身个人价值的实现，在社会提供的平台上贡献聪明才智，服务他人。只有成为优秀的人，才能提供更多的资源；只有成为优秀的自己，才能学有余力贡献社会。反之，自己举步维艰，学识浅薄，衣食堪忧，就不可能兼顾他人，不可能奉献他人。"穷则独善其身，达则兼济天下。"（《孟子·尽心章句上》）大学生需要在有限的青春时光里不断充实自己，不断提升综合素质，努力成为最好的自己，对社会有用，对他人有益，如此就会有充足的时间、精力和学识才华来兼顾他人，奉献社会。

（三）成为自己才可能思考未来

大学阶段是人生的关键期。因为这一时期，大学生不仅要思考学业，而且要畅想未来，对人生的整体规划从这里开始。大学传授给学生知识理论，但是更重要的是传授给学生成为自己的学识资本和认知方法。这一切将伴随大学生走过美好的青春时代。而如何认识自己是一个绕不过的人生课题，成为何种人，从事何种事业，都是大学生必须思考的，不虚度年华是每一个大学生最基本的生命价值取向。所以，"大学不知道年轻时最重要的人生抉择与思考"[1]，这一切属于大学生自己的人生思考都源于大学生的自我认识。在哲理层面上，"认识自我乃是哲学探究的最高目标——这看来是众所公认的。在各种不同哲学流派之间的一切争论中，这个目标始终未被改变和动摇过；它已被证明是阿基米德点，是一切思潮的牢固而不可动摇的中心。即使连最极端的怀疑论思想家也从不否认认识自我的可能性和必要性。""怀疑论者希望把人的一切思想都投回到人本身的存在上来。怀疑论者宣称，认识自我乃是实现自我的第一条件。为了欢享真正的自由，我们就必须努力打破把我们与外部世界联结起来的锁链。蒙田写道：

---

[1] 李令彬. 大学不知道年轻时最重要的人生抉择与思考[M]. 北京：群言出版社，2009.

'世界最重要的事情就是认识自我。'"① 在外围经济、政治、文化的影响下,人类总是存在"自我认识的危机"②。"人是一个对理性问题能给予理性回答的存在物。"③

二、成全他人

成全他人就是成全自己,更是体现大学生生命价值的一种姿态。这既是一种为人的胸怀,也是一种人文情怀。

(一) 成全他人是一种豁达的为人胸怀

成全他人就是成全自己。首先成全他人是一种为人的胸怀。"六尺巷"的故事传诵千载,成全了一段佳话。大学生是典型的文化人群体。这个群体经历了国民教育最高阶段,寄托了国家与社会的许多期望。这里包括为人的修养德行,成全他人就是显示自身素养的一个重要内容。

(二) 成全他人是一种优秀的人文素质

大学生不仅学习本专业的基础知识和理论内容,而且要通识古今中外的人文内容,充实内心,提升做人做事的人文素质。拥有人文情怀是大学生融入社会、服务社会的重要条件之一。只有理解他人并成全他人的人,才可能获得他人的帮助,并最终获得事业和人生的成功,在成全他人中成全自己。

第六节 文化归属:生命与文化

文化归属是指大学生是知识精英,素有天之骄子的雅誉,在生命历程中,他们需要有自己的文化归属和精神家园。

---

①② [德] 恩斯特·卡西尔. 人论 [M]. 甘阳,译. 北京:西苑出版社,2004:3.
③ [德] 恩斯特·卡西尔. 人论 [M]. 甘阳,译. 北京:西苑出版社,2004:10.

一、汲取传统文化的精髓

（一）品读优秀作品

中国文化流传至今，优秀与经典无数。我们要鼓励大学生多读好书，多读经典，真正用阅读行动体验中华上下五千年的文化魅力。既不人云亦云，也不以偏概全，学会用自己的头脑理性解读优秀作品的内涵，丰富内心世界，充实大学的校园生活，展示当代大学生的精神风采，从真正意义上把握经典作品的精髓并用行动来传递传统文化的要义。

（二）传承中国元素

每个国家都有属于自己的传统文化。中国的传统文化是指反映中国文明进步的一种民族气质和风貌，包括物质（有形的书籍、建筑、文物等）和精神（文学艺术、音乐舞蹈等）两个层面。就精神层面而言，具体可指宏观领域的思想学说、风俗习惯等，也可指微观领域的琴棋书画、诗词曲赋等独有的中国元素。在传统文化与现代文化的碰撞中选择，我们需要引导大学生感悟传统，传递文明，高傲地选择优秀与高雅。

（三）发掘现代气息

在高校思想政治教育工作中，每一个教育工作者需要积极地引入中国元素，通过独有的中国传统文化学习氛围引导大学生回归民族家园，找到文化归属。在文化的追溯中，我们期待"传统资源要有现代气息"[①]。近几年的国学热、汉文化热、孔子学院的建立等，都展现出民族文化的传播热度和广度。而中央电视台连年播出的中国汉字听写大赛、中国成语大赛和中国诗词大赛，无疑在全国青少年范围内掀起了学习国学知识的新浪潮。在传统文化中，大学生不仅能找到生活的意义，而且会感受到生命的价值，在华夏文化共同体中获得自身的文化归属感和自豪感，并用强大的文化自信来建设日益富强的中国。

[①] 郭超，王国平. 让传统文化俏起来美下去 [N]. 光明日报，2017-03-10.

二、走进高雅文化的殿堂

(一) 关注通俗但远离庸俗

走进高雅文化，必然要明确与高雅相对而言的通俗文化。高雅文化和通俗文化是相对而言的一组概念。通俗文化是永恒的、大众的，因其受众之广和存在之长而备受关注。高雅文化属于阳春白雪，仅少数人创作和接受，相对远离大众。但随着时代的发展，以往被庙堂奉为高雅的文化也日益走近民众，通过文化形式的转换而成为通俗文化的一部分。大学生本是高雅文化的创作者和接受者，随着大学教育的日益普及，大学生数量剧增，有全民皆大学者之势。这使得大学生也日益被大众化，俗文学、俗文化也成为大学生的消费品。这样，大学生很容易受到庸俗文化的负面影响。在这种情况下，高校教育工作者需要科学地来界定高雅与通俗的界限，积极引导大学生亲近通俗文化但一定要远离粗俗文化和庸俗文化，更要走进高雅文化，发扬诗词歌赋等经典的雅文化，丰富校园文化，凝聚当代文化精粹，成为中华民族优秀文化的传播者。

(二) 体验高雅并亲近高雅

任何一个时代都不缺失高雅文化。尽管创造的人群不同，享受的群体各异，但是，作为与通俗而对应的文化形式总是会走进人们的耳目当中。在日益重视中华传统文化与高雅文化的时代氛围中，中国诗歌、国粹和西方歌剧歌曲开始走进校园，掀起一阵阵的高雅文化热潮。作为当代大学生，不能把对高雅的追求仅限于口头说说而已，需要在高校教育工作者的积极引导下，自己来体验高雅的氛围，参与其中，通过真实的体验和感悟来加强对高雅文化的亲近感和亲密度，在文化的世界里，每个大学生都能够不做高雅的旁观者，而是成为高雅文化的体验者、宣传者、实践者。

三、成为精英文化的代表

(一) 明确文化定位，树立精英意识

不管哪个时代，大学生都必然是这个时代的精英。精英区别于非精英的一个重要标志就是占据文化的制高点。在文化多元的新时期，我们的教

育都有责任积极引导大学生树立精英意识,需要通过文化学习和知识积累自觉增强精英意识,时刻提醒自己不要沦为低俗文化的旋涡,始终在时代的舞台上展示自己,报效家国,从而将精英的定位明确化,在四年求学的生命历程中,砥砺前行,不忘归途,不弃前程。

(二)争为专业学霸,探索精英前途

大学生的立业之本在于学好专业知识,明确未来的学习目标。大学生的成才道路,离不开专业理论的铺垫。没有理论积累的大学生是浅薄的,没有学术涵养的大学生是难以立足社会的。在校学习期间,我们的高校教育工作者需要从多个方面积极引导大学生重视学业,不因贪玩荒废学业,不因外界影响而放弃学业,努力成为所学专业的强者和学霸,这样才拥有可以与世界争锋的资本,为未来的精英前途奠定最基础也是最坚实的学业基础。

第七节 媒介素养:生命与传媒

新媒体和自媒体的诞生与冲击,显著地影响了人们的价值观,大学生自然涵盖其中。如何在媒体世界保持优秀的道德修养,如何引导大学生在与各种媒体的使用和信息传播中保持生命的真善美,这些问题都是当代高校大学生德育工作亟须关注和思考并实践的理论课题,让大学生不断提升媒介素养,并且能够与媒介实现理性的融合,这自然也是大学生生命教育中需要引导的取向之一。

一、乐于对话,理性面对新媒体给大学生带来的负面影响

按照360百科的解释:"新媒体(New Media)是一个相对的概念,是报刊、广播、电视等传统媒体以后发展起来的新的媒体形态,包括网络媒体、手机媒体、数字电视等。新媒体亦是一个宽泛的概念,利用数字技术、网络技术,通过互联网、宽带局域网、无线通信网、卫星等渠道,以及电

脑、手机、数字电视机等终端，向用户提供信息和娱乐服务的传播形态。严格地说，新媒体应该称为数字化新媒体。"[1] 简言之，新媒体就是指以手机、电脑为主体的传播载体。新媒体带给大学生的影响是直接而客观的。"低头族"的出现既反映了高科技带给人们的便利，同时也反映出手机与人们的生活紧密联系，新媒体已经成为人们——尤其是青年大学生生活中的一个重要组成部分。不可否认的是，生活中，毫无节制的无底线的新媒体应用已经越来越危害到大学生的身心健康。

（一）适度关注减少身体伤害

毫无疑问，来自新媒体的辐射会影响大学生自身的身体健康，过于沉迷其中甚至会带来不必要的伤害。大学生如果过度使用新媒体，手机不离手，电脑不离眼，这就如同嗜烟嗜酒一般，常常会有上瘾的感觉，自然会影响到日常作息，严重影响休息，导致睡眠不足，易出现神经衰弱和心血管疾病，对自然生命体产生不必要的损害。

（二）避免沉迷减少交往障碍

从人际交流的角度看，长期沉迷于手机和电脑的大学生，会产生人际交往障碍，每天只在没有互动的新媒体世界发短信，发微博，热衷于点赞、发表情，缺乏最基本的面对面交流，虽然省去了互对式的交谈，却增加了理解的难度，也相对淡化了人与人交流的诚意和温暖。在新媒体交往的模式中，大学生常常会遇到"熟悉的陌生人"般的尴尬局面，圈内聊得甚欢，出门彼此并不认识，表面的热闹掩盖不住内心的空虚和孤独。

二、科学认知，发挥媒体激发大学生生命价值的延展功能

（一）运用文明的话语交流

媒介是当代的新型交流方式和对话平台。大学生的媒介素养体现在科学理解媒介的作用，理性运用媒介，尤其是在是非面前，理智发声，有理有据，不散布非法言论，不随波逐流、人云亦云，而是有科学的判断、理性的思考，在自由论坛的媒介平台上体现出当代大学生的文化涵养和道德素质。

---

[1] http://baike.so.com.

（二）减少负面情绪的宣泄

媒介是社会生活的发声器，反映人们多个方面的生活样态和各个群体的精神面貌，为此，媒介不能成为个人负面情绪的宣泄台。大学生需要增加自身的自控力，控制极端情绪，把握传输方式，讲究交流语言，不让任何一种负能量成为新媒体的传播内容，更不能让负价值影响自身的判断与选择，始终保持青年大学生的生命热情与激情，传播正能量，弘扬主旋律，用实际行动奏响新时代的生命最强音。

（三）坚守网络道德的底线

网络媒介是交流的平台，传输的信息种类繁多，在虚拟的世界中同样体现了大学生的道德水平。对于真假难辨的信息，需要积极引导大学生遵守道德底线，不迷信，做到有所信有所不信，不盲目跟风，不散布虚假信息，更不能进行人身攻击，危害自身和他人的身心健康，始终保持客观辩证的分析原则，坚守道德底线，不闯法律红线，为网络保持一份清新，文明发声，让网络平台成为大学生理性沟通的新桥梁，共同营造良性交流互动的文化氛围。针对部分非法信息要勇敢地给予揭穿举报，为社会媒体形象尽力所能及的贡献。

第七章

对策梳理：高校生命教育工作的有效开展与实施

当今社会，进步与浮躁并存、文明与喧嚣共生。缤纷的世界固然精彩，却掩饰不住慌张中透出的无奈。"我"逐渐淡化在人群中，人性的光芒日益暗淡。在现代化的进程中，生命愈发地彷徨，教育遭遇着迷失，教育与生命的隔离，不仅是教育本身的误区，更是整个社会的不幸。

于是，我们祈求回归。[①]

生命教育是一种教育思想，是教育实践中的一个教育理念。在理论界，明确提出生命教育的学者是美国的杰·唐纳·华特士。他倡导和实践生命教育思想，并出版了《生命教育》一书，从理论上来研究探讨人的生长发育与生命健康的教育真谛。作为一种新的教育思潮，生命教育一经提出就产生了很大的反响。表现为：以英国为代表的西方国家提出了所谓的"呼应课程"，通过课程设置来顺应学生的生长发育规律；以日本为代表的亚洲国家则明确把敬畏人的生命与尊重人的精神作为教育目标；我国的港台地区随即也相继掀起了一股生命教育的热潮。可见，生命教育思想在世界范围内获得了认可，并产生了巨大的影响。

"作为世界观和人生观灵魂的价值观是人们判断某种事物好坏的基本态度和立场，即事物对人的作用、意义、价值的根本观点、态度和立场，是一种实践观念和行为取向。价值观一旦形成后，便成为一种稳定思维定式和行为取向。生命价值观教育是教育学生懂得在生活实践中如何正确处理自己和他人、主体和客体的关系。"[②] 可以说，当大学生具有科学的生命

---

① 冯建军. 生命与教育·封面语 [M]. 北京：教育科学出版社，2004.
② 王民忠，郭广生. 大学生心理成长进行时 [M]. 北京：中国轻工业出版社，2008：192.

价值观的时候,他们就会知道自己生命的意义,就会明确未来努力的方向,就会坚守一种精神信仰,就会让自己的生命绽放光彩!没有生命价值观的教育,只有就业和工作规划的教育,自然是不完美的。大学生是青春的代名词,理应怀揣梦想,骨子里多些理想主义,行动中多些务实精神,自然会获得与众不同的青春时代。谁都曾拥抱过青春,但不是谁都可以让生命充满青春活力和激情梦想。只有热爱生命并了解生命价值的人,才可以在四季轮回中不虚度时光,勇往直前,最终拥抱成功。

在这里,生命教育就是指从生命的视角来审视人与自然、人与人、人与自身、人与社会、人与国家之间的关系,并且在遵循生命规律的基础上所进行的教育。其教育的意义不仅仅在于考上一个好中学、好大学,不仅仅在于找到一个好工作,最好的教育应该是让人活得更好,让生命绽放光彩。高校生命教育就是在尊重和遵循大学生生命的基础上开展符合其规律和特点的教育活动。"教育的目的是应当向人类传送生命的气息"(泰戈尔)。对于高校教育者而言,"未来的道路必须基于我们的生命和教育之上"[1]。高校是大学生青春最为辉煌的殿堂,既能学到知识,又能了解社会。良好的高校德育工作应是关注生命、关爱生命的工作。大学生的生命教育最终要回归人本身。

第一节 入学教育:高校生命教育的起始点

大学生了解和接受大学的第一课就是大学生入学教育。新生入学教育是大学生迈入高校学习所要接受的首要教育环节。其目的正在于让新生了解大学生活和学习的特点,以及所学专业的发展方向,把握这一时期的生命价值取向,并为大学规划明确的努力方向。

---

[1] [美]卡尔·罗杰斯. 论人的成长 [M]. 石孟磊,等,译. 北京:世界图书出版公司北京公司, 2015: 81.

一、开学典礼

开学典礼是一个重要的仪式，不仅代表了一个大学的文化，而且折射出一个大学的办学理念。大学自身发展的历史、办学特色、未来方向等，都会在开学典礼上得以展示。其意义在于通过文化传递和经验交流，让新入校的大学生感同身受地体会到大学的文化底蕴和自身成长所需要努力的目标，起到心灵震撼和行动实践的积极作用，从而激发进一步学习的主观能动性，为将来的成长与成才提供精神动力。

二、校长致辞

校长致辞是开学典礼上必不可少的环节。近几年来，因其具有的名师效应产生了广泛的社会化的影响，自媒体传播和网络热评使得许多校长致辞愈发引人关注，甚至成为高校教育正能量信息的代言人。2014年，国家公务员考试热点时评即是"复旦校长致辞何以被疯转"[1]，并引发了人们的情感共鸣。不难看出，其间，折射出高校教育工具化与功利性的弊端，也透露出了时下民众渴望人格教育、自由教育的强烈诉求。

三、军训活动

从大学生自身讲，军训活动是大学生进入大学所进行的第一场体能训练，是加强大学生爱国主义教育的重要形式，是增强组织纪律性的军事化管理。军训中，大学生可以体验军人生活，增进同学情谊，严肃纪律观念，磨炼意志，提升觉悟，以期养成不怕困难、肯于吃苦、勇挑重担、乐于奉献的优秀品质，进一步增进青年大学生的生命活力。

四、专业认同

对不同的大学而言，其专业设置也不尽相同。所就读专业的发展现状、师资水平、办学软硬件条件、课程设置以及专业的市场需求情况、专业的就业前景等问题，这都是新入学大学生所关注的焦点，也是高校入学教育

---

[1] 复旦校长致辞何以被疯转[OL]. 国家公务员考试网, www.gjgwy.net, 2014-09-16.

要介绍的主要内容之一。其目的在于进一步激发新生的专业兴趣，提升专业认同度，从而结合专业特点做好未来的职业生涯规划。入学之初，应该让大学生了解所学专业的过去与未来，引导大学生多花点时间和精力钻研专业，力求精通一门专业，弄透一门学科，做到术有专攻，业有所成，精于业而成于道，在专业的不断发展中获取自己的生命价值。

五、校史介绍

校史就是一个学校的发展演变史。其内容包括学校成立的历史渊源、办学理念的沿革、专业设置的变化以及多年来形成的文化传统和不同时期的历史使命等。做好校史教育和介绍，有助于新生最快地了解所就读大学的优良文化传统，获得学习归属感和提升对学校的认同感，尽快适应即将开始的大学生校园文化氛围。

六、安全教育

安全问题是关系到大学生未来四年生活的重要内容，需要在入学教育中予以说明。这包括人身、财产、饮食、防火防盗以及预防突发性事件等多项内容。这都需要在入学教育活动中以参观、演习和专题讲座等形式展开，帮助新入学大学生增强防范意识，有效预防各类不安全事件的发生，做好必需必要的防范工作。

第二节 社会实践：高校生命教育的切入点

在外国的本科教育中，这里以美国为例：美国顶尖大学本科教育的一个重要特点是千方百计提供各种机会，增加学生与社会的接触。以麻省理工学院为例，它的核心理念是"关心真实的科技与世界"。教授鼓励学生提出各种各样匪夷所思稀奇古怪的想法，并动手把它做出来。有时候，教授会把学生丢到印度一个穷乡僻壤中，在没有网络、没有数据、没有资料、没有任何前人研究成果的情况下要求学生研究真实的事件和问题。有趣的是，美国顶尖大学的课堂对丹尼尔·笛福笔下的鲁滨逊特别感兴趣，常常要求学生设想如果自己处在鲁滨逊的环境下，应当怎样解决面临的各种问题。许多经济学、社会学、法学和政治学的理论就是从鲁滨逊的讨论开始的。①

理论的学习最终要付诸实践。只有在实践中才可以学会做人和做事，才可以检验理论的可行与否，才可以完成生命赋予自己的意义。正如大学校长黄进在《健康成长，立志成才——在中国政法大学2012级本科生开学典礼上的致辞》中所讲的那样：大学生"在大学期间要通过积极参与实习实践、社会调研、勤工助学、公益活动和校园社团等来增长自己的才干和能力；既要读万卷书，又要行万里路，积极走出校园，认知社会、融入社会、适应社会，进而改造社会。"②

一、组织校外走访参观活动

学校之外的世界是大学生丰富人生阅历，感知生命价值的重要场所。校外实践活动是大学生了解社会，感知生命的有效方式之一。

高校大学生的生命教育活动既要做好校内教育学习，又要联系校外生活。在校园内，大学生的生活与学习比较有规律，从宿舍、教室到图书馆、食堂，每天按部就班地完成规定的学习任务，相对比较单纯，生活内容比较固定。校外生活就截然不同，或发现与已有价值观相冲突的现象，或体验不同的人生价值与生活选择方式，在校内校外的交流中，大学生往往在现实的人或事中能体验到不同的世故人情，深化对人生的认识和理解。可以说，大学生的校外生活是人生的大课堂，可以有效弥补课内知识的不足，进一步增强大学生的时事政策关注度，进一步完善大学生的生命价值观。

高校大学生的生命教育活动既要关注生命的社会化过程，又要关爱弱势群体的生命状况。高校的生命教育活动需要进一步增加校外活动的数量，同时丰富生命教育内容，鼓励大学生到各级妇幼医院去了解生命诞生的艰

---

① 秦春华. 三个弊端严重影响高等教育质量 [J]. 新华文摘, 2016 (1)：127.
② 黄进. 何以法大 [M]. 北京：中国人民大学出版社, 2016：37.

辛和孕育的辛劳，珍惜生命的来之不易；鼓励大学生到各大医院内外科手术室，感知生命与健康的关系，深刻理解人生命本身的重要性；鼓励大学生到敬老院、老年公寓，增强尊老爱老的孝亲意识；鼓励大学生到殡仪馆实践，体验生死之间的无常，在终极关怀中更加珍惜有限的生命个体。

二、开展大学生志愿者活动

大学生志愿者是指那些为他人和社会进行公益服务的群体，即不索报酬，不计得失，能够利用专长义务为社会贡献自己能量的大学生。为了真正在志愿者活动中发挥大学生的主动性和能动性，对于大学生志愿者的选拔工作要严格条件，真正把品学兼优和具有无私奉献精神的大学生选拔出来，在志愿活动中彰显青春的生命价值。

严格把控招录选拔关。大学生志愿者的选拔不同于普通的评奖评优，成绩只是一个方面，更重要的是要具备无私的奉献精神和提升生命价值的理论认知能力。为此，在选拔中，要注重德才兼备，并侧重无功利无私心的德行修养的内容。这样，才能够把愿意贡献自己力量的大学生选拔出来，并让其以青春的朝气来服务于社会，体现当代大学生独有的精神风貌。

把好团队建设规范关。大学生志愿者不是散沙似的个人单方行为，而是有明确服务对象的大学生组织。而且，组成大学生志愿者的团队应是一支阳光向上的青年团队。在活动中，需要每一名成员都能严守纪律，乐于付出，肯于奉献，不计得失，最终从理念和行动上都体现出团队风采，形成职责明确、分工协作，团队作战的良好作风。

提升志愿服务质量关。大学生志愿活动的对象多为老人儿童，服务内容多是希望小学支教、养老院义工、环保活动、各类演出等。无疑，大学生志愿者活动中，质量是关键，自然对服务对象的满意度有较高的要求。所以，大学生志愿者的活动不仅仅走一趟，看一下，而是静下心来体悟人世间不一样的生命样态，理性来思考人生的价值问题，真正通过提升服务质量来反观生命自身，从而在无悔的经历中为自己的青春画上一个惊叹号。

参与志愿者活动本身是大学生生命价值得以提升的重要方式之一。在公益活动中，每一个大学生都是充满爱的正能量，通过自身的光与热把爱洒向需要帮助的群体，并在对方的认可中获得自己生命的价值。

三、撰写社会实践调查报告

一切的实践若仅仅是泛泛而谈，必将是空走的形式，留不下半点记忆。当大学生的实践活动转化为可以梳理、整理、反思、记忆的文字材料，并永久地存在人生的记忆深处，那么大学生的社会实践应该是得到了一个圆满的句号。

撰写社会实践报告需要做好前期准备。每一次社会实践，都需要大学生做好事先的各种准备，对实践的目的、课题的选择、实践的方向等有一定的了解，并做好相应的心理准备和精神准备，为把握第一手材料做好先期工作。

撰写社会实践报告需要做到有据可依。社会实践报告的撰写比较讲究客观性，每一个结论的得出都需要有出处，有依据，切忌泛泛空论，纸上谈兵。为此，需要引导大学生在社会实践活动中细心观察，注意总结，分条缕析，有理有据，真正把社会中的实践转化为理论的反思，并通过理论来启发或指导未来的实践工作。

第三节　校园文化：高校生命教育的关注点

一、借助宣传媒体，加大网络宣传力度

高校的校园资源非常丰富，既有大家名师的讲学执教，又有青年才俊的奋发图强，励志故事和感人事迹都是开展生命教育最好的素材。教育工作者需要通过宣传栏、文化广场、草坪绿地和电子显示屏等介质，积极宣传生命的相关内容，在全校范围内形成人人关注生命，人人热爱生命的校园文化氛围，凝聚青年人特有的生命激情与活力，使得大学生在生活与学习中保持生命的热情，用实际行动来热爱生命，关爱生命，珍惜生命，在

完善自我，服务他人，奉献社会的实践中，优化生命质量，用行动唱响青春主旋律，展现当代大学生的时代风貌。

二、依托学生组织，开展生命话题活动

高校的学生组织是校园文化开展的主力军。在生命教育实践中，显然离不开各类学生组织的积极参与和宣传。高校里，生命教育需要充分利用校园资源，发挥宣传栏的图文宣传作用，挖掘民族文化节日的生命教育内涵，利用现代传媒传播生命健康知识，依托学生社团组织开展有关生命知识和生命价值的研讨比赛，生命教育不仅可以成为必修科目，也可以走进校园文化，部分大学已经开始了这样的尝试①。在活动中，让生命走进每一个大学生的心灵，让心灵在潜移默化中得到净化，从而在大学校园中形成关注生命、珍爱生命、尊重生命以及科学解读生命价值的良好氛围。

三、关注现实生活，创设生命教育活动

在教育中，有意义的教育素材源于生活，有效的认知体验源于实践。我们生活在天地万物之间，外在环境对生命的威胁，自然灾害对生命的摧残，诸如"汶川地震""山体滑坡"等自然灾害，都是引导大学生重新思考生命问题的生活素材，在大学生自己组织参与的各种纪念活动中，大学生自然会获得有关生命的新体验，潜移默化中形成珍惜珍爱生命的意识，并理性思考生命价值，在学习中发挥最大化的价值潜能，在生活中实现自身生命应有的价值。

---

① 刘小军：《福建师大：生命教育成为大学生新学期的"第一节课"》，2008年09月22日《新华网》。内容如下：2008年9月新学期开学后，福建师范大学将生命教育列入了第一个月的重点教育内容。（新华网）福建师范大学学工部廖深基部长说，开展生命教育，就是要引导广大学生思考生命课题，培养广大学生对自然、对自己、对他人、对社会的关爱情怀，提高广大学生对生命及其存在价值的认识，真正做到认识生命、尊重生命、珍惜生命、敬畏生命，增强责任意识，自觉把自己培养成为社会有用的人。学校专门为学生们举办了大型生命教育图片展，不仅包含了如何在地震、火灾、台风、洪水中进行自救，还增加了如何应对生命发展中遇到的挫折和创伤等内容；学校还聘请了专家给全体新生开展"生命历程""生命与价值""生命与责任"等专题讲座。结合汶川大地震中的抗震救灾精神开展主题班会后，还利用学生社团活动、社会实践活动等多种载体，开展生命教育活动，让学生通过各种渠道上好生命教育的"第一节课"，体会生命的意义，感悟生命的价值。

第四节　理论课堂：高校生命教育的深入点

一、举办生命教育主题讲座

高校中，从学校和学院层面，积极举办生命教育主题讲座，融合多学科的知识，邀请自然科学和人文科学方面的专家做讲座，从生理学、心理学、医学等方面来阐释生命的价值，让生命教育进校园，让校园洋溢生命之声，引导大学生形成积极的人生观，预防消极人生观，从而让自己的青春生命更加精彩。

二、组织生命教育理论研讨

生命教育已经不是简单的要求和口号问题，在新时期，高校生命教育工作需要上升到理论研讨的层面，主张各级教育工作者能够在大学生人才培养、国家发展、民族振兴和世界文明进步的高度上，积极开展生命理论研讨活动，日益丰富生命教育的理论内涵，提升生命教育的实践可行性，构建高校生命教育的理论体系，给予未来高校生命教育最科学的理论支撑。

第五节　队伍建设：高校生命教育的增值点

生命价值是人生必须思考的重要课题。迥然不同的价值观决定了人们处世做人的方式方法，从而影响一生的发展路径。针对大学生群体，由于受固有家庭、个人经历和受教育经历的影响，他们对生命的认识还处在不完全定型阶段，在大学阶段，有关生命的认识理解还有一个理论储备期，需要高校思想政治工作者给予积极而有效的关注和引导，在合乎自然生命的规律，顺应社会化生命意义的基础上，通过案例说服法、理论教学法、情感交流法开展工作实践，高校思想政治工作者，尤其是专职辅导员，需要积极发挥自身的引导作用，把学生工作看作是个人生命价值的生发点，把学生看作是个人生命的延长线，建立为学生生命服务的人文化的体系，努力成为大学生的心灵导师和人生顾问。

一、业务培训

在我国，高校辅导员是一线学生工作者。这个群体对生命教育问题的理解程度将直接关系到生命教育开展的质量问题。只有他们不断更新教育理念、认可生命教育理念并在实践中实行关爱生命的行动，我们高校的生命教育工作才可能落到实处。许多省市都组织了关于生命教育主体的辅导员培训。如广东省曾开展以"热爱生命 感悟人生"为主题的高校第三十二期思想政治教育骨干培训班。

二、理论研讨

辅导员兼有教师和行政这样一个双重工作身份。其中，开展科研工作，积极进行理论交流和研讨是一个重要工作内容。随着生命教育的开展，关于大学生生命教育的话题适时进入辅导员研讨的重心。高校需要支持和鼓励辅导员参与理论研讨，撰写生命教育论文，组织生命教育演讲，分析生命教育案例，在理论研讨活动中，多角度反思现实问题，多层面提出应对策略，在高校形成以学生工作队伍为中心，全员关注，全员参与的生命教育队伍格局，在理论中提升生命教育实践的时效性。

三、情感交流

一直以来，在高校思想政治工作中，面对面的师生交流是高校学生德育工作的传统交流方式之一。从心理学上讲，面对面有助于增强彼此的亲密感，有助于缩短师生的距离，有助于接受彼此的建议和意见，从而更有效地提升教育的效果。高校生命教育实践，不应该仅限于理念和理论，最终的工作成效要体现在融洽的师生关系和学生生命质量的提高上。大学生的生命之旅，对有限的四年大学生涯而言，就是生命情感交流对话的过程。在对话中，彼此倾诉，彼此认同，彼此开解，彼此支持，理解推进了对话，对话增加了情感。任何一种"独言堂"似的教育，都有可能直接削减已有的生命教育成果。

第六节 毕业教育：高校生命教育的延伸点

毕业季是大四学生的迷茫季、纠结季、抉择季。大四生总会面对各种生命的抉择和拷问。

对于很多大学生而言，他们不仅要找工作，不仅要考研，还要理清爱情和友情纠结的情感问题。为此，虽然"年年都有大四生，但是大四对于每个人来说却永远只有一年。"[1] 以至于我们经常会通过书籍报刊和网络新闻看到这样的言语："大四是刻骨铭心的，仿佛是从一楼爬到四楼，绝怜高处多风雨，站在楼顶之上的你，是不是有点手足无措？而爱情、求职、友谊又时时纠缠着我们原本脆弱的心灵……没有上过大四的人，是无法体会到我们内心的这种失望与希望交替而来的煎熬的；没有找过工作的人，是无法体会那种身心俱疲的焦灼感。"[2] 为此，需要有针对性地引导大学生做好毕业生规划，恰如赫塞说过："生命究竟有没有意义，并非我的责任，但是怎样安排此生却是我的责任"，更是高校思想政治教育工作者不可推卸的生命教育使命。

一、针对迷茫心理做好毕业生就业指导工作

毕业季是大四学生的迷茫季。迷茫的原因：一是毕业去向问题，二是就业去向问题。其中，如何择业，到哪里就业，需要做些怎样的准备等一系列相关问题都会缠绕着每一个即将离开校园的大四毕业生。针对心理迷

---

[1] 卞庆奎. 给大学生的 N 个提醒 [M]. 北京：中国档案出版社，2006.
[2] 卞庆奎. 给大学生的 N 个提醒 [M]. 北京：中国档案出版社，2006.

茫的毕业生，高校思想政治教育工作的重心需要放在与就业指导有关的内容上。

（一）无论何去何从，都要把好学业关

即将迈入社会，大四学生的生命旅程即将赶赴社会这班列车。在积累工作经验，学习就业知识与技巧的同时，一定要不放弃专业学习，一定要保有专业优势，真正用优良的成绩来保证学有所成，学有所获。在过去的四年里，只有把握自己主业的大学生，才会向自己，向用人单位交上一份满意的答卷。因为任何一点学业的瑕疵，都有可能带来不必要的人生损失，甚至可能丧失掉已有的人生机遇。

（二）无论就业求学，都要保持乐观心态

身处毕业季，大学生总会面临或就业或继续求学的多重选择。在面临人生抉择的时候，每一位教育工作者都需要成为毕业生的良师益友，给予积极正面的引导，尤其建议大四学生始终保持一种乐观心态，始终用积极上进的言行为自己的人生书写精彩，做到"不以物喜，不以己悲"，敢挑重任，敢为人先，乐观进取，富有正能量，在社会化的进程中时刻展示当代大学生的时代风貌。

（三）无论东西南北，都要成就生命价值

每一个大学生在入校之初，就已经为自己的青春梦想赋予了不同的价值追求。小到个人理想，大到家国情怀，不同的价值追求成为鼓舞自己奋发图强的精神动力。在未来的生活中，大学生可以没有校园，可以没有"三点一线"的校园生活，但是一定要有属于自己的生命价值追求，无论何时都能够给自己的生命赋予积极的意义，做到离开书院仍有书香之气，离开校园仍有儒雅之气，并在学业和事业、家庭的成功中体现出自己的生命价值。

二、针对情感纠结问题做好爱情观引导工作

毕业季是大四学生的纠结季。一个很现实的问题常常摆在即将毕业的大学生面前：爱情与工作，孰重孰轻？每一年的大学毕业季，都会看到有人欢喜有人忧。因为青春的爱情要收获，如能工作爱情双丰收，当然可喜

可贺。可是，不如意的事情总是存在，当工作远离爱情，当工作地远离家乡，当面临异地恋的痛苦，当面临分手的不忍等，各种纠结都会在大四学生的身上得到体现。针对种种情感纠结问题，高校德育工作者需要把握好教育尺度，尤其是要积极加强大学生爱情观的正向引导。

(一)学业为重，遵守恋爱道德

毫无疑问，大学生的学生身份本身就已经明确了自身的要务与职责。既然是学生，在其位，谋其政，主业是专业学习，辅之以综合素质的提升，在高校四年的学习生活中，全面发展自我，经得起未来风雨的锤炼，用扎实的基本功服务社会，成为国家和民族的栋梁之材。为此，当经历校园爱情的时候，能够理性对待情感，尊重对方的尊严和人格，严格遵守恋爱的道德规则，把握住恋爱的道德底线，不逾矩，不逾规，不偷尝禁果，为他人负责，并且做到用爱情作为促进学业的动力，赢得学业和爱情的硕果。

(二)事业为重，尊重恋爱选择

毫无疑问，大学生的事业就是祖国明天的蓝图。尽管恋爱是人生的一处靓丽风景线，但是当爱情与事业发生冲突时，要把事业放在第一位，彼此尊重对方的选择。现实中，面临人生的抉择期，不少大学生会理智地选择事业，放弃爱情。作为新时期的大学生，需要理性占主导，尊重他人的选择，不记恨，不报复，不伤害他人，不无理取闹，始终保持一颗友善之心，把更充沛的精力奉献给工作和事业，做青春梦想的追逐者，做人生价值的实践者，让未来的生活充满生命的光环，自然会迎来更为美好的爱情。

三、针对学业抉择问题做好学习观教育工作

毕业季是大四学生的抉择季。其抉择的内容：一是参加工作，融入社会化进程的大军，成为国家建设的一员；二是继续求学，通过深造获得更高级别的学位，提升自身素质，成为未来教学科研人员，并最终成就一段求学梦。但不管选择哪一个，学习都是不变的主题。学习观的教育并不因毕业季的来临而自然终止。

(一)毕业不是解放，学习仍需要重新开始

针对毕业就参加工作的学生，毕业教育不仅仅是适应社会与融入社会

的教育，而且仍需加强终生学习的教育。一方面，专业知识将在实际工作中予以应用，理论和实践会产生相容或相斥的问题，所以，专业的学习会在实践中得以继续。另一方面，社会是一所大学，社会知识和处世之道仍是要学习的新内容，是否做到德才兼备必然面临社会的真实检验，所以，社会大课堂的学习还刚刚开始，必然在未来的人生道路上日益丰富生命价值的内容。

（二）毕业才是起点，学习更是未来的门槛

针对即将攻读硕士研究生的大四学生，毕业教育更侧重专业学习的理论高度和科研人才的努力方向问题。攻读更高学历的学习就是从事高精尖教学科研工作的学业积累。对于未来的求学而言，大学毕业仅仅是更高学历层次入学的基础条件，对这样一批大学生来讲，毕业仅仅是新的起点，未来的就业门槛会更高，未来的事业平台会更高，这就使得学习成为最基本的生活常态，学习就是生活，而良性的学习效力就是未来新生活原动力。

我们的引导和教育致力于提升大学生对生命的理性认知，不仅让生命富有光彩，富有意义，而且更要让生命随毕业季的结束开始怒放，在人生的大舞台上展示最美丽的自己，绽放最夺目的自己，收获最有生命价值的自己。

第七节　课程设置：高校生命教育的改革点

与中小学教育不同，高校生命教育课程是薄弱的，甚至还是一片荒漠。现实中，不少高校根本就没有生命教育类课程。传统的观念大多认为，生命教育在大学已经不需要存在了。然而，尽管是成年人的大学生，还是存在这样或那样的生命价值观问题，优化课程设置是不可忽视的一个重要环节。在高校的大学生德育工作需要遵循生命发展的客观规律，根据生命教育工作的需要适当设置选修课、编写教科书、组织参与各种生命教育实践课。

一、设置生命教育选修课

高校需要结合大学生的实际情况,设置生命教育选修课,并算作学分,从学习内容上把生命教育和所学专业知识教育有效地结合起来。生命是每个人的财富,更是大学生求学立业的资本。为此,高校需要开设生命教育选修课,积极引入生命教育的教学理念,让大学生从理论上认识生命的科学和生命的价值,进一步增强自主认识生命的积极性和专业性。同时,在现实生命案例中解读生命,反思生命,尊重生命,在学习中强化生命价值的意义。

二、编写生命教育教科书

"一本好的教科书不只让读者读,而应该与读者进行对话,他要事先考虑到读者的兴趣、所疑惑和关心的问题,并把他们视作学习过程中的积极参与者,而不是被动的接受者。在人类发展的研究领域中,好的教科书还应该强调发展变化的内在过程,以便使学生在学完课程后能深切地理解发展的原因及其复杂性。最后,好的教科书应该说明要求学生融会贯通的理论和研究如何应用于大量的真实生活情境中。"[1]

三、参与生命教育实践课

生命作为价值存在,离不开教育手段。从应试教育到素质教育,从全面发展到突出特长,我国的教育始终在探索追求新的思想路径。然而,生命教育是一个终身教育。大学的生命教育不可缺失。高校的德育教育理念还仅是强调专业技术教育和道德教育,对人的生命发展问题还是就事论事,远没有纳入教育教学体系当中去。无疑,我们的大学生生命教育实践还有很长的路要走。

---

[1] David R. Shaffer. 发展心理学—儿童与青少年(第六版)[M]. 邹泓,等,译. 北京:中国轻工业出版社,2005:3.

※ 案例解读篇

第八章

案例反思：高校生命教育工作中突发事件的应对实践

第一节　大学生自伤事件及其应对思路

一、大学生自伤事件背后的潜在隐患

北京某高校大一新生，因伸手探身取晾晒的衣服，自己没把握好分寸，不小心从四楼坠落，致使两条腿摔断，脚踝从脚掌中突出。送到医院后，生命没受影响，但是却留下了终生的残疾。大学校园是大学生四年生活与学习的主战场。这里的一草一木，一砖一瓦，一楼一梯等硬件设施建设与完善程度都将影响到大学生的生活质量问题。由于安全意识淡薄，设施老化陈旧，硬件不够完善等原因，大学生校园自伤事件也屡见不鲜。生命安全教育问题被再次提上优化生命的日程。而大学生自伤事件背后的潜在隐患也应引起关注。

（一）大学生人身和精神的损害

校园内的自伤事件首先给大学生本人带来伤害。这种伤害包括两个方面：一方面，直接影响到大学生自身的身体健康，轻者仅仅是皮肉之伤，重者会带来终身的疾病和残疾。另一方面，直接影响到大学生自身的精神健康，往往造成情绪不佳、精神抑郁等心理伤害和精神伤害。这势必给高校思想政治教育工作带来新的任务。

（二）家庭额外承担的经济负担

对于大学生而言，完全由自身导致的人身伤害，必然给大学生家庭增加额外的经济负担，一方面用于治疗大学生的损伤，另一方面支付陪护照料等费用。一般的医疗费用加上必需的生活费用，对于任何家庭都是一笔不小的开支，一定程度上影响家庭的生活质量。

（三）高校必将面临的舆论压力

因为大学生是社会的敏感群体，所以大学生的伤害事件往往都会引起社会民众的广泛关注，并在各种媒体的报道中扩大影响。为此，大学生伤害事件会直接把高校推向舆论的风口浪尖。这对于高校来说，无疑将面临各种舆论的压力，事件处理的如何也会直接影响到社会办学的声誉和效益。

二、大学生自伤事件应对思路

（一）健全校内硬件设施，消除可能的安全隐患

大学生校园伤害事件直接影响到大学生的身心健康，造成身体的痛苦和经济的负担，同时将延缓其大学期间的学习进程。细致地抓好校园硬件设施建设，需要引起学校足够的重视。在许多高校，基础设施还不够完善，存在着安全隐患。对此，需要加强硬件设施建设，不仅注重学业提升，而且也要加强消防、安保等硬件设施配备和修护工作，避免由于不精心、不负责而导致的学生伤害事件的发生。

（二）加强大学生安全教育，提高自身安全意识

大学生安全教育工作时刻不能放松。在校期间，因部分大学生的安全意识不够，导致了许多不该发生的悲剧。高校相关部门应定期或不定期举行安全教育和应急演习，从观念上提升大学生的自我保护意识，从行动上自觉养成查找安全隐患的习惯，在安全问题上做到提高警惕，防患未然，保证在校期间的人身安全，千万不要因一时疏忽造成终身的遗憾，切实为完成大学生的学业提供安全保障。

（三）做好舆情引导工作，减少媒体带来的多重压力

大学生是一个特殊的社会群体。大学生出现的任何事件都会成为公众关注的焦点，可谓牵一发而动全身，不可小觑。在校大学生因各种原因导致的自伤事件往往会把高校与学生推向社会舆论点评的风口浪尖，其压力无疑是巨大的。针对已经发生的自伤事件，做好新闻舆情引导工作，客观陈述事件真相，避免谣言和社会不良媒体的虚假报道，明确事件是非，不给受害大学生本人和家庭造成二次伤害，做好责权利的划分，理性解决问题，既要时刻敲响警钟，又要减少不良信息给大学生本人及其所在家庭和学校带来的多重压力。

第二节 大学生伤他事件及其应对策略

由于生命教育的缺失，那些曾带着光环走进大学校园的大学生视生命

如草芥，不仅把斧钳砍向了同窗室友，而且也毫不犹豫地把刀刃刺向了生养自己的双亲。生命的尊严，教育的举措，都在这一砍一刺的定格中叹为观止，灰飞烟灭。

一、伤他事件透视出的大学生生命价值观

近些年，在大学校园中，不同手段不同形式的伤害事件频频出现，时隔数年，诸如"药家鑫撞人刺八刀"恶性伤人案件[①]、"复旦大学医学院学生投毒案"[②]、

[①] 药家鑫，系西安音乐学院大三的学生，在2010年10月20日深夜，驾车撞人后又将伤者刺了八刀致其死亡，此后驾车逃逸至郭杜十字路口时再次撞伤行人，逃逸时被附近群众抓获。2011年1月11日，西安市检察院以故意杀人罪对药家鑫提起了公诉。2011年3月23日，该案件在西安市中级人民法院开审。2011年3月23日，西安，备受关注的恶性案件在西安市中级人民法院开审，包括受害人张妙丈夫王辉在内的近30位亲属到庭旁听，中央电视台等数十家中省媒体及400余名在校大学生到场旁听。药家鑫案庭审正在进行中，在庭审现场，药家鑫述说当天晚上去西安外国语大学看女朋友吃饭，行车正在换碟时撞了人，当时心里非常害怕，在下车查看时发现张妙躺着有呻吟声，当时心里很慌，隔了两三秒的时间，就拿刀开始刺被害人⋯⋯见翟思维：《从马加爵到林森浩 盘点近年大学生故意伤人案》，载中国青年网，2015年12月12日。

[②] 2013年4月，复旦大学医学院发生一起投毒案件，致在校研究生黄洋死亡，经侦查确认投毒者系黄洋同寝室同学林森浩。本案因发生于大学校园等原因而引起社会各界的高度关注。2014年2月18日，上海市第二中级人民法院作出一审判决，以故意杀人罪判处被告人林森浩死刑，剥夺政治权利终身。宣判后，林森浩提出上诉。2015年1月8日，上海市高级人民法院作出二审裁定，驳回上诉，维持原判，并依法报请最高人民法院核准。最高人民法院经核查确认：被告人林森浩因日常琐事对被害人黄洋不满，决意采用投放毒物的方式加害黄洋。2013年3月31日下午，林森浩以取物为借口，从他人处借得钥匙后，进入复旦大学附属中山医院11号楼204影像医学实验室，取出其于2011年参与医学动物实验后存放于此处的、内装有剩余剧毒化学品二甲基亚硝胺原液的试剂瓶和注射器，并装入一个黄色医疗废弃物袋中带离该室。当日17时50分许，林森浩携带上述物品回到421室，趁无人之机，将试剂瓶和注射器内的二甲基亚硝胺原液投入该室饮水机内，后将试剂瓶等物装入黄色医疗废弃物袋，丢弃于宿舍楼外的垃圾桶内。4月1日9时许，黄洋在421室从该饮水机接水饮用后，出现呕吐等症状，即于当日中午到中山医院就诊。4月2日下午，黄洋再次到中山医院就诊，经检验发现肝功能受损，遂留院观察。4月3日下午，黄洋病情趋重，转至该院重症监护室救治。林森浩此后直至4月11日，包括在接受公安人员调查询问时，始终未说出实情。4月12日零时许，公安机关确定林森浩有作案嫌疑并对其传唤后，林森浩才如实供述了其向421室饮水机投放二甲基亚硝胺的事实。4月16日，黄洋经抢救无效死亡。经法医鉴定，黄洋系因二甲基亚硝胺中毒致急性肝坏死引起急性肝功能衰竭，继发多器官功能衰竭死亡。最高人民法院认为，被告人林森浩明知二甲基亚硝胺系剧毒化学品且有严重危害性，而向饮水机内投放大剂量的二甲基亚硝胺原液，致被害人接水饮用后中毒。在被害人入院特别是转入重症监护室救治期间，林森浩仍刻意隐瞒真相，编造谎言，杀人故意明显，且实施了以投放毒物为手段的杀人行为，其行为已构成故意杀人罪。林森浩仅因日常琐事对被害人不满，即利用自己所掌握的医学知识，蓄意采取隐蔽的手法，向饮水机内投放剧毒化学品，杀死无辜被害人，犯罪情节特别恶劣，罪行极其严重，应依法惩处。林森浩归案后始终如实供述犯罪事实，认罪态度好，但不足以对其从宽处罚。第一审判决、第二审裁定认定的事实清楚，证据确实、充分，定罪准确，量刑适当。审判程序合法。据此，最高人民法院依法核准上海市高级人民法院维持第一审以故意杀人罪判处被告人林森浩死刑，剥夺政治权利终身的刑事裁定。见张明宇：《"复旦大学医学院学生投毒案"罪犯林森浩被执行死刑》，载《新华网》，2015年12月11日。

弑亲的留洋大学生①等悲剧案例,仍让人心有余悸。对生命的敬畏在这里都成了一纸空谈。其危害之大,令人触目惊心。由此带给教育工作者新的思考。这类恶性事件的大学生制造者该有着怎样的人生价值观。

(一)他人生命是可以轻视的

生命至高无上,需要对其充满敬畏之心。生命也是人人平等的,本无高低贵贱的区别。毫无疑问,当前不少大学生自私心理严重,重私利,以我为主,在大事面前没有是非观,甚至为一己私利损害他人利益。更有甚者,为了保全自己而伤害他人,甚至是杀害他人,从根本上否定了他人的生命尊严和生命存在。在这样的大学生心中,自己永远是高于他人的,他人生命更是可以轻视的。持有这样观点的大学生,必然会蔑视生命、轻视生命、残害生命,他们的生命之中也无法承载生命之重。在无法自知自制的生活中,必将会受到法律的惩处。

(二)同学共处交往缺少宽容

校园生活中,汇聚了来自祖国四面八方的同学,也汇聚了五十六个民族不同的地域文化和生活习惯。宽容是人与人之间必须掌握的处事之道。否则,斤斤计较,常怀小人之心,处处提防设障,与人为敌,缺少宽容之心,必将带来数之不尽的矛盾,影响同学之间的和睦共处,以至于面临不必要的烦恼,影响正常的学习生活,严重者甚至造成人身伤害事件。记得临刑前,林森浩曾经说:"我希望青年人多读书,早点形成自己的价值观,同时要学会为人处世的智慧,与他人相处多点宽容,多点友爱。"虽然这份临终悔悟已经为时太晚,但是这个付出生命代价的价值观反省却足以令后人深思——生命教育必将是一个永不停止的教育活动。

(三)唯我独尊丧失反哺之心

在动物世界里,乌鸦反哺,羊羔跪乳,其画面令人感动不已。动物如

---

① 据《东方早报》报道,顾女士"那天晚上,儿子看上去没有异样,虽然他去年曾跟我提了他总感觉有人在跟他讲话,耳朵里好像装了一种装置一样。儿子走到了一边,从包里取东西,我还不知道他要拿什么,不料,他拿出了把刀向我刺来。之前,并未发生任何争执。"儿子汪某:"当时脑子一片空白。""我不想看到他。"昨天下午,躺在医院病床上的顾女士,两眼注视着天花板,随后头歪向了一侧,"因为我实在是太伤心了。"她口中的"他"是她养育了23年的儿子。4月1日晚上,顾女士满怀期待地站在浦东机场大厅接机,准备带从日本读书回国的儿子汪某去美餐一顿时,儿子从包中抽出了把刀,刺向了生他养他的母亲。记者从警方获悉,事情缘起在机场母子两人因为学费问题发生了争执。见臧鸣:《旅日留学生机场刀刺母亲 嫌最近寄钱寄得晚》,载《东方网》,2011年4月10日。

此，人亦然。当代大学生是独生子女的一代，在家里，父母娇生惯养，溺爱成自然；在学校里，由于生命教育的缺失，重个人索取，唯我独尊，不考虑他人感受。由此导致一部分大学生认为自己的父母做任何事情都是应该的，不思回报，也无需回报。反哺之意也许更是奢求了。当大学生手中的刀刺向亲生父母的时候，如何解读中国的教育，如何反思生命教育，已经远远不是一个理论探讨的问题了。

另外，大学生校外遇险的事件也是频频发生。北京高校某大二学生，在放假回家途中，因乘坐非正规的黑车，遭遇车祸，意外遭受人生的悲剧。北京某高校大二女生，外出居住时，夜间遭遇小偷盗窃。窃贼发现是女生，不仅要劫财，还要劫色。女生在奋力搏斗反抗中，右手抓住刀刃，致使几个指头的韧带被刀割断了。生命教育不仅限于校园内，校园安全教育和生命教育问题已经延展到校外生活。

二、大学生伤他事件的校园反思与对策

（一）加强校外安全教育，严格学生校外居住的程序

校外居住是引发大学生伤害事件发生的潜在风险。针对因各种原因不得不校外居住的大学生，高校德育工作者需要定期组织交流，并给予安全教育，时刻提醒安全问题，让大学生增强安保意识，既要保护自己财产安全，又要保护自己的人身安全。同时，严格申请校外居住的程序，实行家校联合签约形式，要求校外居住大学生提供必要的程序要件，严肃校外居住制度，切实为校外居住大学生提供制度保障和应急指导。

（二）增强高校生命教育，消除大学生的霸气和戾气

在大学校园中，针对部分大学生的霸气和戾气作风，高校德育工作者需要适时加强生命教育，引导大学生的人生方向，鼓励与人为善，提倡人文情怀，致力于家国事业，不为一己私利做出感情用事的行为，不为逞一时之能做出悔恨终身的事情。只有大学生充分认识到自己的时代重任，才会在与他人的交往中有所为，有所不为，在自我完善的求学生活中逐渐消除那些与大学生身份不相符的霸气和戾气。

（三）设立矛盾调解机构，提倡用智慧方法解决纠纷

一般来讲，大学校园发生的伤他事件都是个案事件，需要专人专门机

构来处理和解决。这就需要高校设立针对大学生生活矛盾问题的调节机构,指导大学生运用道德和法律的规则,积极发挥辅导员的亲和力作用,用智慧的头脑来分析问题的症结所在,理性理智地解决已经出现的矛盾,尽量把矛盾消解在萌芽期,延缓或彻底避免恶性事件的发生。

(四)加强法律意识教育,设定不可逾越的法律底线

法律是大学生不可逾越的红线。触犯法律必将付出身体、精神、甚至是生命的代价。"人的生命,是其实行一切权利义务的基础。无故杀害或伤害他人的生命,就是将对方的一切权利义务全部破坏,罪过非常大。因此杀人偿命,古今中外的法律都是这样明确规定。"[1] 为此,结合案例事件,高校教育工作者要经常开展法律大讲堂活动,积极进行普法知识教育,内容涵盖交通规则、刑事犯罪等,最大限度地为大学生提供法律知识,知其可为与不可为的法律底线,时刻牢记学生的本业,不感性冲动,不盲目从众,不暴力处事,始终在法律准绳的制约下做守法学生,做守法公民,真正远离各种犯罪伤害事件。

第三节 大学生自杀事件及其应对思路

在当代社会,自杀已成为人们普遍关注的突出问题。就世界范围而言,自杀并不是一个个案问题,尤其以青少年群体居多。我国学生自杀事件也是屡屡发生,引起众多民众的关注与反思。

北京市自杀干预中心在2003年9月10日"预防自杀日"公布的数据显示:我国每年约有28.7万人自杀死亡,除此之外还有约200万自杀未遂者,平均每两分钟就有1人死于自杀,8人自杀未遂。自杀在中国人死亡原因中居于第5位,15岁至34岁年龄段的青壮年中,自杀更是死因首位。[2]

---

[1] 蔡元培. 蔡元培论人生 [M] 韦伯,葛富斌,译,天津:天津出版传媒集团天津教育出版社,2012:219.

[2] 王民忠,郭广生. 大学生心理成长进行时 [M]. 北京:中国轻工业出版社,2008:192-193.

青年大学生群体是国家的未来，做好大学生的身心健康保障工作，及时对突发事件的危机进行早期识别，这是高校生命教育工作中应对自杀事件的第一步。

一、大学生自杀危机的识别

对于大学生来说，产生自杀意念和行为的原因无非几种：抑郁症患者的病态心理、来自学校和家庭、社会等方面的外界打击，由学业、情感影响而生的自我否定情绪等，由此，需要对大学生的自杀危机做好早期识别工作，尽早切断导致自杀自残行为后果的危机源。当前，由于校内外多种因素的影响，大学生轻视生命的现象还客观存在。为了能够把极端的自杀事件消灭在萌芽阶段，高校思想政治教育工作者，尤其是与大学生朝夕共处的辅导员们，需要及时发现潜在的影响因素，以便采取得体的有效的方式来杜绝悲剧的发生。从实践中看，大学生在具有自杀念头的时候，必然源于多种因素的影响，我们把这些潜在导致大学生自杀的危险因素称为潜在危机。其大概内容可概括为如下几个方面：

（一）变故：家庭中出人意料的变故

家庭变故往往是导致一个人精神脆弱、情绪低落和言行失控的一个重要因素。人生总会面临意料之外的人和事，尤其是家人的生老病死。大学阶段的学生，虽然已经具有成年人的身心体貌，但是应急处理的能力还不够成熟，往往会在面临不幸遭遇的时候失去理智。在感性主导的特定时期，难免会轻视生命，放弃生命，一念之间的选择可能会带来终身的遗憾。所以，对于家庭有变故的学生，尤其要加大关心关注的力度，在最危险的时期帮助他们走出情绪的低谷，早日获得内心的解放，用更好的学业和崭新的未来回报自己的亲人，而不是采取极端行为结束自己的生命，毁掉自己的未来。

（二）交往：同学或朋友交情的断裂

作为独生子女的一代大学生，同学圈、朋友圈是日常生活的中心。友情的破裂，关系的淡漠等不和谐的因素，都一定程度上会影响到大学生的心理健康。对于一部分内心脆弱的大学生，不仅会有自杀的潜在危险，而且还会有影响他人正常生活学习的破坏性欲望，为此，针对同学关系有问题的大学生，高校德育工作者需要肩负起自己的职责，帮助大学生分析问题，解决问题，并且设身处地为大学生着想，疏通心理郁结，建立良好的寝室关系、同学关系和校友关系，将由此有可能产生的自杀习惯行为和消极情绪的破坏力降到最小。

（三）爱情：异性间的恋爱关系破裂

人是有情感的高级动物。在青春时期，大学生总是免不了被各种情感问题所迷惑。在大学期间，爱情总是刺痛生命的一把双面利刃。

案例一：某高校2008级法学专业某女大学生，因男友与别人相恋，一时情急不能自拔，长时间情绪低落，不与人交往，抑郁成疾，形成了严重的心理疾病，并在室友不在身旁的时候，在宿舍一口气吞下一瓶头孢意图自杀。幸好同学发现及时，送往医院抢救。生命得以保全，但是却落下终身残疾。

案例二：某高校一女研究生，在校期间已与男友订婚，后因男友提出分手，遂从公寓楼跳下自杀。[1]

案例三：某高校一男一女两名大三学生相继从公寓区内的301号楼8楼跳下，当场死亡。有在校生称，两人事发前曾发生争吵，疑为殉情自杀。[2]

诸如此类的惨剧每年都有发生，高校德育工作者应有的职责自然不可

---

[1] 漂亮女研究生因情变跳楼自杀留下万言遗书［N］．海峡都市报，http：//www.sina.com.cn，2006-05-25．

[2] 记者在论坛搜索发现，xiaogang1st所发的自杀帖子内容很简单，标题是"我想自杀"，帖文仅有"生命马上结束了"7个字。该帖发出后，曾引起众多网友关注，其中网友GGlux在当天23：51：18便跟帖劝导："孩子你不要想不开啊！有什么过不去的呢。""告别帖？楼主还活着吗？""楼主还在？""发生神马情况啦，表要吓人哇，死是很痛苦滴……还是好好活着吧。"直到昨日上午近11点半，还有网友不断跟帖询问或劝说，但xiaogang1st发帖后，再也没有回复过帖子，而且呈不在线状态。记者发现，4月3日，xiaogang1st在该论坛注册，截至最后一个帖子共有349个帖子或回复。网友"心事重重"说，近几年，苏州大学发生了好几起命案，有为了学业问题从凌云楼跳下的，因为感情问题在独墅湖校区上吊的，偷偷出去玩淹死在独墅湖溺水死亡的，体质差在军训期猝死的……还有这次可能是因为感情问题一起跳楼的。"我们的校友是怎么了？父母供我们上学不容易，你们的离开，对父母是什么样的一种打击……你们的亲人朋友，都很关心你，可能你平时感觉不到，不联系不代表忘记，大学生为了恋爱，为了学业，为了工作选择离开这个世界，不觉得是一种愚蠢的行为么？每一个人的生命都牵连着很多人的心，你的离去给他们带来的是痛苦，尤其是父母。"来源于互联网，《男女大学生相继在校内跳楼身亡 疑为殉情自杀》，2011年10月5日，何寅平 文/摄，快报记者 陈泓江。

推卸。

恋爱是人类心理生理发育到一定程度的必然情感行为。大学时期是恋爱的浪漫期。在这个时期，大学生虽然不一定收获婚姻，但是总会收获爱情。然而，由于各种原因不同程度地会产生感情的纠葛与矛盾。青春时期的大学生又不能理性对待情感问题，加之理性主义爱情观的影响，由此导致部分恋爱关系发展到最后成为敌人关系，不能正确处理以后，产生了许多校园悲剧。为此，针对大学生谈恋爱问题，爱情观的教育是德育课堂的必备内容，虽然我们对此不反对不支持，但是出现问题时一定要进行适度关注和引导，避免情感冲突导致的自杀事件的发生。

（四）心理：自尊心受到伤害的事件

自尊心是一个心理学的名词。自尊心的满足会成为一个人前进的动力。相反，自尊心的伤害往往会成为放弃生命的直接原因。大学生群体是时代的骄子，也是每个家庭的骄傲，其自身承载了来自家庭亲朋的寄托。每一个大学生都带着一份自豪走进大学的校园。可是，来自不同地区不同家庭的文化差异以及风俗习惯的不同，都需要努力去磨合去适应，以更好地度过未来大学四年的校园生活。其中，城乡差异、贫富差异以及生活习惯和作息的不同，都将影响到同宿舍、同班级学生之间的人际关系。农村学生和贫困学生都不同程度地存在自卑心理，需要给予适度关注和心理疏通，尽快消除心理障碍，用学业和成就来获得自尊，而不用金钱消费作为自尊心的筹码。只有帮助大学生树立正确的人生价值观，才可能赢得真正意义上的自尊，消除阴影的潜在影响，照亮未来的人生之路。

（五）单亲：亲情缺失后的失落迷茫

父母离异，幼时丧亲等家庭不幸，都会使生活在单亲家庭的孩子产生心理抑郁感，他们需要亲情，他们需要关爱，然而这些都似乎遥不可及。于是，自杀、离家出走常常是单亲家庭大学生的行为轨迹。

案例一：父母离异女大学生多次自杀未遂离家出走

"记者，我的外孙女失踪半年多了，毫无音讯，请你帮帮我们吧！"电话那头，一个苍老的声音发出急切的恳求。与记者见面后，72岁的严大爷说出了21岁的外孙女刘海波失踪的原因：女儿和女婿闹离婚搞得一家人鸡犬不宁，也严重伤害了外孙女的心理健康，她服安眠药、酗酒和割腕，几度自杀未遂。后来尽管考上大学，她依然感到孤独无助，患上了抑郁症和轻度精神分裂症，最后离家出走不知去向……采访中，刘海波的父母严女士和刘威（化名）怀着深深的自责，道出了对女儿的殷切期待："女儿，我们后悔伤害了你，你快回来吧！"……

专家点评：乐山师院心理教育学副教授余学芳认为，事件发生的根本原因是，父母是未成年女儿的最大依靠，一旦父母离异，她便认为自己被抛弃了，就会丧失生活的信心，因而极易走极端。加上大人的疏忽、孩子的内向性格，都会导致孩子离家出走。[①]

单亲家庭长大的孩子优缺点都很明显：一方面情商较高，自强自立，善于察言观色，乐于融入新的生活圈子，另一方面心思敏感多疑，多愁善感，性格内向，不同程度地存在恋父或恋母情结，自尊心更强，自卑心理更突出。单亲家庭的大学生是需要着重关注的群体。既需要关注大学生自身的情绪变化，又要加强师生之间的沟通交流，让大学生时刻感受到学校和同学们的关心，尽可能弥补原生家庭带来的伤害，让单亲大学生融入大学，融入学习，在学业追求中提升自己，在校园文化氛围中形塑德行，早日走出心里的阴影。

（六）学业：学习成绩不理想的刺激

完成学习任务本应该是学生的应尽本分，然而，随着时代的发展，不少大学生的压力却来自于学习。学习是负担、是枷锁、甚至是要命的"无常"。

案例一：中国人民大学学生疑因学习压力大坠楼

2015年5月3日，人大学生坠楼身亡的新闻引起关注，到底是什么原因自杀的呢？这是人民大学继今年4月、去年6月发生的第三起坠楼事件。据悉，这名坠楼学生正在人民大学读大二，姓王，他在社交媒体上更新的最后一条消息来自于2015年4月16日："既没有才华，又没有勇气。"不少网友猜测其跳楼原因是学习压力大。

不管是学习上还是生活上遇到挫折，都不应该选择轻生，人的生命是

[①] 李晓. 父母离异女大学生多次自杀未遂离家出走 [N]. http://www.sina.com.cn 四川在线－华西都市报, 2006-04-03.

宝贵的，遇到问题应该勇敢面对，总有解决的方法。选择结束生命来逃避问题，你是得到解脱了，辛苦养育你几十年的父母呢？有没有想过他们？

近几年大学生跳楼事件频发，学校、家庭、社会都应关注大学生的心理健康，加大学生心理健康教育的力度。[①]

案例二：武汉大学学生或因挂科太多跳楼

楚天都市网7月4日讯（记者 周丹）今日上午，武汉大学信息学部学生宿舍7栋，一男生坠楼身亡。校方和警方已及时赶赴现场处理。武汉大学相关部门称，对此不知情，并未透露更多信息。在事发现场，对该生坠楼原因，学生们众说纷纭。记者从其同学口中了解到，该男生跳楼原因可能有二：其一是因其挂科太多面临拿不到学位证，其二是未能找到理想的工作。[②]

大学并不是放松学习的自由场。现在的大学生都曾苦读寒窗，奋战十余载，用付出的汗水经历了高考，终于走向心仪的高等学府，本应保持学无止境的求学尽头，继续夯实学业，积累报效国家社会的资本，但是，过度放纵的心理以及社会不良消费文化的影响，一部分大学生开始放松自己，不再把学业当主业，而是搞社交，打游戏，睡懒觉，侃大山，混日子，对学科成绩不求优秀，只求及格，这种低标准低要求甚至是无要求的学习态度，直接导致一部分大学生无法正常完成学业。在一些高校里，不少学生因成绩挂科而被开除学籍。当年曾带着亲朋祝福踏入高校的天之骄子，不仅不能荣归故里，反而是一无所获。其受刺激的状况可想而知。对于这部分大学生需要及时疏导情绪，或鼓励重新再来，励志东山再起，或劝勉自主创业，在三百六十行中寻找自己的领域。

（七）经济：贫困所导致的经济危机

贫困生是高校中的一个特殊群体。由于生在农村或边远地区，经济来源拮据，家境状况堪忧，有些贫困生不仅要完成自己的学业，还要赡养父母甚至是要负担家人的生活支出。这批大学生往往是学校励志教育的典型。

---

① https：//news.yxlady.com/nlist/335871/，伊秀新闻网，人大学生坠楼身亡 自杀原因引猜测，2015-05-04.

② http：//news.youth.cn/sh/201507/t20150704_6824711.htm，央广网、中国青年网，武大一男生坠楼身亡 血溅校园或因为挂科太多. 2015-07-04.

但是，他们的心理健康需要给予重点关注。在人生的特殊时期，来自贫困的困扰往往成为他们轻视生命的一个重要理由。近年来，国家给予贫困生的经济资助项目非常多，学校各种奖学金的评选也把品学兼优的贫困生作为重点关注对象。贫困生在国家与政府、学校以及一线辅导员的关心帮助下，其自杀潜在危机已明显减少。

（八）就业：学而无果的苦恼

现在，大部分大学生考上大学就是为了一个好专业，找到一份好工作。当大学生把工作作为唯一求学目标的时候，无论是大四学生，还是读研学霸，如果面临就业未果、学无所获的人生逆境，他们就必然会面临心理压力的摧残，甚至走上绝路。

案例一：北京师范大学学生工作不顺自杀

2000年9月，遂宁市射洪县曹碑镇中学的考生王豪以优异的成绩考入北京师范大学管理学院，在小镇引起了轰动。今年7月，他从北京师范大学毕业了，此后4个月忙于找工作，但不是他看不上眼，就是人家看不上他。王豪回到了故乡，11月6日，悲观失望的他在巨大的心理压力下，选择了自杀。这一举动令所有熟悉他的人均惋惜不已。曹碑镇中学任校长认为，王豪从小一帆风顺，缺乏应付逆境的能力，这是悲剧产生的一大原因。①

案例二：高校女研究生求职受阻上吊自杀

一名女研究生因找工作屡屡受挫，就找到路边的算命先生问其究竟，当从算命先生口里得知目前的困境是她的命运不好而造成的时候，该女子备受打击，遂萌生了轻生之念！前天晚上，情绪极其低落的她，乘男友外出之际，留下一封遗书后，在自己的房间里上吊自杀……②

为此，就业教育不应仅仅是找一份好工作的教育，更应该是就业观和生命价值观的教育。找工作本身就有机遇和人为等不确定因素的影响，是否找到一份好工作与学业本身好坏也并无特别大的关系。重要的是，择业

---

① http：//www.sina.com.cn，文/图肖李，记者，汪仁洪．北师大学生找工作不顺利 不堪压力选择自杀［N］．四川在线－华西都市报，2004－11－12．

② http：//www.sina.com.cn，张旭．女研究生多处求职遇阻 轻信算命先生上吊自杀［N］．人民网－江南时报，2004－12－14．

的心理和就业的规划理念却往往直接影响到就业问题。"三百六十行,行行出状元。"中国人固有的职业观已经告诉我们一个浅显的道理:选对行业,适合自己就是好工作。工作是一个平台,将最好的自己展示出来,也能成就每个大学生的青春梦想。为了拥有一个好平台,大学生唯一可以做的就是不断充实自己,让生命到处是精彩。

(九) 经历:校园孤独者的异常行为

人生是丰富多彩的。每个人的生活因经历了不同的人和事而呈现出迥异的生命价值坐标图。平淡无奇的生活铸造了平凡,波澜汹涌的人生书写了壮阔,贫穷无依的生活流淌着心酸,高贵富有的人生洋溢着尊严……

孤独的个人经历容易使人对生命的价值观产生偏离:或者离群索居,认为生命的价值与他人无关;或者隐藏内心,认为生命价值只有个人利益与感受。从心理学上讲,孤独的生活经历容易产生孤独感,一方面生命体游离出群体,"个体与自我、体验中的机体出现疏离"[1],另一方面个体的人"缺乏与之能对话的关系",当一个人"没有任何关系来交流一分为二的自我——意识表象与深层体验部分,我们会感到一种无法与他人真正接触的孤独"[2],生命价值的探索自然无所依托。

二、预防大学生自杀的干预措施

对于大学生而言,生活需要意义感。没有意义的生活与生命都可能是无价值的存在,都会不同程度地出现残害、轻视、放弃生命的极端言行。自杀群体大多是受生活打击并认为生活失去意义的人群。而且他们都会有意无意地显示出一些自杀信号。"此种自杀信号不仅在书信中透露,而且每见诸日记中或写在其他字条上。其所发生的自杀信号莫非表示生活极痛苦,极不快乐,生存已无意义,不如早一点死算了。"[3]

---

[1] [美] 卡尔·罗杰斯. 论人的成长 [M]. 石孟磊, 等, 译. 北京:世界图书出版公司北京公司, 2015:124.

[2] [美] 卡尔·罗杰斯. 论人的成长 [M]. 石孟磊, 等, 译. 北京:世界图书出版公司北京公司, 2015:124.

[3] 蔡墩铭. 生命与法律 [M]. 台北:翰芦图书出版有限公司, 2000:660.

（一）关注意欲自杀的人群

关注意欲自杀的大学生人群，首先关注有心理抑郁症状的大学生。抑郁症的最坏结果就是因厌倦生活而最终结束生命。在高校大学生中，"对于目前的生活极感厌倦，毫无兴趣可言，如有此种想法的人，极易自暴自弃，甚至采取自我毁灭的自杀，以结束自己的生命。厌倦通常是自我毁灭行为实施的主要原因。对于生活厌倦之人对今生已不抱任何希望，使其感觉继续过此种生活，毫无意义可言。"[1] 患有抑郁症的大学生，其日常表现会与他人有所不同，常常便有心情不好，做事不积极，焦虑感较强，负能量情绪多，生活和学习质量不高，不愿与他人交流等特点。这部分大学生一方面需要规劝进行抑郁症的心理治疗，另一方面需要指定师生进行交心谈话，加强正能量的引导，通过各种活动来激发他们参与的热情，在集体生活中敞开心扉，热爱生命，珍惜生活，早日走出心理抑郁的困扰。

（二）做好应急的对策预案

防患未然，预案先行。高校德育工作不仅仅要事后救济，更需要事前做好准备，防患于未然。在高校中，大学生自杀事件是小概率事件。传统的应急措施仅限于事后处理，家校协商。在当代，随着信息化、网络化、法律化步伐的推进，传统的救济式处理方式显然会带来不必要的后续工作。所以，需要针对高校大学生自杀类特殊事件做好各项应急的对策预案，内容涵盖指导思想、组织安排、责权划分、经济补偿、舆论引导、媒体应对等，以多角度多方位处理自杀事件的后续工作，全面把握事件发展的多种可能性，让家庭、学校、社会都能够理性认识，并引导舆论客观表达自己的主观理解，圆满处理好各种应急事件。

（三）做好事前的心理安抚

大学生是富有理想的天之骄子。在高校，教育工作者需要不定时地积极开展理想教育活动，正面引导大学生"既要有大理想，也要有小理想；既要关注民族、社会、国家、世界、人类的命运，也要关注个人的长远发展和奋斗目标，追求健康、幸福、快乐的生活。千万不要因为碰到一点点困难、一点点挫折、一点点不顺心，就垂头丧气、丧失信心、自暴自弃，甚至放弃自

---

[1] 蔡墩铭. 生命与法律 [M]. 台北：翰芦图书出版有限公司，2000：660.

己的生命。"① 如果自己的心理是黑暗的,那么看世界的眼光就是阴影满布;如果自己拥有阳光健康的心理,那么世界就是阳光灿烂,自己也会充满阳光并影响感染他人,成就健康的人生,不负青春岁月。

第四节　结论:大学生生命教育就是一份厚重的爱的教育

《爱的教育》② 是一部儿童小说的名字。其间展现了人与人之间的爱的情感,包括:老师之爱、学生之爱、父母之爱、儿女之爱、同学之爱……每一种爱都微乎其微,却感人肺腑。纵观历史,传世经典名著的一个重要主题就是人间之爱。精神分析大师弗洛姆呼吁"只有爱才能拯救人类。"③ 大学生作为人的属性,在生命发展的过程中始终不能缺失一份爱的教育。

一、爱父母,勿忘生命之源

（一）爱父母是人类生命教育的开始

爱父母,有一个最简单而又充分的理由,因为他们给了自己生命。反哺之心,人皆有之。古人尽孝爱母都付诸实践,如"庭坚性笃孝,母病弥年,昼夜视颜色,衣不解带,及亡,庐墓下,哀毁得疾几殆。"(出自《宋史》)生命教育应该从爱父母开始并得以延续。生命伊始,是父母的照顾才让幼小的自己获得新生。爱父母的生命教育从幼儿园就已经开始。新闻宣传,广告内容,诸如为父母洗脚,为父母购物等,都已经凝聚出人间大爱的理念。

---

① 黄进. 何以法大 [M]. 北京:中国人民大学出版社,2016:90.
② 《爱的教育》是由意大利作者艾得蒙多·德·亚米契斯于1886年写的一部儿童小说。这是一部日记体的小说,以一个四年级男孩安利柯的眼光,讲述了从四年级10月开学的第一天到第二年10月在校内外的所见、所闻和所感,全书共100篇文章,包括发生在安利柯身边各式各样感人的小故事,还包括亲人为他写的许多劝诫性的、具有启发意义的文章,以及老师在课堂上宣读的9则感人肺腑的每月故事。通过塑造一个个看似渺小,实则不凡的人物形象,在读者心中荡起一阵阵情感的波澜,使爱的美德永驻读者心中。
③ 吴光远,肖娟娟. 尼采——不做"好人"做强者·总序 [M]. 北京:新世界出版社,2005:3.

（二）爱父母是大学生生命教育的延伸

大学生虽然是成人，但是仍要在有限的大学时光里深刻感悟父爱和母爱的深邃，通过影视作品、文学作品和身边成功者的故事，积极总结父母对自己的无私付出，做到从细微之处来回报父母的养育之恩。歌颂父母之爱的作品常常会成为经典令人百看不厌。当前，当印度电影《摔跤吧，爸爸》搬上中国的银幕时，父爱如山的话题再次成为民众的热点话题。大学生的生命教育离不开爱父母的教育。不爱父母的大学生是可怕的大学生，弑父弑母行为都是爱的教育缺失的极端后果，更是国家民族教育的失败。只有爱父母，孝父母的大学生才会怀感恩之心完成学业，服务社会，成就未来。

（三）爱父母是检验大学生人格的依据

爱父母有助于完善大学生的人格，规避掉自杀自残和各种犯罪行为。爱父母的人会考虑父母的感受，就会在是非面前把握分寸，会更加爱自己，不做出过分的事情。有一种狭隘的教育观点认为，大学生是成人群体，正是吸取知识谋划未来的关键时期，若一味强调爱的教育就显得幼稚了。殊不知，正是这种功利主义教育观的盛行，才在很大程度上产生了不孝不义的极端事件。好多大学生，从童年开始就是学习的机器，不做家务，五谷不分，不知感恩，不知孝道，心里只有自己。这种无生命感的教育自然不会培养出社会需要的真人才。即使成为某一领域的专家达人，也会面临做人处事的危机。

所以，爱父母不是简单的说教，需要从校园文化中收集素材，通过可感可触的仪式获得身体力行、凸显生命教育的成果。当下，感动中国的事例比比皆是，高校大学生也不乏背母入学、一边学习一边赡养双亲的实例，这都是高校生命教育的范本，需要强化宣传，营造孝亲爱亲的文化氛围，歌颂永不泯灭的生命大爱。

二、爱他人，勿忘同生之谊

（一）爱他人是构建生命中和谐人际关系的基本前提

爱他人是人生命中的一份珍贵而重要的情感。对于大学生而言，越是具有爱他人的情感特质，就越会受他人的尊重和喜爱，并自觉地建立起和谐的人际关系，由此就越容易在激烈的社会竞争中获得宝贵的发展机会。相反，人生经历中，如果青年大学生处处与人为敌，时时防范他人，重一己私利，始终不能拥有踏实和睦的交际环境，自然会做人做事处处碰壁，影响自身情绪，增加磨难指数，减少成功的概率，最终事倍功半，得不偿失。

（二）爱他人是青年大学生个体身心成熟的重要标志

爱他人是人身心成熟的一个重要标志。步入高校的青年大学生已经告别依靠父母家人的少年时期，即将完成从不成熟到成熟的人生蜕变。生活空间扩宽了，从依附家庭走向了独立的校园生活；交友范围扩大了，从同班同学师长延伸到校内外的师兄师长和成功人士；专业学习明确了，从语数外全面开花走向了一枝独秀的专业知识的学习等。随之，大学生生理和心理也会发生巨大变化，从内心渴望与他人交往，并希望树立良好的社交形象，这都是大学生身心日益成熟的具体反应，是大学生自觉体验生命中情感力量的必经阶段。

（三）爱他人是青年大学生作为社会一员的基本素质

爱他人是青年大学生融入社会化进程必须要具备的基本素质。社会化就是要学会同周围的人相处，并能够通过自己的实践来优化周围的人际环境。"爱人者，人恒爱之"。爱他人并不是单方的一厢情愿，而是大学生彼此容纳和接受的姿态，只有不拒人千里之外，才可能获得团结互助，实现人生价值。而爱他人的生命教育就是提倡这种异中求同，同中有异的共处状态，由此发挥每个人的优势，迸发最大化的生命激情，从而为他人、为社会贡献应有的价值。

三、爱师长，勿忘教诲之恩

（一）爱师长是中国传统文化的精髓内容

中国素来讲究"一日为师，终身为父"之说。韩愈的《师说》直陈曰："师者，传道授业解惑者也。"尊师重道是一个国家，一个民族重视教育的标志之一。中国传统文化传承尊师之道，千百年流传着诸如"程门立雪""张良拜师"的佳话美谈。

（二）爱师长是大学生道德修身的重要体现

爱师是一个人，尤其是学识渊博者的重要修养。大学生是文化人，尊师之道者，自会循规蹈矩，规矩意识强，学习韧劲坚，有理想，有抱负，才不会出现轻师无礼的僭越行为。尊师是学生必须遵守的道行，是自身修养的体现。只有与师长和谐共处，谦卑有序，问疑解惑，才可能修养德行，提升素养，成为尊师重道的当代儒雅的青年才俊，真正在未来的社会实践中奉献才华，成为对国家对社会对人类有用的人。

（三）爱师长是大学生学业有成的重要保障

师长是一个人一定时期学业进步和自由发展的领路人。不爱师长的大学生很难获得学习的进步和专业素质的提升。从童年的启蒙教师到中学的授业恩师，从问题解惑的良师到大学的专业传道导师，可以说，一个人的生命教育历程就是一个与师为友的学习过程。师者是见证学生成长的智者，大学生更不应该缺失这一段与师相亲为友的记忆，需要通过交流讨论等方式提升自己同老师的对话指数，通过学业提升来充实生命教育的内容。

四、爱祖国，勿忘家国情怀

（一）爱祖国有助于实现大学生自身的社会价值

社会价值得以实现必然要得到国家和社会的认可。一个人社会价值的实现既要自身有专业特长，又需要外在的平台。爱祖国不仅是情感境界，而且也是实现社会价值的必要条件。富有爱国情怀的大学生有更多的机会实现社会价值。

（二）爱祖国彰显了大学生心怀国家的政治价值

世界是由国家组成的。每个人都具有国别性。政治上的国家意识转化为个人的情感就是爱国情怀。大学生群体是每个国家的高才生，无论身处何时何地，爱祖国都是优秀国民应有的政治素质。在爱祖国的实践中，运用专长，发挥优势，在崇高的爱国情怀激发下，大学生会积极选择为国服务，为国争光，在国富民强的时代气息里获得自身的存在感，在中国梦的洪流中建功立业，实现身为国民的政治价值。

(三) 爱祖国体现了大学生生命的最高价值境界

祖国是大学生最高的情感载体。爱祖国是大学生崇高情感的一个重要方面。心怀祖国的人，总是有最高的情感寄托，在崇高的情感中，生命价值观会更加坚定，目标更加明确，也就会全身心贡献自己的所学，为国做贡献，时刻体现出当代大学生的精神境界，实现自身的最高价值。

教育是"光和热的施放，是夜雨充满爱意的降临"[①]。于是，"灵魂的问题不可能只用物质的方式去解决，最终我们还是要用爱、用善、用价值来解决灵魂的危机。心善即天堂，心恶即地狱。真正的爱就是大爱、大悲悯、大情怀，用爱传递爱，便是生命的大爱。"[②] 总之，一个爱父母、爱师长、爱他人、爱祖国、爱社会、爱人类的大学生不会是一个坏人，不会是一个有害于他人的人，更不会成为社会的犯罪者。如果我们的教育只是让大学生爱分数、爱虚荣、爱自己……那么，教育该是如何的失败呢？实际上，生命教育是一个理念，更是一个具体的教育实践。生命教育要延长大学生的生命价值。在如此细化的生命教育中，高校教育工作者更容易看到教育的成果，体验教育的成功，享受教育的快乐。试问，我们的生命教育做到这些了吗？答案还有待时间的检验和历史的证明。只想对大学生高声说："让我们延长自己的生命吧：活动就是生命的主题和职责。黑夜的长度必须严格加以限制，它的一部分应该转为白天。"[③]

[①] 周国平，选编，译. 尼采读本 [M]. 北京：新世界出版社，2007：50.
[②] 高占祥，王青青. 信仰力 [M]. 北京：北京大学出版社，2012：191.
[③] [古希腊] 吕齐马斯：论生活的价值 [M]. 长春：吉林大学出版社，2004：225.

附录

**作者部分有关高校学生
工作论文若干篇**

强化"六观"意识，构建高校和谐德育模式

"十七大"关于构建和谐社会的理论是指导我们工作实践和理论探索的指导思想。"和谐"自然成为当今高校学生思想政治工作者以一贯之的核心理念。在当前构建和谐社会的大背景下，高校的德育也应是和谐德育。在构建和谐社会的大背景下，高校和谐德育模式的构建将具有不同于以往的新的科学内涵。此处所论及的高校和谐德育模式，就是指以科学发展观为指导，以社会发展和受教育者的需要为出发点，以大学生的全面发展和快乐成长为目标，以构建和谐校园为任务，在遵循受教育者身心发展规律和德育自身规律的基础上，通过调动德育内外各种积极要素的和谐互动，最终使得受教育者思想道德素质得到和谐发展的一种对话型德育模式。

如今，来自国内外复杂政治背景和多元文化的影响，各大高校都意识到加强高校德育工作的重要性、必要性和紧迫性，但如何有效地加以实施和操作，并取得高校德育工作的实效，以真正实现德育工作的目标，尚有待于德育工作者进一步研究和探索。一定程度上讲，高校和谐德育模式的建构可提供一种高校德育工作者实践理念和运行方法。这就需要我们在高校和谐德育模式的构建中不断强化如下"六观"，以在科学理论的指导下，切实地将和谐德育思想落实到实处，落实到细处。

（一）高校和谐德育模式的构建要有多重目标的统一观

首先，从时间层面讲，要注重长远性目标与近期性目标的统一。近期性目标是指学业有成，长远性目标是指成为对社会与他人有用的人。其次，从发展层面讲，要注重群体性目标和个人性目标的统一。在传统高校德育观念中，在一味强调人的社会价值之时，一定程度上也就湮没了作为大学生个体的自我性和独立性。而大学生的发展问题最终还是要落实到每一个

个体上。若一味片面追求社会发展而忽略个性发展，势必导致顾此失彼的片面性，从而使个体发展远远落后于社会发展。受教育者个性的泯灭更无益于高校德育的教育宗旨，尤其是在价值多元的现代社会，个性自我应在合理的利益需求范围内实现同群体性目标的有效对接。而"象牙塔"内的大学生自身也在同社会交流对话的过程中，不断强化着走进社会融入社会并实现自我价值的良好愿望。这种自我价值与社会价值相融合的迫切性，促使我们通过各种交流平台，因势利导地将大学生个人性发展目标的需要同群体性的发展目标相融合，以真正培养出德才兼备的社会主义新人。再次，从境界层面讲，要注重先进性目标和普遍性目标的统一。先进性目标即指共产主义道德建设的基本内容，包括毫不利己，专门利人，公而忘私，勇于献身，全心全意为人民服务。这是对先进分子的要求，是一种"雷锋式"的要求，也是一种"圣人式"的期望。显然，在高校德育实践中，这种要求和期望不可能面向所有人。我们可有针对性地在具有共产主义思想觉悟的党团员学生中开展。而"人人为我，我为人人"是普遍性的要求，是人人均可做到的，是做人的基本准则，也是人类道德的底线。那种只求"人不为己，天诛地灭"的狭隘道德观，需要在高校校园内不断地通过师者的言行和舆论的导向予以坚决地抵制。在正确引导的基础上，教育大学生扬善除恶，结合社会主义荣辱观开展"八荣八耻"教育，从而弘扬正气，树立道德新风，以正气压倒邪气，用真诚感化虚伪，使得大学生积极履行最基本的做人准则，走出自私的极端个人主义，成为高尚道德先锋者和表率者。

（二）高校和谐德育模式的构建要有对话思维的共存观

首先，要否定一元的"非此即彼"思维惯式。毫无疑问，我们的工作不可能脱离实际生活，也不可能游离出政治话语，但若以某一方面为极致、为标尺，并发展到极端的程度，就不可避免地陷入"非此即彼"式的一元论泥淖。的确，我们已习惯了"独言堂"似的教育方式，老师讲，学生听。新时期的文化格局呼唤平等自由并且更加人性化的德育氛围。由于对话的引入，几十年来教育领域坚固异常的惟一论、独断论思维模式，非此即彼的二极对立斗争逻辑，机械唯物论和庸俗社会学及形而上学教条主义等已受到了严重的冲击。正是"对话"这种新方法新思维使我们对"天经地义"、"永世长存"的思维方式发生了怀疑（这种否定和批判的精神正是马克思主义的精髓），使我们在众多的引进之后开始了比较和鉴别，从而思考"五四"以来中国文化的断裂和人文主义的式微。更重要的是，新方法论的输入与讨论，给僵化封闭的、以一贯之的中国德育界，带来了一次多元选择的历史契机和展开创新实践的现实可能性。其二，肯定二元的"亦此亦彼"思维方式。顾名思义，对话首先要承认共存，主张平等。既然一元的"非此即彼"不是探讨真理的思维方法，那么二元的"亦此亦彼"可作为理论探索的有益尝试。我们德育工作的对话强调在时代变幻中的精神对话，即师生之间、学生之间存在的诸多个性化的心灵世界。对话所肯定的二元的"亦此亦彼"意在明确——人不仅仅生活在物质的世界里，也要徜徉在精神的家园里。德育应区分出新/旧、理性/感性、精神/物质，对/错，传统/现代中的利弊得失，从中获得有关开展德育工作的对立话语，以更有说服力地引导大学生择其优，避其害，求得精神境界的澄明。虽不免有二元对立思维模式之嫌，但其目的在于从中寻求开展对话的投射体，不是以新代旧，也不是以旧补新，而是允许二者并存，并且在新的理论范式中寻觅青年大学生精神家园的理想栖居。这正是一种多元化时代背景下不可或缺的理论胸襟。这样，对学生来说，学习不再是被动的接受，而是发生在对话与合作之中的知识生成。最终，推崇多元的"互动共存"思维方式。新世纪的文化景观要求理论不仅是二元并存，更要求的是多元共生。思想上的"一"或"二"，都不是适应时代发展的理想模式。在多元文化基础上发展起来的"互动共存"的思维方式，是建立新时期德育话语的稳固基点之一，是我们在"对话"视野中进行的思维方式革命。因为，这种对话的综合倾向，不仅包容二元，也能融合多元，是在对话过程中异处求同，同处求异，展示出开放式的德育工作态势。

（三）高校和谐德育模式的构建要有内容层面的转化观

第一，由显性内容向隐性内容的转化。第二，由静态内容向动态内容的转化。即将德育教育内容由以往固守书斋的课堂教学转向校园外的公益活动与社会实践。前者由于其书生气和说教性，往往不易为学生所接受。后者因其开放性和体验性，往往起到事半功倍的德育效果。第三，由历史内容向时代内容的转化。现阶段，人们的生活方式、思维习惯和价值观念日趋个性化，思想活动、行为习惯具有明显的个性特征和复杂的层次性。当代大学生思想发展的特点和阶段性，决定了高校德育必须具有时代性和针对性。在遵循教材内容的理论知识之外，更要根据时代发展需要、社会变迁实际和学生思想状况，精心设置德育的内容体系，以将学生最关心的问题、最困惑的情感和最迷茫的思绪，给予最圆满、最科学、最有效的解决，将许多显性问题消解在萌芽状态之中。这主要涵盖了政治导向、时代主题、理性精神、感性情感、受挫能力和传统文化几个大的方面。

（四）高校和谐德育模式的构建要有教学方法的创新观

毋庸置疑，当代政治经济文化背景使得我们不得不思考当代中国德育走向问题，创新是当代中国很时髦的一个词。可创新不是对西学的移植和依恋，更不是对传统的延续和重复，而是立足于与中国当今的"既定现实"和"既定国情"，提出具有建设性和实践性的理论和思想。尤其是中共中央出台了一系列诸如《中共中央国务院关于进一步加强和改进大学生思想政治教育的意见》（2004年8月）、《中共中央宣传部、教育部关于进一步加强和改进高等学校思想政治理论课的意见》（2005年）和《中共中央宣传部、教育部关于进一步加强和改进高等学校思想政治理论课的意见的实施方案》（2005年）等文件，更是将大学生的思想政治教育工作放到了至关重要的位置上，其实践性意义和现实价值不言而喻。正如《中共中央国务院关于进一步加强和改进大学生思想政治教育的意见》所指出的那样："面对新形势、新情况，大学生思想政治教育工作还不够适应，存在不少薄弱环节。加强和改进大学生思想政治教育是一项极为紧迫的重要任务。"尤其是在党中央提出构建和谐社会的今天，德育工作者也应该适时地调整自己的德育方法，与教育客体形成和谐的德育关系。重视客体自我概念的形成，满足其自尊的需要，是德育工作必须关注的内容，也是构建和谐的德育模式的关键。这就要在教学过程中，重视德育工作者与学生的对话，行政管理者与学生的对话以及学生与学生的对话。

（五）高校和谐德育模式的构建要有师生关系的互动观

德育过程主要是教师与学生之间、学生与学生之间的多元互动过程，其互动的效果决定了学生思想品德发展的水平，而师生互动的效果则是由师生关系和谐程度决定的。和谐融洽的师生关系不仅是有效进行教育活动、完成教育任务的重要条件，而且本身也是一种重要的教育力量。在德育活动中，教师与学生如果能够平等相处，诚恳相待，学生人格就会得到尊重，个性潜能就能得以展示；教师的高尚道德情操、优良个性品质就能够潜移默化地影响和感染学生。德育创新要做到贴近实际、贴近生活、贴近群众，就必须讲究渗透性，要以潜移默化、"润物细无声"的方式在教育和宣传中发挥作用。这就决定了每一位德育工作者必须都要清楚地知道与学生交流什么，什么是学生最关心的问题，最终通过对话交流预计达到何种效果等。师生营造的合力效应将是德育取得实效的情感基石。对于德育工作者而言，强调言与行的和谐。对于受教育者而言，强调身心与发展的和谐。否则，德育工作就失去了存在的意义。

（六）高校和谐德育模式的构建要有三维环境的综合观

"三维环境的综合观"，即侧重于和谐的校园文化环境、和谐的公寓生活环境、和谐的班级学习环境的有机统一。第一，和谐的校园文化环境。学校必须努力营造和谐的校内德育环境，包括自然环境、校园文化环境、专业建设环境、师生人际环境等，并结合实际创设有利于学生思想道德建设的"绿色平台"，在事关学生发展的各种活动中，确定科学、公平、合理的竞争机制，力求在一个公正的道德天平上丈量充满个性差异的受教育者。第二，和谐的公寓生活环境。学生党团组织应建到学生生活其中的各个公寓，以使学生德育工作走进人的心灵，时刻加强公寓党团建设。在学校公寓建立学生党团组织，可以充分发挥这些组织团结人、凝聚人的积极作用，从而使党团组织成为德育工作进公寓的一个重要组织保证。为此，需要我们积极探索在高校学生公寓建立学生党团组织的新形式，逐步扩大其覆盖面和辐射力，成为高校全员德育新体系工作中德育效力的一个重要生发点。第三，和谐的班级学习环境。学风建设是衡量一所学校办学思想、教育质量和管理水平的重要指标，培养优良学风既是推进素质教育的客观要求，也是保证教学质量的前提。为此，在高校中，需要有效地加强班风建设，不断完善和加强优良学风班的评比工作，以争创优良学风班为重点，以班风促学风营造健康向上的校园文化，鼓励班级争当"勤学班"、"美德班"、"律己班"，鼓励学生自觉地参与到学风建设的各项工作中来，在参与过程中认识自我、完善自我、提升自我。在各种活动的开展过程中，无形中营造了良好的校园文化氛围，从而对每个大学生产生潜移默化的影响，既弘扬了热爱学习顽强拼搏的上进之风，又进一步强化了学风建设，带动了整个高校德育工作的顺利开展。"三位一体"的环境整体彼此相互联系，互为补充，互动合作，以其各自不同的特点和优势影响着高校德育的成效，营造着高校和谐的德育环境。

总之，在党中央对构建社会主义和谐社会的基本要求中，在党的"十七大"精神中，都始终彰显着一个重要主题——和谐社会的建立离不开和谐发展的人才。对于培养优秀人才的各大高校，如何在构建和谐德育模式的过程中，将"六观"转化为行动生产力并产生和谐育人的辐射力，将是这个时代赋予我们每一位教育工作者的思考课题。无疑，"六观"意识是我们构建高校和谐德育模式不可或缺的思想认识资源。如果说构建和谐德育模式既是改进高校思想政治工作的崭新思路，也是培养全面和谐发展人才的目标要求和建设社会主义和谐社会的内在要求的话，那么"六观"意识则是构建高校和谐德育模式的一个重要的思想要求。和谐社会的建立离不开和谐发展的育人观念。因为，只有在实际工作中不断强化"六观"意识，才可能更加有利于加强和改进高校的德育工作，也有利于培养全面和谐发展的人才，最终有利于社会主义和谐社会的建立。

（此文发表于《思想政治工作研究》2008年第六期。）

论高校大学生情商教育的基本途径

摘　要　情商教育在大学生的德育工作中起着越来越重要的作用。在高校学生工作中,需要每一个德育工作者积极探索开展情商教育的各种有效路径。在学生工作队伍建设中,不断强化高校辅导员班主任的平衡意识,注重智商与情商的协调发展,不断提高学生辅导员的亲和力。在校园文化建设过程中,积极开展各种有意义的情境化教育活动,注重个案分析与理论调研相结合,不断提高学生的情商力。在学生干部的培养中,侧重综合素质的多维考察,注重知识结构与健康心理的有机统一,不断提高学生干部的影响力。在专业课教师的教学中,努力渗透情商类教育内容,注重理论说讲与社会实践的有效契合,不断提高课堂教学的作用力。在学生就业工作中,最大程度地缓解各种压力,注重拓宽就业渠道和搜集就业信息,不断提高毕业生的就业率。在高校范围内,建立心理咨询和指导机构,及时解决情商养成过程中的问题,不断化解各种因素对大学生的负面影响。在教学改革工作中,不断开发情商教育课程,丰富情商教育内容,积极发挥课堂的教学优势。

关键词　高校；大学生；情商教育；基本途径

据考察,情商是由美国耶鲁大学彼得·萨洛维和新罕布什尔大学约翰·梅耶教授在1990年提出的,是指"个体监控自己及他人的情绪和情感,并识别、利用这些信息指导自己的思想和行为的能力。"美国心理学家丹尼尔·戈尔曼在其著作《情商》中认为,情商包括五种能力,在此可简单地概括为自控力、疏导力、耐挫力和人际关系的处理能力,以及通过情绪的自我调节不断提高生存质量的能力。所以,从学理上来看,情商是相对于智商而提出的一个心理学术语。智商（Intelligence Quotient,简写成

IQ）是用以表示智力水平的工具，也是测量智力水平常用的方法，智商的高低反映着智力水平的高低。情商（Emotional Quotient，简写成 EQ），是表示一个人控制自己情绪、承受外界压力、适应环境的能力，情商的高低反映着情感品质的差异。"社会需要很多人才，但无论哪个专业的人才都应具有高情商。对于即将面临市场挑选和就业竞争的大学生来说，他们需要的决不仅仅是就业竞争中所必须具备的知识和技能，而且还需要有足够的社会交往和适应能力。现实大学生中存在着的一些问题已经引起了人们的极大忧虑。针对学校教育中存在着的问题，加强大学生的情商教育，提高他们的情商水平，是当前高校一项刻不容缓的重要任务。"[1]47 在传统的高校德育工作中，往往是知识积累的智商性教育趋于主导作用，而相对忽视了作为个体的大学生非智商教育的情商能力教育，一定程度上对学生未来发展产生了不良影响。为此，大学生的情商教育自然地成为高校不可忽视的重要德育内容之一。同时，为了真正的实现人的全面发展，为了真正地将高校德育工作落到实处，为祖国培养更加优秀的人才，需要在大学生的情商教育方面探索新途径，以期实现智商与情商的双赢。

一、在学生工作队伍建设中，不断强化高校辅导员的平衡意识，注重智商与情商的协调发展，不断提高学生辅导员的亲和力

作为工作在高校第一线的辅导员，他们大多都能从理论上意识到情商教育对于自身学生工作的重要性，能够在本职工作中积极强调辅导员的育人职责，认识到大学辅导员的主要任务是育人，就是"根据大学生的特点进行思想教育和班级管理，引导他们把学习科学文化与加强思想修养统一起来，把学习书本知识与投身社会实践统一起来，把实现自身价值与服务社会发展统一起来，帮助他们提高学习、组织、管理、交往及工作能力。换言之就是教育他们如何做人、如何做事、如何做学问。要实现这三个'如何做'的目标，对于学生来说，仅仅有高智商是不可能达到的，还必须有高的情商。"[2]28 在大学学习的特定时期，大学生情商水平的提高很大程度上取决于朝夕相处的专职辅导员。辅导员的工作作风、为人处世态度、核心价值观的外在表现等，都会在无形中影响大学生的言行取向与心理波动。所以，只有

充分提高辅导员自身情商素养，才可能发挥其对大学生的榜样引导作用。俗话说得好，言教不如身教。为人师表的教师，其严于律己、诚实正直、言行如一的高尚品德，丰富而健康的情感，以及广泛的兴趣爱好等情商素质表现，都会对学生良好情商的养成起到定向的引导作用和积极的促进作用。

二、在校园文化建设过程中，积极开展各种有意义的情境化教育活动，注重个案分析与理论调研相结合，不断提高学生的情商力

在美好的大学阶段，积极开展各种有意义的情境化教育活动，离不开生活趣味与科学认知的有效结合，离不开现实个案的理性分析与情境化解读。任何一种富有生活内涵与理性认知的实践课都可能有效地树立学生的实践观念，培养分析解决实际问题的能力，提高自我情绪控制、合作精神、受挫承受能力等情商素养。诸如，一次来自生活现实的身边故事、一场源自身边的情感困惑讨论、一种面对生活各种压力的心理倾诉、一份针对挫折所做的理性剖析等，都可以在高校创造更多的条件和机会让大学生充分参与社会实践活动，这一方面有助于大学生体验生活、锻炼意志、调整心态，更好地走向和适应社会，另一方面也在一定程度上满足大学生乐观向上、注重情感、追求真善美的心理需要，从而在生活四载的大学校园中汲取到更多的文化营养，使得学生个体的抗挫力和发展力得到显著的增强。

三、在学生干部的培养中，侧重综合素质的多维考察，注重知识结构与健康心理的有机统一，不断提高学生干部的影响力

学生干部是辅导员整体工作中一支重要的力量。优秀学生干部的选拔可以使得高校学生工作事半功倍，效果突出。因为学生干部的宣传力、号召力在青春年少的大学生群体中更容易产生共鸣，其积极作用是不可忽视的。鉴于学生干部的重要性作用，高校辅导员在选取学生干部时，需要设置科学的选拔机制与考核机制，既要重视各种形式要件的硬指标，又要重视健康心理与乐观处事等内在素质的软条件，以真正让那些德才兼备、素质能力俱佳的学生成为辅导员的得力助手，成为高校德育工作中的优秀分子，并通过他们的良好言行与正面影响力，在学生群体中产生良性的辐射

效应，在大学生中形成优良的班风、严谨的学风，为大学生情感教育的积极开展营造和谐的氛围。

四、在专业课教师的教学中，努力渗透情商类教育内容，注重理论说讲与社会实践的有效契合，不断提高课堂教学的作用力

专业课教师的教学工作是大学生情商培养中至关重要的一环。这不仅仅在于其专业知识的储备和学识的渊博程度，更重要的是情商类教育内容的艺术性渗透技巧。这表现在教育内容、教育形式方法等的创新之中。毋庸置疑，作为专业课教师，需要努力在课程设置和教育形式上加大改革力度，始终在课堂上洋溢着自尊自强自爱、关爱他人、善待他人、公平竞争、平等交流、敢于面对挫折的良性教育氛围，从而让积极的情商内容走进教学课堂。同时，应适时穿插进不同形式的教育方法，如案例分析、专题讨论、辩论、情景模拟教学等形式，以培养学生的适应能力、情绪认知和控制能力、人际交往能力等，不断增强学生智商之外的情商能力分值。同时，教师对学生的尊重、关心、鼓励、肯定、理解和信任，会使学生感知人与人之间的美好，并产生"模仿"意向。因此，教师需要通过各种途径积极加强自身修养，并在教学过程中采取行之有效的教学手段和方法，影响、渗透并培养学生良好的情商。

五、在学生就业工作中，最大程度地缓解各种压力，注重拓宽就业渠道和搜集就业信息，不断提高毕业生的就业率

戈尔曼的大量调查发现，决定一个人成功与否的因素，仅有15%取决于智力因素，而85%取决于非智力因素。美国著名教育家、企业家卡耐基说："一个人的成功，只有15%是靠他学得的知识和技术，85%是靠他做人做事的方法和能力。"而据教育部的相关统计表明，2008年全国普通高校毕业生有559万人，2009年更是高达611万人，就业工作任务更为艰巨。由于升学与就业的压力，我国很多的家庭、学校历来都非常注重孩子智商的开发，却往往忽视对孩子未来的发展起着潜在影响的情商的培育，而与智商教育不同，"情商教育可以帮助学生填补情感和社会技能的不足，使学生面对现代社会的压力，学会做人，学会学习，学会竞争。"[3]107因此，

面临当今严峻的就业形势，加强对大学生的情商教育，提高大学生的综合素质，不断缓解各方面的压力，已成为高校教育亟需解决的一个课题，尤其是涉及到学生未来归宿与发展的就业问题上，更需要学校多方挖掘就业信息，全力开拓就业通途，让学生看到希望，让学生学会感恩，学会奉献，学会工作，从而在高情商的内在储备中赢得社会的认可和自我的满足，真正为国家与社会作出应有的贡献，实现自身的价值与抱负，不辜负国家的培养。

六、在高校范围内，建立心理咨询和指导机构，及时解决情商养成过程中的问题，不断化解各种因素对大学生的负面影响

现阶段，由于各种干扰因素的影响，大学生情商问题的出现也正引起各界的关注。面对各种大学生的情商事件，需要高校德育工作者在理论上和实践上作出积极的回应。为此，在实践层面，高校要切实重视大学生心理健康教育，加大心理教育与辅导的师资强度与介入力度，在建立健全心理健康教育机构和体制过程中，为心理健康教育提供有力的组织保障。在师资队伍建设中，大力加强大学生心理健康教育工作队伍建设，适度配备心理学方面专职教师，并定期和非定期地对从事学生思想政治工作的辅导员、班主任及学生干部开展心理健康方面的业务培训，不断提高对学生心理问题的鉴别能力，在尊重学生人格，保护学生利益的基础上积极采取有效干预措施，及时制定应对策略和解决大学生的心理障碍、情绪调节和干预失控以及人际关系处理不当等问题，做好大学生情商教育中的问题处理工作，不断化解各种因素对大学生的负面影响。

七、在教学改革工作中，不断开发情商教育课程，丰富情商教育内容，积极发挥课堂的教学优势

情商教育内容的丰富性，这些内容同时也比较杂乱，比较难于把握，很难用单一的项目包罗如此广博的内容，鉴于此，需要学校深入分析和讨论本校情商教育的内容，只有经过充分酝酿的内容才能做到既贴合实际，又便于操作。一般地说，情商培育的内容需要多个项目或活动来实现，因

为一个项目或活动只能涉及有限的情商内容，学校需要做的是确定到底涉及情商的哪些内容，通过什么形式达到教育的目的，情商教育的成本如何等。根据我们的研究，尽管各个大学的情况互不相同，情商教育的内容和方式也不尽相同，但是，至少应该在大学生的心态教育、吃苦耐劳、挫折教育以及团队意识教育等几个方面做好学生的情商培育。

总而言之，情商教育是一个长期的工作，不是一蹴而就的事情。这就需要身为高校的德育工作者的我们，在实践工作中潜心研究情商的相关内容，根据不同阶段大学生的不同特点，能够因材施教地开展积极有效的教育和引导工作，以期通过各种形象化的培训、训练和讨论活动，培养学生适应社会的沟通交往能力和自身的宽容、关爱他人、团队合作、责任意识及抗挫力等优秀的情商品质，使得当代大学生真正成为国家需要的栋梁之才，实现高校思想政治工作的最终目标。

参考文献

[1] 董宇艳. 关注"情商"对大学生成才的影响 [J]. 中国高等教育, 2004, (12).

[2] 雷体翠, 杨元妍. 转变班主任工作理念 注重大学生情商教育与开发 [J]. 教书育人, 2006, (5).

[3] 冯翠茹, 韩艳玲. 浅析辅导员工作中的情商教育 [J]. 河北建筑科技学院学报（社科版）, 2005, (2).

（此文发表于《中国法学教育研究》2009年第二期。）

尊重差异　优势互补
积极探索国防生教育的新途径

——论国防生教育在大学生思想政治教育中的优势互补问题

内容提要　国防生具有个人身份的双重性、价值观念的主流性、素质要求的政治性、就业去向的稳定性、教学内容的特殊性、生活经费的保障性、培养机构的联合性等不同于普通大学生的主要特点，需要在大学生思想政治教育中努力从多元模式并存、优化培养机制，发挥榜样作用树立模范形象，搭建对话平台，强化自我认知等几个方面不断积极探索国防生与非国防生优势互补的基本路径，实现高校国防生教育与大学生思想政治教育的有机融合，为我国的国防生教育事业做出应有的贡献。

关键词　国防生教育；大学生思想政治教育；优势互补

21世纪，随着我国部队建设与发展的现实需要，由军队依托地方普通高校（以下简称高校）从参加全国高校统一招生考试的普通中学应届高中毕业生中招收培养的青年学生——国防生，成为不断充实我国部队干部的一支重要而新鲜的输入渠道。教育部、人事部和解放军总参谋部、总政治部、总后勤部、总装备部联合颁发的《国防生教育管理规定》（以下简称《规定》）即是围绕全面提高国防生培养质量，加速推进军队人才战略工程而制定的一部重要法规文件。《规定》以科学发展观为指导，对国防生学籍管理、军政训练、日常教育管理、违约淘汰处理、国防奖学金管理等方面作了系统规范，为军地合力抓好新形势下国防生培养工作提供了政策依据。此《规定》在总则中指出了国防生教育的产生背景，即"为适应军队现代化建设需要，提高国防生培养素质，加速推进人才战略工程"。而国防生就是指军队根据生长干部需要，依托普通高等学校培养、享受国防生奖学金、毕业后定向分配到军队工作的地方大学生。国防生教育的目标在于"遵循普通高等教育规律，着眼军事人才培养需要，打牢适应毕业生需要的素质基础。"可以说，在我国依托普通高校培养的国防生，经过10年探索实践，已成为军队干部的重要来源。

中国政法大学于2005年开始招收第一批国防生。国防生教育工作做得如何，直接关系到军队干部队伍整体素质，关系到军队建设转型和军事斗争准备的战略大局。这就需要高校学工干部针对国防生与非国防生的差异特点展开有效的高校思想政治工作，并在实践中积极探索国防生教育在大学生思想政治教育中的优势互补问题。

一、国防生不同于普通大学生的主要特点

中国人民解放军国防生教育既有普通高等教育的一般特征，又有其自身的特点和优势，其目的是将国防生培养成为既有扎实的科学理论功底，又有较强的纪律修养的高素质的军事人才。所以有必要厘清国防生区别于非国防生的主要特点和优势，以积极发挥国防生教育在大学生思想政治教育中优势互补的良性作用。

（1）个人身份的双重性。国防生是高校学生中的一个特殊群体，是指根据军队建设需要，由军队依托普通高等院校招收培养的青年学生，他们既是大学生，又是后备军官；既要在大学4年内完成规定的专业知识学习，又要承担相应的军政训练任务。国防生具有普通大学生和未来军官的双重身份。国防生双重身份的特点决定了在日常行为方面比普通大学生有更高的要求。这表现为国防生既要参加军队组织的军政训练、军营实践、升旗仪式等活动，又要按照普通高校大学生的相关要求规范自己。因此，他们一方面要掌握扎实的科学文化知识，另一方面要具备较好的军政素质，成为新时期携笔从戎、献身国防的优秀军官。这就是国防生区别于其他普通大学生之关键所在。

（2）价值观念的主流性。在一个社会的价值观体系中，各种价值观念

在人们认知取向中的地位各不相同，有些价值观处于主导主流地位，有些价值观处于从属和边缘地位，尤其是在价值多元的时代里，面临大众文化的各种影响，大学生价值观的选择层面也是日益多元化。但是，对于国防生而言，一元化的主流价值观引导是毋庸置疑的时代要求。从承担保家卫国这一光荣使命的时候起，国防生就已经在价值观念方面具有了主流性特征。各种非主流的文化侵袭，各种有悖于社会主义核心价值观的生活方式、行为准则都是国防生力求规避和批判的。对于社会主义主流意识形态的认同和坚守将伴随整个国防生教育工作的始终。

(3) 素质要求的政治性。不同于普通大学生，国防生教育的第一要义就是讲政治。国防生作为未来部队军官，将来要领兵打仗、担当大任，首先必须具有坚定的政治立场、正确的政治观念和敏锐的政治鉴别力，能经得起各种复杂情况的考验，切实做到政治合格。政治合格，是培养合格人才的首要标志，也是衡量国防生培养质量高低的最高标准。国防生教育和普通的大学生教育既有共同的方面，又有其自身的特殊性，这种特殊性在政治上表现为先进性。这就需要高校思想政治工作者要把党的路线、方针、政策贯穿于整个国防生教育的始终。始终让国防生牢固树立党对军队绝对领导的观念，保证枪杆子永远掌握在忠于党的可靠的人手里，保持人民军队的性质永远不变。国防生与军校学员一样，将成为部队建设的骨干，国防生在政治上是否合格，是否忠于党、忠于人民、忠于社会主义，直接关系到国家的安全与稳定。

(4) 就业去向的稳定性。《规定》第13条指出，国防生毕业分配，由总政治部干部部拟制分配计划，军区级单位政治部干部部驻校选培办根据分配计划、培养目标和军队人才需要，结合学生综合表现和本人志愿，合理确定分配去向和岗位。高校应当积极配合，协助做好国防生毕业分配工作。大学生毕业不包分配、面向市场、双向选择、自主择业，去向千差万别。而国防生毕业时经院校和选培办综合考评合格者，按照《国防生协议书》定向分配到军队工作。分配去向按照专业对口、人尽其才的原则合理确定，在满足军队工作需要的前提下，尽可能兼顾本人的实际情况和意愿。国防生毕业后，主要补充到部队专业技术岗位，部分符合指挥干部基本要求的，可补充到指挥岗位任职。这不仅减轻了高校承担的就业工作压力，也减轻了国防生的就业焦虑程度。稳定的就业去向成为大多数国防生为之骄傲和自豪的学习动力。

（5）教学内容的特殊性。军队依托普通高校培养后备军官的四种模式（招收国防定向生、在校选拔国防生、军地联合培养、直接接收毕业生），导致了国防生来源、学历水平、年龄结构等方面的多层次性和广泛性，也决定了国防生教育内容的多层次性和教育方式、方法的多样化。这就要求国防生教育要因材施教，以培养不同层次、不同类型的军事领导人才和军事指挥技术人才。国防生在完成与本校同期入学学生相同课程学习的同时，还要接受体现良好组织纪律观念和军人作风的军事训练（包括军政理论课、日常训练和假期集中训练）。军政训练纳入高校教学内容，作为国防生必修课或者选修课计算学分。国防生军政训练成绩记入学生成绩档案，毕业时应当达到规定的标准和要求。而实施此教学内容的目的就在于使国防生不断掌握新时期军队建设的重要思想，了解人民军队的性质、宗旨和光荣传统，始终树立热爱人民军队、献身国防的思想，初步掌握一定的军事理论基础知识和技能，初步掌握现代军事高技术知识，掌握军事体育和军人心理学的基本知识，从而具备基本的军人素质和军官素养，为培养合格军官奠定坚实的基础。

（6）生活经费的保障性。国防生在校期间享受军队提供的国防奖学金，国防奖学金是为了鼓励和资助志愿从事国防事业的普通高等学校在校学生而设立的国家义务性奖学金，从普通中学应届高中毕业生中招收的国防生和从高等学校在校生中选拔的国防生均可享受。被录取的国防生申领国防奖学金须与高校、军队驻高校的后备军官选拔培训工作办公室签订《国防奖学金协议书》。国防生享受国防奖学金，不影响该学生享受所在高校其他非义务性奖学会。国防生违约，也要根据协议承担相应违约责任。没有生存压力是有别于普通大学生的一个明显特点。

（7）培养机构的联合性。《规定》明确指出了国防生教育培养机构的联合性特点，即"国防生教育管理由高校负主要责任，军队驻普通高校后备军官选拔培训工作办公室（以下简称驻校选培办）协助。高校成立由校领导负责的领导小组，领导、协调本校有关部门、院系和驻校选培办，组织开展国防生教育管理工作。国防生教育管理工作，纳入高校整体建设发展规划，作为高校评估的主要内容"。

二、国防生教育在大学生思想政治教育中优势互补的基本路径

对于高校思想政治工作而言，一方面按照《规定》精神注重遵循普通高等教育规律，教育、训练、管理等政策设计不影响高校正常教学，保证国防生接受正规的大学教育。另一方面又要注重体现军事人才培养需求，把军政训练纳入高校教学内容，突出政治素质、指挥能力和体能训练，突出军人意识、军人作风、军人气质养成，使国防生具备应有的"军味"和"兵味"。同时注重解决现实矛盾问题，从培养军队干部需要出发，对国防生提出特殊要求，逐项填补政策空白。注重吸纳军地新鲜经验，通过集中训练成立模拟连排班、军政理论课邀请军队院校协助、单独设立国防生党支部等工作方法来使国防生的军人教育理念具体化、实效化、科学化。

（一）多元模式并存，优化培养机制

（1）学长制的辅导模式。为了引导一年级国防生尽快适应校园生活和军政训练，树立科技报国、献身国防的思想意识。我院自2006年起，开始在国防生中实施了学长制辅导制度。"学长制"是指从高年级国防生中选拔优秀国防生担任低年级国防生的骨干，协助选培办服务、管理、教育低年级国防生。"学长制"是国防生管理体系中的重要辅助力量，是国防生工作体制的一大创新，有利于国防生教育和管理工作的顺利开展，增强了国防生自我教育、自我管理、自我服务、自我发展的能力；同时，也丰富了高年级国防生的工作经历，提高了他们发现问题、解决问题的能力，开阔了视野，对于全面提高国防生的综合素质具有重要意义。

（2）双线路的服务模式。国防生一方面有部队提供的各项福利待遇和军事训练生活，另一方面还可以从高校辅导员的工作中获得学习态度和思想政治方面的有效引导，在部队与高校这一双线路的服务模式中既可以避免除掉学业成绩相对薄弱的不足，又可以发挥国防生的身体优势和军人作风，

一定程度上实现了优势互补的实效。

（3）集中化的管理模式。采取相对集中式的管理模式，即按年级、按学院、按专业相对集中居住，学习、生活与普通班学生在一起，这种模式既有利于国防生和地方生在学习方面进行交流、相互影响，也有利于国防生在日常生活中实施半军事化的管理和开展军政训练活动，为日常管理提供了良好的环境和条件。就学籍管理而言，在确认国防生资格后，高校予以单独注册，档案单独管理，驻校选培办登记备案。每学期开学，国防生应当按时到高校注册，到驻校选培办报到。军地院校联合培养的国防生，在高校学习期间，由高校按照国防生的要求进行学籍管理；转入军队院校学习后，办理入伍手续，按照军队院校学员对待，毕业时学历、学位证书由高校和军队院校联合颁发。

（4）军事化的教育模式。由于国防生特有的准军人身份，高校所负载的军事化教育模式必不可少。从日常的军政训练到生活中的言谈举止都要从军事化的角度来审视和评价。这既需要选陪办改革工作方式，又需要国防生辅导员不断增强军事理论水平和个人的军事涵养，从而在从教学内容设置、学习态度引导到思想政治教育取向等方面融入军味、军姿和军态，日益提升整个国防生队伍的军人素质，展示国防生的军人风貌。

（二）发挥榜样作用，树立模范形象

要使国防生的品牌形象和影响力感召越来越多的在校学生，就要关爱和带好国防生这支队伍，时刻用先进性引领国防生教育的发展路径，注重发现身边的典型，将优秀的国防生党员安排到模拟营、连干部的位置进行培养、锻炼，使他们的工作热情、责任心和才智得到充分释放，让国防生成为普通大学生争相效摹追捧的先进性偶像。这需要从如下几个方面入手：

（1）注重学风建设。在学风建设方面，国防生应以追求卓越、追求完美的精神，认真对待自己的专业课程，刻苦钻研，力求做到"在观察中学习，在讨论中学习，在实践中学习，在交流中学习"，积极主动地探索适合自己的学习方法，有计划有目的地完成学校的学习任务，自觉形成国防生群体特有的学习氛围，努力在"帮、追、赶"中追求卓越，在互相鼓励、支持、帮助中实现整体学习成绩的新飞跃，从而不仅成为学校的纪律标兵，而且还要使国防生成为学校学风建设的旗帜。这与部队中的"互帮、互学、互管"的理念也是不谋而合的。

（2）培养政治素养。要使国防生作为一名准军官，牢固树立"党指挥枪杆子"的政治思想，不断加强国防生党团建设，努力提高国防生中的党员比例。国防生的军人使命要求国防生始终要树立献身国防事业的远大理想，具有强烈的责任意识、荣誉意识、追求卓越意识，努力把自己培养成为一名适应时代需要的优秀军官。同时，高校需要积极开展培育当代革命军人核心价值观教育活动，将其作为国防生思想政治建设的基础性工作，坚持理论灌输与行动引导相结合，主题教育与毕业教育相结合，专题教育与配合活动相结合，进一步坚定国防生携笔从戎、献身国防、从军报国的决心和信心。

（3）注重仪容仪表。在许多高校，国防生的军姿军貌堪称校园闪亮的一景。统一的军装、嘹亮的口号、整齐的步伐、整洁的内务、昂扬的斗志、严明的纪律无不令人侧目，他们已成为校园里一道靓丽的风景线。良好的仪容仪表能够展现国防生积极向上的精神风貌。这些独特的外在形象优势对于部分追求时尚、注重消费、不拘小节的普通大学生而言，显然是可触可感也可以模仿学习的典范，并且会在外在感化中获得内心心灵世界的升华，无疑是一笔宝贵的精神财富。

（4）加强内务示范。大学生宿舍文化是展现青年精神状态的一个重要方面。在日常学生工作中，可适当地设立一个示范点，积极开展"创建文明中队、文明班级、文明宿舍，做文明国防生"活动，用军队的《内务条令》来规范内务秩序，使之成为大学内务卫生的示范点。这不仅可以使普通大学生在内务中有可以学习的榜样，还可以无形中树立起国防生在普通大学生中的良好形象，为国防生与非国防生的深入交流提供了可以对话的参照话语，为进一步丰富校园文化提供了一个稳固的支点。

（5）营造军体文化。国防生在大学学习的四年时间里，除了要掌握过硬的专业知识外，还要具备基本的军人素质，为其成为新型军事人才打牢基础。新型军事人才的素质要求是什么、怎么样培养他们的军人素质，相对高校而言，驻校选培办在处理这些问题上具有优势。因而，选培办要发挥与部队联系广泛、关系顺畅的优势，发挥部队在抓思想政治工作方面的长处，通过组织国防生参观学习、邀请典型现身说法、广泛开展军体文化等活动，加强对国防生的行为引导，端正他们的入伍动机，打牢献身国防的思想基础。

（6）挖掘典型事例。国防生的典型事例往往体现在忘我的无私精神和特殊使命的完成方面。仅就中国政法大学而言，可供学习宣传的国防生事例层出不穷。例如，在每年冬季的义务扫雪活动，国防生以吃苦耐劳、顽强拼搏的战斗精神和无私的奉献精神感染了全校师生，法大BBS上有网友赞许国防生们是"橄榄英雄"，是"法大最可爱的人"；在一年一度的义务献血活动中，全体国防生军姿飒爽，秩序井然，秉持一份"我奉献，我快乐"的自豪之情赢得了师生众多关注的眼球；在国庆60周年"依法治国"群众游行方阵训练中，134名国防生带头参与到游行方阵当中，为中国政法大学圆满完成任务做出了突出的贡献。此类事例，举不胜举，需要高校学生工作干部始终能有一双善于发现的眼睛，记录并描绘出国防生的光彩篇章，让法大国防生成为中国政法大学的骄傲与自豪。

（三）搭建对话平台，强化自我认知

在大学校园里，国防生的交往对象主要是同学。与高年级国防生同学交往时，应虚心向他们学习请教，注意借鉴他们在文化学习、军政训练等方面的经验。与低年级国防生同学交往时，应引导国防生热情提供帮助，注意从正面解答他们的思想疑惑。与非国防生同学交往时，应引导国防生牢记自己的身份，维护国防生形象。只有在主动交往的过程中，才可能博采众长，从他人的评价认识中了解自身的优点与不足。可能有的人对国防生的认识有些偏颇，甚至冷嘲热讽。遇到这种情况，应引导国防生正确对待，坚定自己的选择，坚定自己的努力方向。条件允许的话，可以经常聘请军队内有教学经验的优秀军官来到校园为大家作讲座，定期举办革命传统教育讲座，使国防生深入地了解党史、军史和革命史，自觉地承担起保家卫国的光荣使命。

（1）充分发挥国防生的先进特质，在校内外积极开展国防生之间的各种交流活动。国防生自身的优势特点可以概括为先进性特质，即思想的先进性和言行的先进性。而这种由内至外的先进性特质需要通过多种形式的交流对话来不断地增强辐射力和感染力。为此，要坚持推进国防生教育管理工作的组织建设，通过定期开会、外出参观等方式，不断加强各学院国防生教育管理工作的相互交流、相互促进，构建有利于国防生健康成长的和谐育人氛围；要坚持以人为本的工作理念，不断加强国防生创新意识的培养，开阔眼界，继承中国政法大学的优良传统，探索具有政法类高校鲜明特色的优秀国防生培养道路。

（2）充分发挥大学生的自身优势，在校内外积极开展国防生与非国防生交流活动。他者的评价是强化自我认知的重要参照系，在国防生教育工作中，需要不断加强国防生与普通大学生的相互联系与学习，引进相互竞争与激励机制，并在彼此的互评互议中引导国防生珍惜学习机会，充分利用各种学习资源，获得综合素质的提升；同时，积极引导非国防生发现国防生的各种优势，认真借鉴学习，博采众长，扬长避短，不仅使自己成为学习中的排头兵，更要成为拥有严格组织纪律观念的高素质人才。同时，在形式多样的思想教育活动中，把爱国主义情怀和奉献精神、军魂意识融入国防生的青春血脉。这一方面既使得国防生在思想教育中更加成熟，另一方面也使得非国防生在交流活动中强化个人的爱国主义情怀。

（3）充分发挥选培办的协助作用，积极开展选培办与高校的各种交流活动。驻校选培办是连接高校与军队的一个重要纽带。在高校国防生教育工作中，选培办一方面需要充分发挥协助作用，认清职责，不断增强工作的积极性、主动性，另一方面要不断加强对国家政策精神的学习理解深度，明确国防生是军队的后备军官，作为军队专门派驻高校的机构，驻校选培办配合高校抓好国防生的教育管理工作、提高依托培养质量是分内之事、应尽之责。同时，在校国防生同样具有普通大学生的行为特点，对如何管理教育他们，高校更有发言权，驻校选培办发挥协助作用，有利于发挥高校优势，增强教育管理工作的针对性、有效性。因而，在加强国防生的教育管理中，驻校选培办要全面、准确理解"协助"的含义，增强工作的积极性、主动性和有效性。

总之，国防生具有个人身份的双重性、价值观念的主流性、素质要求的政治性、就业去向的稳定性、教学内容的特殊性、生活经费的保障性、培养机构的联合性等不同于普通大学生的主要特点，需要在大学生思想政治教育中努力从多元模式并存，优化培养机制，发挥榜样作用，树立模范形象，搭建对话平台，强化自我认知等几个方面不断积极探索国防生与非国防生优势互补的基本路径，实现国防生教育与大学生思想政治教育的有机融合，为我国高校国防生教育事业做出应有的贡献。

（此文刊于《大学生思想政治工作与事务管理研究》冯世勇主编 中国政法大学出版社2010年8月版。）

论大学生职业生涯规划与引导

内容提要 在严峻的就业形势下，大学生职业生涯规划与引导问题日益凸显出势在必行的重要性。大学生职业生涯规划与引导是大学生在就业过程中需要自我认知和具体践行的重要内容，也是高校大学生思想政治教育工作中需要时刻关注和积极引导的重点工作，需要把握重基层、跨专业、守诚信几个基本引导取向，为大学生顺利就业提供多方面的支持。针对大学生职业生涯规划和引导问题，提倡激发大学生的主体意识，引导大学生主动规划自身的未来发展之路；提倡积极发挥辅导员的引导作用，有针对性地开展分阶段的职业规划教育主题；提倡营造良好的校园文化氛围，结合专业特点搭建各种有益的职业锻炼平台。

关键词 大学生；职业生涯规划；职业生涯引导

大学生是一个国家的重要人力资源。大学生素质的高低优劣、大学生就业的难易程度、大学生职业生涯规划的能力等将直接影响到整个社会的经济发展和文明进步程度。从大学生成才的角度讲，良好的大学生职业生涯规划有助大学生未雨绸缪，为将来步入社会并成为栋梁之材打下坚实的基础。从高校思想政治教育工作角度讲，具有战略高度的大学生职业生涯规划引导将帮助大学生树立正确的就业观念和就业理想，不仅可以一定程度上缓解大学生就业中的思想压力，也可以积极发挥高校教育引导的作用，为社会培养和输送更多应时而需的优秀人才，这也是高等教育管理体制改革深化的必然选择，尤其是在人力资源日益成为社会发展的重要资源的时代背景下，高校需要把握教育方向，通过大学生职业生涯规划和引导帮助大学生了解自身的就业条件、就业优势，掌握时代的发展动态，在多元选择的情况下，做到明确自身发展方向，提前制订学习和工作计划，有针对性地发挥自身特长和学习重点，在未来职业蓝图的规划中实现自我价值和社会价值，并获得自身利益和国家利益的双赢。这需要合理的大学生职业规划以及科学的大学生职业生涯引导。

一、问题的提出：中国当前严峻的大学生就业形势

据相关统计可知：2006年我国高校毕业生总数为431万人，2007年全国普通高校毕业生人数达到495万人，比2006年增加82万人，增幅为15%；2008年中国普通高校毕业生规模达559万人，比2007年增加64万人，增幅为12.9%；2009年我国有高校毕业生611万人，比2008年增加52万，增幅为9.31%；2010年有630万大学毕业生，比2009年增加19万，增幅为3.11%；2011年有660万大学毕业生，比2010年增加30万，增幅为5%。

可见，随着国家综合实力的提升，我国高校大学毕业生的人数也在与年俱增，这为高等教育部门提升就业质量工作提出了现实的挑战。因为一方面是急剧增加的大学毕业生，另一方面是社会上有限的就业岗位，不管是供不应求还是供过于求的市场需求状态，都将使得大学生就业问题面临尴尬之境。这种严峻的就业形势对大学生、高校工作者和国家和谐发展等方面都带来了巨大的挑战和思想压力。如何科学规划当代大学生的就业生涯，如何理想引导大学生顺利走好就业之路，自然成为时代赋予我们的重大课题。

二、理论的阐释：大学生职业生涯规划与引导的内涵界定

（一）何谓大学生职业生涯规划

职业生涯规划是指一个人对自己未来职业发展历程的计划，而大学生职业生涯规划是指学生在大学期间进行系统的未来职业规划的准备过程。在历年的调研和访谈中我们了解到：有70%左右的大学生在入学之初就有了自己的职业意向，但是有50%左右的大学生对自己所选择的职业尚处于混沌状态，甚至对未来职业领域存在着认知的盲点和误区。数字显示，有近一半的大学生虽然有职业方面的点滴想法，但还没有构想和设计一份系统而严谨的职业生涯规划。一般来说，大学生的职业规划

是在大学期间逐渐形成的。从我们的学生工作实践可见，大学生职业规划尚未引起大学生自身的高度重视。为了顺利进入未来的职业领域，大学生需要科学认识职业生涯规划，努力做好职业生涯规划，思想上的重视和实践上的践行是大学生职业生涯规划的关键环节。

从狭义职业生涯规划的角度来看，此阶段主要是对未来职业的准备期，主要目的是在于为未来的就业和事业发展做好必要的思想准备和素质能力准备。它具体包括大学期间大学生在客观分析自身主客观条件的基础上所进行的自我剖析、自我定位、自我学习、自我教育、自我培训、自我提升和自我选择等一系列活动。从本意上讲，大学生职业生涯规划是大学生自身的素质培养和提升的过程，是大学生进行自我教育和真正实现社会化的过程。在这样一种职业生涯规划过程中，主体是大学生。大学生只有在科学的职业生涯规划中，才可能正确面对各种就业风险，才可能不断积累就业经验，为将来真正步入具体的工作岗位打下良好的思想基础。

可见，大学生职业生涯规划的最终目的是帮助学生真正了解自己，筹划未来，增强职业竞争力，科学、合理地选择行业和职业，最大限度地发挥自身的价值，以期为社会做出最大的贡献。

（二）何谓大学生职业生涯引导

大学生职业生涯引导是指高等教育部门在大学生职业生涯规划过程中所开展的各种教育和指导活动。大学生职业生涯引导活动是独立于大学生自身之外的外界教育和影响。对大学而言，这种大学生职业生涯引导活动侧重于对就业观念和就业取向的影响方面。因此，积极有效地加强大学生职业生涯规划教育将对提高就业指导水平和改善大学生就业状况有着非常重要的意义。在此，社会和高校需要不断改进措施，针对当前大学生在进行职业生涯规划中普遍存在的问题，从理论层面和实践层面做出科学的解读和理性的引导，为大学生做出一份理想的职业生涯规划提供外在条件。无论是高校思想政治教育，还是社会舆论宣传取向，都需要提倡如下几种大学生职业生涯引导方向。

（1）重基层。在未来职业生涯中，积极引导大学生到祖国最需要的地方施展才华、贡献力量。"学而优则仕"，受传统的官本位影响，大学生对国家公务员等政府机关的工作岗位情有独钟,所以也造成万人争过独木桥的"国考"现象。而实际上能入围过关者寥寥无几。更有一部分大学生存在相当强烈的大城市情结,宁可在北京、上海一类的大城市过漂流不定的打工生活,也不愿学有所成重归故里服务家乡。诸如此类的现象使得人才不足的地方无人去,热门岗位人满为患。为此,高校教育部门需要在大学生职业生涯规划的引导方向上强调基层意识,并为大学生服务基层提供必要的物质保障、经济待遇和发展空间,以吸引更多大学生在基层发挥专长,服务社会,实现自己的报国梦想。

(2)跨专业。在未来职业生涯中,积极引导大学生在综合素质提升的基础上多项选择,不囿于专业限制,不断拓宽就业渠道。大多数大学生还处于本专业择业的观念,可实际上,由于专业设置与社会发展、市场需求并不是成正比例关系,所以往往会带来就业空间狭小、选择面过窄的弊端。在就业实践中,高等教育机构需要强化综合素质教育,在诸多选修课设置中营造学习氛围,积极培养适应社会需求的多面手人才。这不仅可以提高大学生适应社会迅速发展的能力,而且可以增强大学生融入社会的竞争力,更重要的是有助于拓宽未来就业途径,因此,提倡一种跨专业的就业引导取向也是让优秀人才脱颖而出的重要举措。

(3)守诚信。诚信是中华民族的传统美德。诚信是一个公民的基本道德要求,更应该是一个大学生的基本行为规范和道德操守。但是,不容乐观的是过于功利的择业目标使得许多大学生出现了学历造假、谎报成绩、虚构职务、编造证书等不诚信现象。诸多大学生在多项选择面前瞻前顾后,犹豫不决,毁约现象亦屡见不鲜。这就需高校在职业规划中强化诚信引导,要通过具体案例教育引导学生尊重选择,敢于承担,坚守诚信,做一个值得信赖和依靠的人,成为国家和社会的可靠接班人。

三、应对的策略:大学生职业生涯规划与引导的具体做法

(1)激发大学生的主体意识,引导大学生主动规划自身的未来发展之路。大学生从幼儿园到高考的发展之路几乎都是家长一路扶着走过来的,尤其受应试教育的影响,大学生几乎都是在自我意识淡漠的情况下完成了

基础教育的学习。与此不同，进入象牙塔后，大学的学习和生活需要大学生的独立和合作，以往固有的"等、靠"心理显然不能适应新的大学生活。为了更好地融入社会、了解社会，并成为社会所需要的应用型人才，更需要发挥大学生自身的主体自觉性。实际上，大学生职业生涯规划的原动力来自大学生本身，依靠于大学生自身的自觉性行为。只有自觉设计实施的大学生职业生涯规划，才可能获得实践效果。在日益严峻的就业形势下，如果大学生自己都是消极应对的话，大学生职业生涯规划将无从谈起。这就需要每一位学生工作者从外围为大学生营造教育氛围，提供必要的自我认知途径和检测方法，帮助大学生树立正确职业规划理念，在各种科学有效的自我评价体系中不断提升大学生的主体地位，不断增强大学生融入社会、服务社会、贡献国家的自信心，在自我价值和社会价值的平衡机制中日益激发大学生的主体意识，从而引导大学生主动规划自身的未来发展之路。

（2）积极发挥辅导员的引导作用，有针对性地开展分阶段的职业规划教育主题。大学生从刚刚入校到具体的就业准备活动全部贯穿于四年的大学生活中。在高校里，以往的常规做法是在大四阶段才进行相关的就业宣传和教育活动，相对忽略了入学各阶段的职业教育良机。所以，高校应积极发挥辅导员的引导作用，有针对性地开展分阶段的职业规划教育主题。

大一阶段是大学生就业规划引导的启蒙期。这一时期，每位大学生对大学生活还充满着好奇心，对未来学业和就业问题尚处于个人整个思考空间的空白状态。此时，辅导员应将就业引导工作做在前头，从大一开始就要求大学生根据个人的情况写下职业规划书。尽管这份职业规划书还不成熟，甚至是个人的空想和杂谈，但是从中可以窥见大学一年级新生的思想动态，以便因材施教，为以后的个性化就业规划辅导和引导工作打下基础。

大二阶段是大学生就业规划引导的过渡期。对于大二学生而言，已经基本熟悉了大学生活，并且在近两年的学习生活中体会到了师兄师姐的求职经历和就业途径，相对于大一阶段而言，此时的大学生已相对成熟，对于未来就业基本有了自己的思考和想法，为此，在大二结束时，辅导员需要以大一入学伊始的职业生涯规划为依据，因人而异地作内容调整，引导大学生进一步明确个人发展定位，诸如考研规划、职业意向等。

大三阶段是大学生就业规划引导的关键期。对大多数大学生而言，大三阶段已经将未来职业规划明朗化、具体化。为此，辅导员需要明确要求大学生对未来职业有准确科学的定位，进行针对性的学习与实践，发挥优势，弥补不足，强化训练，理性思考，做到学有所用，鼓励大学生为即将付诸实践的行业领域增彩添色，展示风采。

大四阶段是大学生就业规划引导的实践期，也是前三年就业规划和引导成果的检验期。这一时期将是一个侧重检验大学职业规划的可行性与操作性问题的实践期。每一名大学生都需要结合实际分析自身情况，进一步明确最终的职业意向，并在就业方向选择、笔试准备、面试技巧等方面进行切实有效的演练和实践。此前所有的理想规划、理论学习、方法研究和模拟演练活动，都会在具体岗位的选择和竞争过程中得以展现，直到获得成功，顺利就业，圆满完成四载求学的任务。

（3）营造良好的校园文化氛围，结合专业特点搭建各种有益的职业锻炼平台。在大学生职业生涯引导过程中，高校需要建立各种激励机制，为积极求索的大学生提供多种参与社会、了解社会的实践机会，并且从校园文化、辅导机构、硬件设施等方面营造和谐的氛围，为学生成才搭建职业锻炼平台，如定期的招聘宣传活动、不定期的应聘面试模拟平台、优秀毕业生的现身说法、设置创业教育主题研讨活动、未来职业生涯辅导活动或讲座报告等，力求使学生通过丰富多彩的校园文化活动不断充实自己，在参与中不断提升大学生自身的就业实践能力，在学习中不断夯实大学生就业的竞争实力。

（此文刊于《时代背景下的大学生思想政治工作与科学管理研究》冯世勇主编 2011 年 7 月版。）

论大学生的生命价值观教育

内容简介 随着社会竞争的日益加剧，人们对生命的认识也日趋多元，尤其是对部分青年学生，由于家庭结构的不同和社会多元价值取向的影响，他们对生命的理解和珍惜程度也不断削弱，自杀事件也有所增加。对此，迫切需要高校教育工作者不断加强大学生生命价值观的日常教育，从教育理念、法律法规、理论研究、心理危机干预等层面做出新的阐释，从而提出更有益于大学生生命健康的德育操守，为高校大学生思想政治工作做出新的贡献。

关键词 大学生；生命价值观；思想政治教育

意大利教育家蒙台梭利在多年理论研究与实践探索中深刻指出："教育的目的在于帮助生命力的正常发展，教育就是助长生命力发展的一切作为。"如此关注生命的教育目标让我们对生命价值观教育问题更加重视。要知道，随着社会竞争的日益加剧，人们对生命的认识也日趋多元，尤其是对部分青年学生而言，由于家庭结构的不同和社会多元价值取向的影响，他们对生命的理解和珍惜程度也不断削弱，以大学生群体作为参照对象就可以看到：类似于马加爵事件的大学生自伤和他伤的暴力事件与日俱增，带给每一位高校教育工作者的不仅仅是心灵的震惊与冲击，更多的是有关大学生生命价值观教育的反思与总结。

一、大学生生命价值观的理论阐释

生命价值观是指生命个体对待生命及其价值的基本认识和看法。它涉及怎样认识生命、怎样认识生活、怎样认识生命个体之间的关系、怎样理解生命存在的价值和意义等一系列问题。从理论层面来讲，"生命价值观包括基础层面的生命本体意识和精神层面的生命价值意识：生命本体意识是指对生命的物质形式和感情欲望；生命价值意识是指为了追求生命的存在意义而积极创造生命价值以及提升其价值。"[1] 仅从生命价值观的类型而言，可以将其概括为如下几种：

1. 实用主义生命价值观。作为从美国衍生而来的一种实用主义思想，更强调有用即真理的思想。在《三松堂自序》中冯友兰曾对实用主义做过精辟的解说，认为："实用主义的特点在于它的真理论。它的真理论实际是一种不可知论。它认为，认识来源于经验，人们所能认识的，只限于经验。至于经验的背后还有什么东西，那是不可知的，也不必问这个问题。这个问题是没有意义的。因为无论怎么说，人们总是不能走出经验范围之外而有什么认识。要解决这个问题，还得靠经验。所谓真理，无非就是对于经验的一种解释，对于复杂的经验解释得通。如果解释得通，它就是真理，是对于我们有用。有用就是真理。所谓客观的真理是没有的。"因此，在以实用主义为核心的生命价值观中，强调的是实用性，并用实用性来衡量生命的价值和意义。

2. 功利主义生命价值观。功利主义生命价值观强调的是利益互换，利益是唯一生存法则，从而无利不为，为者图利。在这种生命价值观的主导下，生命个体会看淡各种反映人间大爱的诸多情怀，从而一味追逐利益，甚至有可能为获得不当利益而舍弃基本的道德底线，最终走向违规违纪违法的歧途。

3. 个人主义生命价值观。个人主义生命价值观强调的是个人中心，无集体和社会的概念，利己的自私倾向尤其明显，往往成为弘扬自我，展示自我，人人为我等思想和言行的得力理论支撑，从而将自己置身于同集体和社会相对抗的处境之中。

4. 理想主义生命价值观。理想主义生命价值观是一种较为积极的价值观。它以理想为核心，主要表现为生命个体始终为理想而奋斗，生活和学习目的明确，处事方式较为理性，能客观分析所面临的各种困境与现实，尤其是在就业、择业、爱情等重大问题上始终保持清醒的头脑，做到在四年大学生活里学有所获、学有所成，真正成为社会和国家需要的优秀人才。

尽管，对于大学生的生命价值观教育问题学者们都有不同的理解，可以认

---

[1] 梅萍. 当代大学生生命价值观教育研究 [M]. 北京：中国社会科学出版社，2009.

为"生命价值观教育是一种引导个体体会和实践'爱惜自己、尊重他人'的价值性的教育活动"①，也可以把大学生生命观教育理解成是"对大学生进行生命健康、安全、价值的教育，引导大学生尊重生命、珍惜生命、热爱生命，提升生命价值"②的教育活动，但是有一点是可以达成共识的：积极引导大学生积极关爱自己和他人的生命，进而不断提升青年学生的生命质量和生命价值，在良性的个体关系实践活动中，积极促进个体与社会的和谐发展。

二、大学生畸形生命价值观形成的原因

如上几种生命价值观都不同程度地反映在当代大学生的身上。由于社会压力的不断增加、家庭结构的影响及个人心理素质的差异，部分大学生对生命不够珍惜，对生活不够热爱，从而存有畸形生命价值观的取向，这主要表现为自杀、他杀和杀他的极端行为。

对此，究其原因，大致可以分解为几个要素：

（1）家庭要素：生长过程中家庭结构要件缺失。这主要表现为父母离异、单亲家庭、孤儿等。这种不完整的家庭结构往往会让成长中的孩子产生不同程度的孤独感、焦虑感、无助感。而长久的安全感缺失，又会影响青少年对生命价值和社会现象的认知和体悟，自卑心理、仇视心理、嫉妒心理、攀比心理等都有可能潜在地存在。在长久的挤压过程中，往往会因生活和学习中的小事而发生极端事件。

（2）社会要素：多元价值观并存的消极影响。这主要表现为或受市场经济的利益驱动，或受西方自由思潮影响，部分大学生在日常生活中过度崇尚自我，强调以我为中心，视吃喝玩乐为生命的主旨，从而蔑视自己或他人的生命价值和意义，形成过度自私自利的生命价值观。

（3）心理要素：生命个体心理发育不够成熟。这主要表现为对待各种生活现象缺乏足够的心理承受能力，抗挫能力差，自尊自负自满情绪居于主导，不愿面对生活压力，遇事缺乏理性思考能力，多采取逃避、自残等消极方式处理各种面临的现实问题。大学生如果处于这种心理素质的影响

---

① 吴忠魁，梅仕士. 当代大学生生命价值观教育对策初探［J］管理观察，2009：151.
② 李芳，李洋，孙滢炜. 大学生生命观教育的历史与现状综述［J］. 北京教育·德育，2010：14.

下,自杀和杀他现象出现的概率就会高于一般同龄者。

三、树立科学生命价值观的基本对策

面对现实,一些大学生漠视生命、虐待生命、残害生命的事件令人忧心忡忡,树立科学生命价值观的教育势在必行。同时"科学系统的生命观教育是对学生进行思想政治教育的一个新途径、新视角。"[①] 更是新时期新现象向我们每一位高校教育工作者提出的新挑战。为此,在大学生的思想政治工作中,需要积极探讨引导大学生树立科学生命价值观的基本策略问题,以促进高校大学生身心健康发展,整体提升高校思想政治工作的水平。

（1）高校教育工作者需要具备科学的生命观教育理念,在日常思想政治教育工作中强化生命意识教育、责任意识教育和感恩心态教育。

在生命观念教育活动中,应积极引导大学生科学理解生命的存在意义,尤其是通过生命教育课堂让大学生能从理论的高度认识生命存在的价值和意义,深刻理解生与死的辩证法哲学,从而珍惜和热爱自己与他人的生命。在责任意识教育活动中,应积极引导大学生担当起家庭、社会赋予的责任,从做好一个好孩子到做好一名能为国家出力献策的优秀栋梁,始终让一份责任感记在心间,时时鼓励大学生为完成自己的责任而不断充实力量,从而成为有用之人,不辜负父母、学校和国家的培养。在感恩心态教育活动中,应积极引导大学生时时怀念生命成长过程中的每一份恩惠与收获,从而感恩父母的养育,感恩师长的教诲,感恩同窗的情谊,感恩社会的历练,感恩国家的栽培……正因点点滴滴的感恩情怀积累,大学生就会更加珍惜得之不易的学习生活,从而会乐观地看待周边的人和事,自觉形成乐观豁达的生命价值观,极大地减少消极事件的发生概率。

（2）高等教育监管部门需要不断出台有关法律法规,从立法层面加强各个层面对大学生生命观教育工作的认识并为个案应急处理提供法律支持和保障。

在我国,现存有关青年学生的法律法规仅限于《关于加强和改进未成年人思想道德建设实施意见》《未成年人保护法》等。但是,一个不容忽略的事实是——随着大学生自杀事件的频频发生,应急处理的法规显得相

---

① 李芳,李洋,孙滢炜.大学生生命观教育的历史与现状综述 [J].北京教育·德育,2010:14.

对滞后。这一方面取决于青年个体的自觉,另一方面取决于立法者对于此项问题的重视程度,只要情况允许的情况下,各种教育法规应对生命教育问题予以关注,从而在依法治国、依法治校的大背景下让各种消极事件的处理在更符合人情事理的同时更及时、更得法。

(3) 高等教育研究者需要不断深入探讨生命教育的深层意义和对策,从理论层面丰富人们对生命价值的理解和阐释。

教育的最初目的是关注人的生命。关注生命将是人类在教育观念上一次根本性的变革,21 世纪的教育改革中越来越多的学者感到教育应当尊重生命、关爱生命,他们提出了一些生命教育的见解。虽然我国在这方面起步较为滞后,但可喜的是近年许多有识之士和学校已经开始关注这一问题,逐步认识到生命教育的重要性。[①] 通过有关生命教育专题的理论研究,一方面可以强化人们对于此类事件的理解和认识,另一方面能够理论联系实际,进一步明确大学生生命价值观教育的方向,积极引导当代大学生丰富生命内容,凝练生命价值,提升生命质量,成为一名不虚度人生的青年学子。

(4) 高校德育工作需要加强心理危机干预力度,从个案现象的处理层面最大化地消解恶性事件的发生。

可以说,"心理咨询与危机干预体系是完善生命教育的重要部分,它对生命教育的实施有着重要的辅助作用,通过心理咨询与危机干预能及时

---

① 乔丹、杨淑珍. 当前大学生生命教育现状探究与思考 [J]. 思想政治教育研究, 2008 (4). 在《关于加强和改进未成年人思想道德建设实施意见》中,特别强调要加强未成年人的"生命教育";2003 年 4 月 8 日,湖北省召开了"防止高校学生自杀专题会议"。辽宁省教育系统 2004 年 12 月 23 日开始在全省启动生命教育工程,培养学生珍爱生命的意识,预防艾滋病、远离"死亡游戏"、培养健康心理。2004 年 4 月在杭州召开的"两岸三地教师、课程与人格建构研讨会"上,来自北京、上海、南京、杭州、香港、台湾等地的 40 多位专家教授纷纷呼吁,必须重视校园"生命教育","生命教育"这一教育理念,已经走进了我们的校园。2006 年全国两会专栏报道所载,针对大学生轻生、自杀所暴露出来的心理健康问题,全国人大代表峨志广、毛宇峨呼吁开设"生命教育"课,打造心理长城。2006 年 12 月 28 日由中国宋庆龄基金会主办,教育部、司法部、共青团中央和中国关心下一代工作委员会等联合支持的以"优化社会环境与青少年健康成长"为主题的"第二届中华青少年生命教育论坛"在北京举办。来自全国 15 个省市区、28 个城市的代表和北大、清华、人大在内的 67 所学校,及来自香港、台湾等 200 多名专家及教育界人士参与探讨了生命教育在中国的现状、必要性及发展具有中国特色的生命教育体系和模式,并积极讨论了社会热点问题和分享生命教育案例。港台地区的生命教育在近年来也取得了长足的进展。1996 年我国台湾地区设立了"生命教育委员会",并把 2001 年定为"生命教育年",生命教育在台湾开始蓬勃发展。20 世纪末香港对生命教育也予以极大关注,其生命教育从宗教的角度开展,内容涉及宗教教育、德育、伦理、公民教育等二十几个科目,开办了"宗教与人生—优质生命教育的追寻"等网站,出版了《香港的生命教育》等专著,取得了一些成果。2002 年香港教育学院公民教育中心明确提出以生命教育整合公民教育及价值教育,并在多所学校推广正规和非正规的教育课程,让学生体会生命的意义,增强抵抗逆境的能力。

避免学生因心理问题而引发的伤害事件发生。完善心理咨询与危机干预体系应构建好学校、学院、班级、宿舍四位一体的网络体系"。[①] 事实上，正是由于个别事件处理中缺乏早期的心理危机干预，才不同程度地带来多个层面的消极影响。所以，在大学生生命价值观的教育过程中，早期的心理危机干预显得尤为重要。

综上所述，有关大学生生命价值观问题的初步探讨，仅是针对个别社会现象所做的简单梳理，以期我们每一位高校教育工作者不断加强大学生生命价值观的日常教育，从教育理念、法律法规、理论研究、心理危机干预等层面做出新的阐释和实践，从而提出更有益于大学生生命健康的德育操守，为高校大学生思想政治工作做出新的贡献。

（此文刊于《学生工作创新管理研究》，冯世勇主编，高等教育出版社2012年9月版。）

[①] 向楠，等. 当代大学生生命价值观现状与对策分析［J］. 西南石油大学学报，2010（3）：114.

论大学生人际交往现状及高校德育工作中的应对思路与对策

摘　要　人际交往对于一个人的发展、成功、幸福等方面的重要意义毋庸置疑。当代大学生由于受社会环境和家庭环境的影响，在人际交往中出现了寝室关系紧张、异性关系紧张、朋友之间关系紧张等一些不尽人意的现象，这里既有主客观方面的原因，又有来自社会家庭的多层面影响，需要在大学生思想政治教育工作中不断摸索出积极而有效的工作思路，通过进一步增强教育引导的针对性，切实加强大学生德育工作中有关人际交往能力的培养机制和专题研讨；通过进一步增强校园文化的影响力，切实增加大学生团结合作主题活动的数量；进一步增强心理课堂的吸引力，切实优化大学生与人为善的积极心理取向；通过进一步增强学生辅导员的引导力，切实发挥家校联合的积极作用。最终渐进式地获得大学生人际交往能力的不断提升，让大学生真正成为有益于社会、有益于国家、有益于家庭的优秀人才。

关键词　大学生；人际交往；思路与对策

人际交往是人逐步社会化过程中必然要具备的基本能力。当代大学生由于受社会环境和家庭环境的影响，在人际交往中出现了寝室关系紧张、异性关系紧张、朋友之间关系紧张等一些不尽人意的现象，从而引起高校教育工作者的深入思考。一方面要深入探究其中原因，另一方面需要在大学生思想政治教育工作中不断摸索出积极而有效的工作思路，以期让我们的大学生具有阳光心态，获得人际交往整体的提升，不辜负来自国家、社会和家庭的期待与期望。

一、大学生人际交往的若干困境

当今社会,"人际交往是社会活动过程中的一种较普遍的现象,是一切社会存在与发展的基础。所谓人际交往是指人与人之间按照一定的方式进行接触,进而影响心理和行为的活动过程。生活在社会中的每个人,都必须进行人际交往,以此达到获取所需信息的目的。"[1] 大学生是一个特殊群体,大多数同学一方面拥有积极向上的青春朝气,另一方面具有可以自由调度的人际交往能力,能够较好地适应大学四年的学习生活。但是部分大学生由于心理素质和个人性格等因素,人际交往能力较弱,我们知道轰动全国的云南大学马加爵事件,仅仅源于同学之间产生的一些小矛盾,而走上杀人的道路。近期,有关大学生恶性人际关系状况的报道不绝于耳,诸如:复旦大学投毒事件、南昌航空大学校舍内现腐尸案件、南京航空航天大学金城学院大学生因琐事争执被室友刺死案、江苏科技大学张家港校区命案、漳州师院大一女生跳楼事件等,让象牙塔内部分大学生紧张的人际关系问题提上了日程。大学生人际交往中的困境主要表现在三个方面:

其一,寝室关系紧张。在大学校园里,寝室中的人际关系是大学生需要面对的最基本的人际关系之一。因为生活起居、日常琐事均聚集在寝室里。由于家庭居所的不同,仅仅是五六个人的小小寝室可以说容纳下了五湖四海的生活习惯和异域风俗。如果能够以宽容的心态处理好寝室关系,那么每一个大学生都会在寝室中寻觅到学习和生活中的知音,共同走过四年的大学生活;反之,若处理不当,斤斤计较,处处树敌,不能与人为善,那么很可能每日生活在或压抑或妒忌或气愤的环境里,日日不得开心颜,不能拥有一个舒畅的心情,影响自己的学习或生活。当下的几起校园案件均源于紧张的寝室关系,需要引起高度的关注与重视。

其二,异性关系紧张。在大学校园里,来自男女同学的好感与爱慕已是普遍现象。对于处于青春期的少男少女来说,校园爱情还是充满了幻想的童话世界,大学生们还没有一个比较成熟的爱情观,遇事尚欠缺理性的

---

[1] 陈艾华,周艳球. 大学生人际交往中的"晕轮效应"[J]. 教书育人,2006 (29).

分析，尽管他们向往自由，追求快乐，渴望幸福，但是，由于不确定的工作与未来，他们又会处处面临现实世界的拷问，从而在非理性的选择中会出现极端言行，校园中大学生出现的跳楼、自杀、他杀等事件均源于此。

其三，朋友关系紧张。在大学校园里，总会有一类大学生不善交际，不能拥有知心朋友，与人交往不多或虽有交往也仅限于浅尝辄止，不能成为好友；或者拒人千里，不能进一步拉近彼此的关系，从而让自己处于人际关系交往圈的边缘线上。在不能拥有良性朋友交往圈子的情况下，少数大学生会产生孤独感。而过多的自我封闭又会产生莫名的心理压力，偶尔的不如意都会成为极端行为的导火索，引发不必要的恶性人际交往事件。

二、大学生人际交往困境的原因分析

到底是什么让大学生对自己的亲人至爱、同窗共读者都不加善待呢？其中原因也带来我们对大学生人际交往能力问题的若干思考。大学生在人际交往中出现一些不尽人意的现象，需要每一位教育工作者从内外两个层面探寻此中的原因。

（一）外在影响因素

（1）固有的教育体制强化了考试的分数，却忽略了人际交往能力培养的重要性。人际交往能力是大学生综合能力的一个重要组成部分，它表现为同家人、亲人、同学、领导、同事等各个社会群体中的人拥有良性的互动交流过程，并且通过交往达成既有的和谐的人际关系。在当今社会，会交往、善交往的人将会赢得幸福的家庭生活，获得更多的就业升迁机会，从而取得未来生活与事业上的一个个飞跃。

（2）传统的家庭教育保护了孩子的自我，却忽略了人需要逐步社会化的融合性。正如马克思所言：人是各种社会关系的总和，每个人都不是孤立存在的，他必定存在于各种社会关系之中。在高考的指挥棒下，大多数孩子都是学习的机器，家长们的教育中心都在学习成绩的提高上，对于大多数家长来说，不想甚至也无暇顾及孩子的交往空间，很多孩子都是在无玩伴的私人空间度过学习时代的。这样，孩子没有同外界交往的经验，对他人甚至是同学也都会缺乏基本的交往能力，更谈不上交往技巧了。由此，在学习生活中，大学生往往是想关心人却不知从何谈起，想夸赞人却又词不达意，想亲近人却语无伦次，想表达不同意见却用词极端等。由此，面临校园生活中的一点挫折和不如意都会反应强烈，甚至做出意想不到的言行举动，带来不可收拾的严重后果，无法顺畅地完成社会化的融合过程。

（3）现有的大学教育培养了学习能力，却忽略了人际交往能力的提升。大学不仅仅是学习相关专业知识，在学有专攻之余还应该加强人际交往能力的培养。对于刚刚步入大学的孩子而言，过度的学业压力已经不堪重负，从另一层面讲，大学相对轻松的环境更适合培养大学生的综合素质，以期让大学生用更加阳光的心态和会交往的能力来参与未来的社会竞争。

（二）个体内在差异

（1）个人性格差异。个体性格主要分为两个方面：内向和外向。外向性格的大学生能够积极应对周边事务，热情开朗，易于融入新的学习环境，人际交往能力较强；内向性格的大学生不善表达，很多事情藏在心里，缺少话语沟通，在与陌生环境的融合中会表现出明显的不适应，人际交往能力相对较弱，所以不同的性格特征产生了迥异的言行操守，体现在学习方式方法、为人处事等方面就会有不同的反映。

（2）心理素质差异。大学生处于青春期，心理素质并不相同。其间，一种闭锁性心理会严重影响大学生的交往能力。"处于青年期的大学生，心理上有一个重要的特点，即闭锁性。这个时期的青年失去了儿童的天真和少年的爽直，不太愿意随便吐露内心的感情。闭锁性心理的产生标志着一个人的长大、走向成熟，但也不可避免地带来了交往的障碍和内心的孤独感。闭锁性心理虽然是一个人成长中所必然出现的，但如果调适得不好，会构成渴求理解与闭锁性的矛盾，阻碍正常的人际交往。"[1]

（3）生活习惯差异。由于大学生来自天南海北，地域文化不同，生活习惯迥异，有的喜欢早起，有的喜欢晚睡，有的喜欢听歌，有的喜欢上网，有的喜欢干净，有的懒于梳理，动静不一，如果没有良好的人际交往能力，在小小的校园中，尤其是小小的宿舍里，狭窄的空间很容易产生矛盾以致

---

[1] 张曦艳. 增强交往意识 培养交际能力——大学生人际交往的问题成因及其对策探讨[J]. 广西教育，2003（Z1）.

激化。

（4）学习态度差异。在大学里，有的同学以学业为重，有的同学以恋爱为重，有的则以游戏人生为重等，不同的学习态度导致志趣不同，往往出现作息时间和生活方式的矛盾问题，如缺乏良性人际沟通能力，势必成为恶性事件的导火索。

三、高校大学生思想政治工作的思路与对策

（一）进一步增强教育引导的针对性，切实加强大学生德育工作中有关人际交往能力的培养机制和专题研讨

在高校大学生思想政治工作中，除了要培养大学生的学习能力之外，更要注重人际交往能力的培养，建立有效的大学生人际交往能力培养计划与机制，诸如将人际关系的状况列入综合考评的指标，从大一入学开始到大四毕业期间，在不同学年建立的学生档案中，将人际交往能力列入其中，作为大学生成长档案的一个重要组成部分，目的在于总结过去的生活现状，反映当下存在的人际交往困境，以便及时发现大学生交往能力的薄弱环节，做好应急预案，为大学四年生活提供一个科学的、有效的培养机制，同时在德育工作中设立有关人际交往技巧与艺术的讨论课程，从理论和实践两个方面加强大学生对人际交往问题的重视度，从而积极引导大学生善待他人，拥有一个阳光心态，学会阳光处事，度过一个美好的大学时光，为将来步入社会奠定良好的基础。与此同时，德育工作者需要定期召开有关提升大学生交往能力的专题研讨活动，群策群力，出谋划策，在实践工作中不断丰富工作技巧，加强舆论引导，积极发挥辅导员的引导作用，让大学自身提高增强人际交往的意识，为未来的发展提供崭新的能力优势。

（二）进一步增强校园文化的影响力，切实增加大学生团结合作主题活动的数量

一直以来，丰富多彩的校园文化都是各大高校思想政治工作中极为重要的一环。学校通过举办积极的班集体活动和乐观进取的社团活动，不断加强大学生与同年级同学、室友的交往能力，懂得交往，学会交往，乐于交往，并在交往过程中不断提升自己的综合素质。毫无疑问，大学生的精

神风貌和文化素养等也会在校园文化的熏染下得以进一步的提升。为了进一步提高大学生的人际交往能力，需要不断增加有助于大学生集体合作类的主题活动，诸如文化宣传、戏剧表演、演讲比赛等，让大学生身在其中，通过合作与互助来完成活动，在活动中进一步增强交往能力的训练和实践，用亲身感受来感知合作、团结、与人为善的益处，从而取得增强大学生人际交往能力的实效。

（三）进一步增强心理课堂的吸引力，切实优化大学生与人为善的积极心理取向

从另一个层面讲，大学生人际交往能力薄弱现象都有着深层的心理障碍。这就需要大学校园里不断增加和增强心理课堂的吸引力，教材设置力求"从当代大学生的需要与兴趣出发，采取任务驱动、行动导向的设计模式，以活动设计、角色参与为手段，旨在帮助大学生提高人际交往能力，提升大学生的形象，构建良好的人际关系和和谐的校园氛围，为学生成人、成才、就业、创业打下坚实的基础"[1]，从而让大学生都能在专业的心理课堂中了解自身的问题，肯定自身的价值，逐步增强与人和善交往的欲望和信心，让主流价值观和适应社会的综合能力都能够在现代的心理课堂中得以体现，从而由内至外地调整交往能力薄弱学生的现有状态，在争取平衡心理的同时获得良好的人际交往能力，在快乐与和谐的心理状态下，为进一步的发展赢得生存资本和竞争资本。同时，在心理课堂上，我们需要着重"引导学生从整体上认识人际交往与沟通实际上是一门讲究做人与做事和谐统一的综合性艺术，理解良好的交往沟通应当从做人开始；认识到诸多人际关系知识、与人交往沟通的方法技巧，必须与个人走向大众的内在热情相结合，才可能在生活中发挥作用，才可能转化为自我的实际能力。在此基础之上，指导学生用心体会，实际习练，使自己与他人的交往沟通成为一种自觉自主的行为，从而让我们的学生能够尽快地适应社会复杂的人际关系，在生活学习、就业创业的过程中得以健康发展。"[2]

---

[1] 张鑫. 人际交往与沟通能力培养 [M]. 西安：西安交通大学出版社，2012：255.
[2] 熊文华，周静. 高职高专职业素养精品教材——人际交往与沟通 [M]. 苏州：苏州大学出版社，2010：86.

（四）进一步增强学生辅导员的引导力，切实发挥家庭与学校联合的积极作用

学生辅导员不仅需要提升自身的综合素质，更要优化与人沟通的语言艺术，准确地掌握人际交往中的沟通技巧。在日常工作中，辅导员更需要真诚地面对每一名大学生，定期与学生进行思想交流，定期与学生家长沟通，及时准确掌握第一手信息，以便从更全面的角度来认识学生，引导学生，由此才能从学生的角度看问题，了解学生，理解学生，在日常工作中恰到好处地表达出自己的真诚，优化工作艺术，丰富工作技巧，始终能够用学生可接受的方式处理问题，进一步增强德育工作的可接受性，收获来自大学生的积极反馈，从而取得提升大学生人际交往能力的实效。

实际上，培养大学生人际交往能力是一个长期的工作。我们一方面要深入探究其中原因，另一方面需要在大学生思想政治教育工作中不断摸索出积极而有效的工作思路，更需要社会、国家、家庭的合力效应，以期让我们的大学生最大限度地克服不良的交际心理，拥有一份阳光心态，形塑一个自信的自己，既会内省自己，又会悦纳他人，在积极的校园文化氛围中获得人际交往能力的不断提升，不辜负来自国家、社会和家庭的期待与期望，真正成为对社会对国家有用的人才。

（此文刊于《高校德育工作科学化的探索与实践》，冯世勇主编，高等教育出版社2013年7月版。）

论中国梦与大学生理想信念教育的融合路径

内容摘要 中国梦与大学生的理想信念教育具有相互融合的路径。中国梦准确把握住个人与民族的关系，让大学生在中华民族优秀文化传统的认同中，切实达成思想认知界面的有机融合。中国梦始终坚持人在社会发展中的主体性地位，让大学生在自身精神需求的理性对照中，切实获得内心情感界面的内在融合。中国梦尊重每个人的自由发展潜力，让大学生在学有所成业有所就的梦想里，享有美梦成真的机会和舞台，真实感受到个人发展与民族梦想在目标界面的终极融合。

关键词 中国梦；大学生；理想信念教育；融合

党的十八大以来，中共中央总书记、国家主席、中央军委主席习近平提出并深刻阐述了实现中华民族伟大复兴的中国梦。在（2013年3月17日）第十二届全国人民代表大会第一次会议闭幕会上的讲话中他又指出："中华民族具有5000多年连绵不断的文明历史，创造了博大精深的中华文化，为人类文明进步做出了不可磨灭的贡献。经过几千年的沧桑岁月，把我国56个民族、13亿多人紧紧凝聚在一起的，是我们共同经历的非凡奋斗，是我们共同创造的美好家园，是我们共同培育的民族精神，而贯穿其中的、最重要的是我们共同坚守的理想信念。"尤其对广大青少年提出了殷切的希望，号召"全国广大青少年，要志存高远，增长知识，锤炼意志，让青春在时代进步中焕发出绚丽的光彩。"中国梦与大学生的青春梦想已经紧紧地联系在了一起。

中国梦具有多维的理论张力，这让每一位高校思想政治教育工作者在深入理解中国梦内涵的同时，更加积极地去思考中国梦与大学生理想信念教育的融合路径，并且在实际工作中将中国梦的精髓融汇到高校日常的思想政治教育工作中来，从而探索出可供实践的现实路径。

一、中国梦准确把握住个人与民族的关系，让大学生在中华民族优秀文化传统的认同中，切实达成思想认知界面的有机融合

从社会主义的发展动力层面而言，民族精神和时代精神是社会主义核心价值体系的精神动力。每一个独立的中国人都是中华民族的精神脊梁，都是中国精神的缔造者和传承者。每一个中国人都与民族的振兴与发展密不可分。习近平主席强调："实现中国梦必须弘扬中国精神。这就是以爱国主义为核心的民族精神，以改革创新为核心的时代精神。这种精神是凝心聚力的兴国之魂、强国之魄。爱国主义始终是把中华民族坚强团结在一起的精神力量，改革创新始终是鞭策我们在改革开放中与时俱进的精神力量。全国各族人民一定要弘扬伟大的民族精神和时代精神，不断增强团结一心的精神纽带、自强不息的精神动力，永远朝气蓬勃迈向未来。"梦想是联系大学生和中国梦的共同内在要素。每一个大学生都处在人生最富梦想的年龄阶段，对未来的规划和奋斗目标充满了期待。作为中华儿女的佼佼者，大学生的个人理想作为中国梦的一个重要组成部分，往往展示出更加夺人的风采。从思想深处来讲，中国梦的提出，更容易得到大学生的思想认同，从而通过自身的追梦体验和圆梦历程来践行。中国梦把全国人民的梦想汇聚成民族复兴的共同理想。在践行中国梦的行列里，不分民族，不分职业，不分阶层，每一个中国人都光荣而自豪地投入其中，在追逐个人梦想的人生道路上践行着美好的中国梦。大学生作为时代的精英群体，代表着早上八九点钟的太阳，怀揣着一份份属于自己的青春梦想，用青春特有的热情和激情行进在中国梦的征程上。

二、中国梦始终坚持人在社会发展中的主体性地位，让大学生在自身精神需求的理性对照中，切实获得内心情感界面的内在融合

新时期里，传统的圣人式和口号式教育模式相对忽略了学生自身精神

需求方面的差异性，不易于从客观上把握教育对象的认知程度和践行能力。中国梦则有效地结合了大学生主体的精神需求和民族精神之间的契合点，因此，中国梦提出的具体实现路径能够更加贴近大学生的认知实际，从而提高中国道路和民族精神在大学生群体中的接受程度。

换言之，从大学生的情感世界出发，中国梦有助于最大限度地激发大学生的内在生命力和主体人格的彰显。可以说，在现时代"随着物欲的膨胀和工具理性的强化与扩张，个别人本身逐渐失去了主体性而被对象化，神圣的情感世界和心灵家园受到物欲的玷污和无情的漠视，对大学生的健康成长造成了极为恶劣的影响，严重影响大学生思想政治教育价值的实现。"[①] 大学生的主体人格是大学生在现实生活中具有独立性和自主性的一个重要表现。从影响层面讲，"这种独立人格一方面是受社会生产力水平、社会制度的制约，而且还受社会化程度的影响；另一方面可促进社会生产力的提高和社会的进步，也是促进人全面自由发展的基础。"[②] 换言之，大学生的主体性人格塑造得如何将直接影响到大学生自身的发展，并影响到中国梦与高校大学生思想政治教育工作的融合性和实效性问题。

中国梦不是指某个群体的单兵独战，而是要依靠广大人民群众的无数个人梦想来实现，人是中国梦所依靠的核心力量。正如习近平总书记所讲的那样："中国梦归根到底是人民的梦，必须紧紧依靠人民来实现，必须不断为人民造福。"这在人类的思想史上是一个重要的飞跃。在宗教的世界里，人是一个可以虚幻的想象，人们对彼岸世界的期盼无疑成为虚幻的"人的自我异化的神圣形象"。[③] 与此同时，人本质中的"真实的现实性"[④] 问题自然被搁置了。在对"宗教是人民的鸦片"的论断中，马克思主义者最终发现——"一个人，如果想在天国的幻想的现实性中寻找一种超人的存在物，而他找到的却只是自己本身的反映，他就再也不想在他正在寻找

---

① 王忠桥, 张国启. 新时期大学生思想政治教育发展的理路选择 [J]. 湖北社会科学, 2006 (4).

② 丁晓武. 论思想政治教育的马克思主义人性论基础 [J]. 思想政治教育（人大复印资料），2008 (6): 30.

③ 马克思. 黑格尔法哲学批判导言. 参见马克思恩格斯选集（第一卷）. 北京: 人民出版社, 1972 (5): 2.

④ 马克思. 黑格尔法哲学批判导言. 参见马克思恩格斯选集（第一卷）. 北京: 人民出版社, 1972 (5): 1.

和应当寻找自己的真正现实性的地方，只去寻找自身的假象，寻找非人了。"① 但人就是人，就应当是人本身的样子。"人并不是抽象的栖息在世界以外的东西。人就是人的世界"。② 这就是罗斯科·庞德所说的"永恒的东西"或者是"相对永恒的东西"③。马克思主义哲学主张，在"对象化"的过程中来认识自己，发现自己。这种类似于"镜像论"的观点，显然让我们更清楚地了解到人类各种精神文化现象背后的人的存在。在《关于费尔巴哈的提纲》中，马克思指出，费尔巴哈只能把人的本质理解为"类"，理解为一种内在的、无声的、把许多个人纯粹自然地联系起来的共同性。④ 这种共同性不限于"纯自然性"，主要包括人的物质需要和精神需要两大类内容。正如马克思在《1844年经济学哲学手稿》中论述的那样，"人直接地是自然存在物，人作为自然存在物，而且作为生命的自然存在物一方面具有自然力、生命力，是能动的自然存在物；这些力量作为天赋和才能，作为欲望存在于人身上；"⑤ 但就人的本质而言，"在其现实性上，它是一切社会关系的总和。"⑥

关于中国梦的理解，尽管有不同角度的认知取向，但是内心情感的共鸣却已深深地契合了大学生的情感需求。中国梦契合了大学生所特有的心理需要和精神需求，并且在此基础上搭建起个人梦想与国家需要、民族复兴之间的有效对接点。因此，满足大学生作为人的正常需要是做好大学生思想政治教育工作的基本方法。其中，人类微观的精神层面内容正是中国梦融入大学生理想信念教育的一个重要组成部分。仅以大学生这一共同群体而言，其人性本真中主要涵盖了非物质存在的精神层面的隐性问题，或曰"软问题"。可以说，"人的精神任何时候都不会变成

---

① 马克思. 黑格尔法哲学批判导言. 参见马克思恩格斯选集（第一卷）. 北京：人民出版社，1972（5）：1.

② 马克思. 黑格尔法哲学批判导言. 参见马克思恩格斯选集（第1卷）[M]. 北京：人民出版社，1972：1.

③ [美] 罗斯科·庞德. 通过法律的社会控制 [M]. 徐显明主编，沈宗灵译，北京：商务印书馆，2008：14.

④ 马克思. 关于费尔巴哈的提纲 [M] //. 马克思恩格斯选集（第1卷）. 北京：人民出版社，1972：18.

⑤ 马克思恩格斯全集（第42卷）[M]. 北京：人民出版社，1979.

⑥ 马克思恩格斯选集（第1卷）[M]. 北京：人民出版社，1972.

也无法变成消极的、毫无作用的、顺从于物质影响和肉体欲望的媒介。"① 这反而会通过人这一中介载体传承亘古既有的人性情结。这就使得当代大学生对中国梦所涉及的梦想和期待,都通过与自身生存、发展以及人格升华等方式得以具体化、个性化,从而将个人理想转化为关涉国家发展和民族兴旺的一个不可替代的精神动力,在追逐梦想的道路上更加坚定社会主义的理想和信念。

三、中国梦尊重每个人的自由发展潜力,让大学生在学有所成业有所就的梦想里,享有美梦成真的机会和舞台,真实感受到个人发展与民族梦想在目标界面的终极融合

从心理学层面讲,按照马斯洛的需求层次理论可以分为如下几个方面:第一层次:基本的生理需要层次;第二层次:安全需要;第三层次:爱的需要;第四层次:尊重的需要;第五层次:也是人的最高需求——"成为你所能够成为的那个人"②之自我实现的需要,也可以说是一种发展的需要。而且"这些需要或价值之间是互相关联的,在人的发展过程中,这些需要具有一定的级进结构,在强度和优势方面有一定顺序。通常,对食物的需要是最强的,其次,与诸如爱等其他方面的需要相比,安全需要是一种较优势、较强、较迫切、较早出现和较有活力的需要。所有这些需要都可以被看作是趋向总的自我实现的各个不同阶段,都可以被归于自我实现之中。"③从中,每个人似乎都能够找到属于自己的那一需求层次,并向往着更高的层次以满足自己的物质空间和精神世界。

但是,我们又不得不承认,这些需要中的每一种需要都"只不过是需要层级结构中的一种。因此,这种需要既是终点,又是趋向某一终极目标的起点。"④可见,从某种意义上讲,这种需求层次理论的提出是对马克思主义哲学人性化理论的具体化。按照马斯洛关于人的需求层次理论,人应

---

① [俄] 伊·亚·伊林. 法律意识的实质. 徐晓晴,译. 北京: 清华大学出版社, 2005: 1-2.
② [美] 马斯洛. 马斯洛人本哲学. 成明, 编译. 北京: 九州出版社, 2006: 3.
③ [美] 马斯洛. 马斯洛人本哲学. 成明, 编译. 北京: 九州出版社, 2006 (5): 4.
④ [美] 马斯洛. 马斯洛人本哲学. 成明, 编译. 北京: 九州出版社, 2006 (5): 5.

该一共有 5 个层次的本能，满足了一个层次必然会有高一层次的需要。这些都是人客观存在的本能，也是把中国梦融汇于大学生思想政治教育之中需要考虑的一个重要心理学基础，从而在尊重大学生正常心理需求和理想诉求的基础上，有效地将中国梦融入大学生的思想政治教育之中，最大限度地规避掉一部分大学生对社会主义核心价值体系的"心理阻抗"和"心理障碍"[①]问题，在遵循心理学科学的理论基础同时，不断净化大学生的心灵世界，不断提升大学生的精神境界，以期在潜移默化中深化大学生对社会主义道路的认同度和践行力。

大学生在学习阶段，思想活跃，处事积极。每一个大学生都会在刚入大学的时候就已经树立了一个属于自己的理想，或学业有成继续深造，或工作如意奉献社会。在中国梦的行程里，"生活在我们伟大祖国和伟大时代的中国人民，共同享有人生出彩的机会，共同享有梦想成真的机会，共同享有同祖国和时代一起成长与进步的机会。有梦想，有机会，有奋斗，一切美好的东西都能够创造出来。"可以说，在社会性的规诫中，人最终实现从必然王国向自由王国的飞跃，从而使得"每个人的自由发展是一切人的自由发展的条件。"[②] 因此，美梦成真是每一名大学生的期盼和期待，而每一个梦想的实现都会带给社会一份新生力量，都为民族发展融入新鲜血液。所以，中国梦让我们真实地感受到个人发展与民族梦想之间在终极目标界面上的一致性。

反观马克思主义经典理论，马克思主义的人性论让我们看到，"人的

[①] 注："心理阻抗"和"心理障碍"两个词是心理学术语。此处是指大学生在发展过程中，受主、客观因素影响，固着于其个性结构中的偏差或不完善的认知、情感、意志所产生的对德育的漠视或拒绝，影响了德育的有效实施，人们把这种现象称为心理阻抗。这种心理抗拒突出表现在大学生的认知同道德实践的反差、道德理想和道德现实之间的反差、课堂内外道德的反差等上。……如果大学生的心理阻抗定势得不到有效的改变，就会转变为学生接受德育的心理障碍，亦即大学生头脑中所存在着的某些思想或心理因素阻碍他们对道德要求、意义的真正理解，从而不能把这些要求转化为自己的需要。概括而言，大学生道德接受的心理障碍主要体现为四个方面：一是动力系统功能障碍；二是导向系统功能障碍；三是加工系统功能障碍；四是调节系统功能障碍。接受心理障碍的存在严重制约了高校道德教育的接受效果。因此，要提高高校道德教育的实效性就必须消除学生道德教育的心理障碍。——参见刘志坚《心理学视角下的高校德育低效反思》，载《思想政治教育》2008 年第 6 期，第 33 页；孙锦争《大学生的德育接受与个体心理阻抗分析》，载《陕西青年管理干部学院学报》2004 年第 3 期；陈金容《道德接受心理障碍分析》，载《内蒙古农业大学学报》（社会科学版），2005 年第 1 期。

[②] 马克思恩格斯选集（第 1 卷）. 北京：人民出版社，1972.

自然本性、人的本质和人的类特性的统一，人性不是孤立、静止不变的，而是具体的、历史的和发展的，是与人类社会历史的发展相联系的。马克思主义人性论不仅是人类社会发展规律的理论出发点，也是思想政治教育的重要理论基础。它规定着思想政治教育的目标和任务，是思想政治教育方法与原则的主要理论依据。"[1] 原因在于，"从思想政治教育活动的要素看，教育的主体（教育者）、客体（受教育者）、介体（教育目的、内容、方法）、环体（社会环境）无一不与人性相联系，从思想政治教育活动的过程看，教育对象的内化、外化、调解等过程无疑不是人性的反映，这就规定着思想政治教育活动要以人性为原则。"[2] 并且在尊重人性、发展人性自由的基础上展开符合人性需要的理想信念教育，以实现大学生物质需要满足之后对精神需要层次的不断提升。中国梦尊重人的存在，关注人的情感，因为人的需求首先是物质需要，其次是建立在物质基础之上的心理、精神、情感、发展等方面的需要。精神需要可以改变人的思想和行为，能够产生激励的作用，最终可以促进人的全面发展以带动整个民族的进步和发展。

因此，在遵照社会理性规范的前提下，发掘和培养大学生的个体发展方向，有效引导大学生坚守社会主义理想和信念，建立科学的奋斗目标是大学生思想政治教育的重要任务。在中国梦与大学生思想政治教育工作的融合中，需要教育工作者科学合理地引导和鼓励大学生自觉、自主地展开理想信念教育活动，自觉调节和控制自身言行，在自我教育、自我锻炼的逐梦过程中，把树立和坚守中国特色社会主义道路变成他们自主创造活动的源泉，使他们在精神境界层面获得不断地提升，最终在国家民族和谐发展中来实现个体的自由发展，并为社会主义和谐社会的发展提供坚实的中国力量基础。在高校大学生思想政治教育工作中，通过个人梦想的张扬和人性化的方式融入中国梦的精神力量，探索出一条中国梦与大学生自由发展相统一的融合路径。

---

[1] 丁晓武. 论思想政治教育的马克思主义人性论基础 [J]. 思想政治教育（人大复印资料），2008（6）：26.

[2] 丁晓武. 论思想政治教育的马克思主义人性论基础 [J]. 思想政治教育（人大复印资料），2008（6）：29.

总之，中国梦遵循大学生作为一个个体所具有的内在诉求，满足了大学生的多层次性需要，有助于高校思想政治教育工作者确立从外部融合到主体内化的开放式融合实践模式，在理论结合实践的操守中，从框架性思维转向概念性思维，进而步入实践性思维，最终使大学生在科学认知、理性认同的基础上成为当代中国梦的真正践行者，以期在高校形成内外统一、整体划一、兼容并蓄的合力型思想政治教育网络，在引导大学生正确追逐个人梦想的同时，坚定理想信念教育，不断"增强对中国特色社会主义的理论自信、道路自信、制度自信，坚定不移沿着正确的中国道路奋勇前进"，在大学梦与理想的融合中，真正实现中华民族伟大复兴的中国梦。

（此文刊于《高校德育工作的理论研究和实践探索》，冯世勇主编，山西人民出版社 2014 年 6 月版。）

论法学教育职业化背景下的大学生职业道德观培养问题

摘　要　大学生有关法律与道德的认知、理解与实践是高校思想政治教育工作的重要内容之一。在法学教育职业化的背景下，针对当前法学专业大学生生命价值观中出现的金钱至上、功利主义和实用主义倾向，高校思想政治工作者需要了解其弊端并予以引导和纠正，结合大学阶段不同时期的学生特点，积极探索符合生命发展规律的工作思路，侧重大学生德心与德行的培养，通过内外融合、师生融合和文化融合路径有实效地开展职业道德观教育和引导工作。

关键词　法学教育；职业化；大学生；道德观培养

三十多年来，我国法学教育存在不确定性的定位，或主张培养法律人才的"精英教育"，或提倡为社会培养法律人的"职业教育"，或致力于一般大学教育的"通识教育"等。然而，随着社会的发展，高校法学教育与司法考试的内容体系日益融合，法学专业的大学生积极参与公检法司的社会实践，法学教育同法律职业紧密地联系在一起。"法律职业化已成为当代中国法学教育改革的方向"[①]，法学教育是一种职业化教育越来越得到专家学者的认可。2011年提出的卓越法律人才培养计划，重点是培养应用型和复合型的法律职业人才。[②] 随之，加强法律职业能力培养的呼声日益高

---

①　陈伟，王昌立. 法律职业能力提升与法律诊所教育[J]. 中国法学教育研究，2015（2）：15.
②　参见2011年教育部和中央政法委出台的《关于实施卓越法律人才教育培养计划的若干意见》。

涨，诸多高校的法科培养目标开始转向职业人才。① 2013 年，在中国政法大学承办 2013—2017 年教育部高等学校法学类专业教学指导委员会成立大会上，徐显明在总结讲话中指出："当前我国高等法学教育正处在改革发展的关键阶段，法学教育发展存在着法律职业的高素质与法学教育的低起点之间的矛盾、大众化与职业教育的英才要求间的矛盾、人文教育和科学教育之间的矛盾、法学教育的通识教育与职业教育的定位矛盾等 4 个矛盾以及法学教育在职业化方面存在着司法伦理的训练、职业技巧培训两个缺陷亟待解决。"实际上，在职业化的大背景下，尽管存在这样那样的矛盾，但是诸如司法伦理、职业技巧等，这些看似职业范畴的内容，恰恰也是法科高校思想政治教育工作需要深入探讨的课题。

一、我国法学教育日益职业化的现实背景

在我国的法学教育中，法学专业的课程设置、大学生临近毕业的实习安排、法学专业教学对象的特殊班型、大学生就业去向的选择等方面，都呈现出明显的职业化倾向。

（一）课程设置职业化：法学专业的课程设置内容侧重理论知识与司法考试相结合

我国很多设置法学专业的高校都提出了法学本科教学改革方案。这有其必然性，因为"法律职业背景下，国家司法考试制度的推行要求我国的法学本科教育进行相应改革。法学本科教育应当是一种职业教育。由法律知识、法律思维、法律职业能力三部分组成。"② 而今，只有经过高校法学专业学习且通过司法考试的人员才可能进入公检法司和律师队伍。在课程设置上，我国高校的不少法学院都将理论学习和备考司法考试的内容相结合，一方面优化法学课程的理论部分，另一方面强化司法考试的应试训练，

---

① 如：唐波、黄超英结合华东政法大学的做法探讨加强法律职业能力训练问题，参见其文章《加强法律职业能力训练培养应用型法律人才》，载《中国法学教育研究 2013 年夏季论文集》第 36 页；四川理工学院法学人才培养定位在"法律人"上，即适合社会需求的具有法律职业知识技能和职业伦理的应用型法律职业化人才。参见吴斌，缪锌：《服务性学习指领下基层应用型法律职业人才培养机制研究——以四川理工学院为例》，载《中国法学教育研究 2013 夏季论文集》，第 59 页。

② 杨丹、李应利、周名峰. 法律职业化背景下法学本科教育改革——兼谈暨南大学本科教育改革[J]. 暨南高教研究，2006（1）.

让学生尽快适应未来工作需要，在大学四年级的时候就能获得进入法律人行列的第一块"敲门砖"。

（二）实习安排职业化：法学专业学生的实习单位大多为公检法司和律师事务所

当前，高校各大法学院与多家公检法司和律师事务所签下了实习协议，建立共同培养的教学实践基地。在大学三年级的时候，学校把大学生派往签约教学单位实习，让大学生积累社会工作经验，丰富社会阅历，提升理论应用于实践的能力，为今后法律职业工作奠定现实基础。在实践中，法学专业大学生的实习单位也可以成为用人单位。在实习过程中，不少优秀大学生被实习单位选留任用，解决了自身的就业问题。可见，各大高校对法学专业大学生的实习安排，凸显出法学教育的职业化倾向。

（三）教学对象职业化：法学专业教学逐步增加西部在职班定向培养的特殊模式

法学专业教学中新增加的"西部班"是一种职业化的法学教育模式。中国政法大学自2010年起开始招收"西部班"。生源来自中国的西部地区，且已经在西部地区的公检法司等部门工作，专业学制为两年，学生毕业后回到所在地继续工作。其教学目的是缓解西部地区法律工作人员素质不高的不足，进一步提升该学生的司法考试通过率，服务当地法治建设。法学院为这种特殊班型设置有针对性的职业化课程，配备职业化的师资，以保证未来教学目标的实现。显然，这种定向培养的"西部班"是高校法学专业的职业班。

（四）就业目标职业化：法学专业学生的就业去向大多为公检法司和律师事务所

就目前统计的结果看，法学专业大学生的毕业去向很集中，多为公安局、检察院、法院、司法局和律师事务所等。即使去国家企业单位工作，其所从事的也大都是法务工作。法学专业大学生是国家政法系统吸收优秀人才的重要来源之一。在毕业的时候，法律职业人是大多数法学专业大学生的首选。拥有明确的职业去向是法学专业大学生的优势所在。这既可以专业对口，学有所用，又可以进入司法领域工作，用所学专业服务国家建设，实现依法治国的梦想。

二、当前法学专业大学生应具有的职业道德认知

职业道德是人们从事某种职业所具有的基本道德素养,它既是从业者自身对社会应负的责任,也是社会对从业者的要求。作为特殊群体的司法工作者,是国家的政法精英,是社会的中坚力量,履行法律人的职业道德是基本行为。毫无疑问,因为受到中国传统文化的熏染,当代中国青年学生大多信守主流价值观,具有集体观念和家国情怀。但是,西方价值观的渗入和市场经济唯利是图的影响,当代大学生有关法律职业的理解也日趋多元,一定程度上偏离了核心价值观,一部分大学生出现错误的道德取向,表现为对生命意义的漠视,推崇金钱至上,乐于追求实用主义,安于享乐主义,甚至有极端轻视自身修养和职业伦理的倾向,需要高校德育工作者给予理论思考和重点关注,并在高校大学生思想政治工作中引导主流文化,树立社会主义道德观。在大学期间,法科学生应具备基本的法律职业道德认知,即运用法律知识,拥有法律信仰,具有法律责任,参与法律实践。

(一)运用法律知识,做到学以致用

大学阶段是储备知识最好的时期。法学知识内容庞杂,条目繁多,需要了解和掌握的要点数不胜数。优秀的法学大学生必然要具有丰富的法律知识,因为只有掌握知识,才能满足法治国家和法治社会的需求,在实践中发挥法律赋予人类权利和自由地作用。为此,法学专业大学生需要完成所学知识的消化与吸收的学习任务,同时更要学会在实习实践中活学活用,不断提升检验理论知识的实践能力,并通过实践反馈自己对已有知识的掌握情况。法律的生动性恰恰体现在人类一系列休养生息的实践活动中,活学活用的知识才是真知识,尤其是面对未来的职业需求,法律知识的运用显得尤为重要。

(二)拥有法律信仰,做到理性思考

"法律必须被信仰,否则它将形同虚设"[1]。法学专业大学生是未来法律人的储备人才,是法治社会的主力军,必然要对法律保持应有的信仰。信仰是从事法律职业的精神力量,是理性思考和处理法律事务的基础。只

---

[1] [美]哈罗德·J.伯尔曼.法律与宗教[M].梁治平,译.北京:中国政法大学出版社,2003(12).

有保持法律信仰的人，才能在人情世故中把握好法理与情理之间的分寸，遵守法律，履行法律，维护法律，不因情枉法，不违法徇私，坚守公平与正义，用实际行动来捍卫法律的尊严。

（三）肩负法律责任，做到以人为本

责任就是一种担当。法律工作是需要运用法律手段解决实际问题，每一个法律人都需要敢担当，敢作为，真正用以人为本的思想来处理各项事务。无责任之心的人是做不好法律工作的。在法律工作中，如果手中之法不能够为民做主，并企图利用法律来实现个人利益满足的，那么这种想法必将玷污法律的尊严，也必将毁灭自己。为此，法学专业大学生在选择法学专业之初，就要从内心肩负起法律责任，做到以人为本，公私分明，为将来从事法律工作奠定思想基础。

（四）重视法律实践，做到以德行事

"道德在逻辑上先于法律。没有法律可以有道德，但没有道德就不会有法律。"① 新时期，道德与法律密不可分，德治与法治也必将共存。习近平在中共中央政治局第三十七次集体学习时强调："坚持依法治国和以德治国相结合，推进国家治理体系和治理能力现代化。他指出，法律是成文的道德，道德是内心的法律。法律和道德都具有规范社会行为、调节社会关系、维护社会秩序的作用，在国家治理中都有其地位和功能。法安天下，德润人心。法律有效实施有赖于道德支持，道德践行也离不开法律约束。法治和德治不可分离、不可偏废，国家治理需要法律和道德协同发力。"作为未来的法律人，法学专业大学生在高校内就需要了解和掌握基本的职业道德知识，做好服务法治社会的理论储备和实践能力，在自由裁量的法律空间里，始终能够怀揣道德之心，行使有德之事，"因为法律只不过是人类行为的最低准则，道德才是人类行为的最高要求。"② "给教育以信仰与德行"③，才能实现德心与德行的完美统一。

---

① ［英］米尔恩. 人的权利与人的多样性［M］. 夏勇，张志铭，译. 北京：中国大百科全书出版社，1995：35.
② 冀祥德，等. 中国法学教育现状与发展趋势（代自序）［M］. 北京：中国社会科学出版社，2008.
③ 冀祥德，等. 中国法学教育现状与发展趋势（代自序）［M］. 北京：中国社会科学出版社，2008.

三、大学生职业道德观培养的基本思路

高校大学生思想政治工作是一个常抓不懈的育人工程。从大学生入校开始就着手进行其德行的引导与教育。法学专业大学生因肩负未来司法工作的使命，对其进行的职业道德观培养需要通过内外融合，传授法律人基本的职业道德；需要通过师生融合，传承中国传统文化的德育精髓；需要文化融合，传递大学职业理想的尚德思想。

(一) 内外融合，传授法律人基本的职业道德

1. 课内：在课堂教学中渗透司法工作的职业伦理操守

课内教学是获得理论知识的基本渠道。法学专业教师需要在传授基础知识的过程中，渗入司法工作中的真实案例，现身说法，让大学生了解一般的司法程序和职业伦理，结合思想道德修养和法律基础课程进一步拓宽知识面，从而在思想层面能够不唯知识，不教条理论，做到创新思维，有德性德行，在校园内就能审视当下，放眼未来，了解和深刻理解法律人最基本的职业道德标准和规范。

2. 课外：在社会实践中学习公检法司工作的职业技巧

职业技巧是工作实践的总结，法律工作技巧是法律实践的总结，并且通过社会实践才能逐渐获得。"没有职业技巧的法官、检察官和律师就不能适应职业的要求。"[1] 法学专业大学生需要利用学校实习和自我实践的机会，通过律所参观、律师沙龙、12.4普法活动等社会实践形式，走出校园，亲近社会，多去接触一线法律工作，多去向公检法司的工作人员学习，不唯知识，不教条理论，在实践中观察社会，感悟生活，积累经验，掌握技巧，磨练意志，分析问题，获得书本外的知识，深入理解和掌握应有的职业技巧，在新的人际关系群体中学习处理问题的方法，从而使自己的综合能力有所提高。

(二) 师生融合，传承中国传统文化的德育精髓

1. 发挥专业课教师的理论优势，侧重道德修养的理论讲解

"两课"教师是传授思想政治理论的主力军。在大学生职业道德的培养

---

[1] 参见李林教授2007年10月21日在贵州贵阳"花溪之畔·法学教育改革论坛"上的演讲。出自冀祥德等：《中国法学教育现状与发展趋势》（代自序），中国社会科学出版社2008年版。

中，专业课教师具有不可替代的理论优势，承担着"传道授业解惑"的重要职责。为此，需要积极发挥其优势，在内容上加大中国传统文化的思想精髓，在形式上扩充国学内容，增加文化游学的教学模式，以此进一步强化大学生自我修身意识，在大学期间形成追古访今，文化育人的德育氛围。

2. 发挥一线辅导员的布道作用，侧重心理层面的道德引导

高校的一线辅导员大多是心理咨询师，是大学生道德认知的引导者。法律职业能力的培养离不开大学生的正确心理认知，因此成熟的就业心理准备非常必要。针对法学专业大学生的特点，通过个别谈话、心理疏导等方式，与大学生一起探索未来生活，一起规划就业意向，把握道德认知的底线，传授法律职业中应遵守的道德规则，做好特殊学生的应对预案，真正成为大学生的生活导师和学习益友，在未来职业化道路上做好道德引导工作，为大学生的职业化发展提供心理准备和精神支持。

3. 发挥模范大学生的示范效应，侧重典型事例的现身说法

榜样的力量总是无穷的。在校园生活中，大学生并不缺少榜样，缺少的是正视榜样和向榜样学习的一种姿态。在高校大学生思想政治工作中，每一名德育工作者都要善于发掘大学生群体中的典型事例，通过组织各类活动来宣传模范大学生的事迹，以此充分发挥优秀学生的模范作用，进一步传递善良、责任、担当等正能量品质，激发大学生创先争优的热情，营造优秀的学习风气和社团风气，促进学生综合素质的提高，为大学校园打造新一批品学兼优的榜样明星。实际上，对于法学专业大学生来说，榜样是前进的灯塔，照亮前行的方向，而向榜样学习则是点亮其内心世界的烛火，照亮自己，遥望远方，在迷茫中能始终保持自我，在修身齐家治国的法律职业征途中，修炼一颗"德心"，成就一生的"德行"。

（三）文化融合，传递大学职业理想教育的尚德思想

1. 入学教育，开启通向职业法律人的思想启蒙活动

高校一年一度的开学典礼是展示学校教育理念的最佳时机。入学教育中，不论是校长讲话，还是教师发言，其内容不应限于哗众取宠的搞笑宣讲，一笑而过，而应该侧重未来职业人的知识储备和道德修养，应该是新学生的思想启蒙活动。入学之初，大学生就已经开始关注未来的发展方向，

选择法学专业就已经选择了法律人之路。法律人的角色、法律人的职责和法律人的担当等内容，需要在入学之初就能获得最直接的教育，为今后的学习奠定良好的思想基础。

2. 评优活动，量化科研成果和学术研究的德行分值

高校评优活动涵盖了各级各类奖学金获得者的评选，因为事关自身经济利益和名誉尊严，向来是大学生关注的焦点问题。大多数的评优评奖制度中的标准侧重成绩和论文数量，很少或根本不涉及道德层面的问题，以致使得少德行的学霸凸显，道德层面缺少监管。为了培养符合社会需求的有职业道德的法律人才，这里需要在量化科研成果指标的同时，增加学术道德的考评内容，并进一步量化指标，真正让品学兼优的大学生成为优秀的代表。

3. 就业培训，通过模拟法庭演练巩固职业伦理知识

我国传统法学教育历来注重专业知识的传授，相对忽略法律职业的校内培训环节。大学教育是职前教育的重要时期。法学专业大学生最直接的就业训练载体就是法庭。模拟法庭不仅仅是课程设置的必备内容之一，更应该是法学专业大学生校园文化的主战场。面临毕业季，针对法学专业大学生关心与关注的就业问题，高校学生工作者要以就业培训为重点，各种社团组织需要多开展各种案例的模拟法庭训练活动，在模拟中考察德行，考验良知，通过证据的筛选、口才的角逐、善恶的较量，进一步巩固课内职业伦理知识，最大化地提高法学专业大学生对于法学理论知识的运用能力，实现学历教育向职业教育的有效衔接。

总之，在法学教育职业化的大背景下，高校大学生的职业道德教育势在必行。正如习近平在中共中央政治局第三十七次集体学习时所指出的那样："要重视发挥道德的教化作用"，"要在道德体系中体现法治要求，发挥道德对法治的滋养作用"，"要在道德教育中突出法治内涵，注重培育人们的法律信仰、法治观念、规则意识，引导人们自觉履行法定义务、社会责任、家庭责任，营造全社会都讲法治、守法治的文化环境。"

（此文发表于《中国法学教育研究》2017年第2期。）

如何在法学专业大学生德育工作中实现"立德树人 德法兼修"

——学习习近平在考察中国政法大学时的重要讲话

内容简介 学习习近平在考察中国政法大学时的重要讲话，结合实际的大学生德育工作，积极发挥思想政治教育工作者的思想引导作用，在学习过程中，求学守道，怀揣德心，引导法学专业大学生保持法大人的公德良心；在社会化过程中，融入社会，谈吐德言，引导法学专业大学生始终保持社会人的君子风范；在就业规划中，天下为公，处世德行，引导法学专业大学生保持法律人的正义之举。真正让法大学子肩负起未来依法治国的历史重任，拥有德心，表述德言，保持德行，在社会主义法治国家的建设中成为中坚力量。

关键词 法学；大学生；德心；德言；德行

习近平总书记来到中国政法大学考察的重要讲话，不仅带来了党中央节日的问候，而且站在依法治国的高度上，对法大师生提出了新时期的新要求，即要始终坚定理想信念，始终坚持中国特色社会主义法治道路，始终坚持以马克思主义法学思想和中国特色社会主义法治理论为指导，立德树人，德法兼修，培养大批高素质法治人才。如何在法学专业大学生德育工作中实现"立德树人 德法兼修"，这个时代课题必将引起高校思想政治教育工作者的深入思考，以在实践中发挥教育工作者应有的思想引导作用。

一、求学守道，怀揣德心，引导法学专业大学生保持法大人的公德良心

在法大，每一名思想政治教育工作者都是法大的一员，更是法大学生的思想引导者和德心修行的示范者。"正人先正己"，只有师生各司其职，各敬其业，各专其业才会形成良好的道德氛围。也只有为师者以德修身，演好自己的角色，理性把握自身定位，才可示范他人，引导学生，保持法大人应有的公德良心。

（一）辅导员的角色应从"救火队员"转向"德心榜样"

传统的高校辅导员都自命是"救火队员"，学生有事就上阵，的确发挥了灭火救人的良好作用。但是，随着社会价值的多样化，仅仅满足这一个角色已经不能够解决很多实际问题，而树立公德良心，做大学生身边的"德心榜样"更容易获得大学生的尊重，也更容易取得工作的实效。没有德心的辅导员是失职的，没有爱心的辅导员是失责的。不负职责的教育必将是失败的教育。习近平指出，"中国特色社会主义法治道路的一个鲜明特点，就是坚持依法治国和以德治国相结合，强调法治和德治两手抓、两手都要硬。法学教育要坚持立德树人，不仅要提高学生的法学知识水平，而且要培养学生的思想道德素养。"[1] 法学专业的大学生不仅要掌握扎实的业务知识，更要有非常高的思想道德素养。这种思想道德素养更大程度上是职业道德。所以，大学辅导员在大学生求学阶段就应该做好榜样示范作用，通过言传身教发挥积极的影响作用，真正成为大学生的人格榜样、爱心榜样、道德榜样。

（二）两课教师的授课方法应从一家"独白"转向多角度"对话"

习近平强调，"法学学科是实践性很强的学科，法学教育要处理好知识教学和实践教学的关系。""两课"教师身处高校思想政治教育教学的第一线，自然对引导法学大学生的专业学习和道德取向发挥重要的作用。根

---

[1] 习近平在中国政法大学考察时强调立德树人德法兼修抓好法治人才培养 励志勤学刻苦磨炼促进青年成长进步 [N]. 光明日报，2017-05-04.

据现实要求,传统的"两课"教师需要调整授课方法,不能仅仅是简单地传递知识,解释现象,更要与学生对话,通过实践教学来深入探索研讨问题背后的深层原因,共同分析解决的方法,激发起大学生的创新意识,理论研究引导法治实践,治国实践激发法治理论的创新,相辅相成,教学相长,真正让三尺讲堂充满为学求道的氛围,从教师的一家"独白"转向师生交流的多角度"对话"。

(三)大学生的学习主体地位应从接受"被动"转向求知"主动"

大学生在学习中,不仅要规避掉以往的"被动"学习状态,而且要积极探索学习方法,主动了解社会时事,乐于参加各种社会实践,变被动为主动,成为专业学习中的探索者和创新者。这样,才能解决专业问题,才能适应职业角色,为将来的工作生活打下牢固的基础。习近平强调,"中国的未来属于青年,中华民族的未来也属于青年。青年一代的理想信念、精神状态、综合素质,是一个国家发展活力的重要体现,也是一个国家核心竞争力的重要因素。当今中国最鲜明的时代主题,就是实现'两个一百年'奋斗目标、实现中华民族伟大复兴的中国梦。当代青年要树立与这个时代主题同心同向的理想信念,勇于担当这个时代赋予的历史责任,励志勤学、刻苦磨炼,在激情奋斗中绽放青春光芒、健康成长进步。"[①] 这就意味着,青年大学生要刻苦学习,积极探索,不限于被动的督促,而应该发挥自身的能动性,积极学习,主动探索,乐于求学,学中有获,勇往直前,开拓进取,保持青年人应有的活力,坚守理想信念,提升综合素质,把握人生航向,坚持政治选择,用所学和专长为国家、为社会、为人类做出贡献,不辜负祖国赋予的时代重任。

二、融入社会,谈吐德言,引导法学专业大学生始终保持社会人的君子风范

步入社会,每一个法大学子都是一名社会人。在社会化的过程中,有

---

① 习近平在中国政法大学考察时强调立德树人德法兼修抓好法治人才培养 励志勤学刻苦磨炼促进青年成长进步 [N]. 光明日报,2017-05-04.

物欲金钱的诱惑，有功名利禄的牵绊，有功成名就的梦想……越是在复杂的环境中，法大师生就越应该怀揣德心，口吐德言，谨言慎行，不打诳语，不放虚言，更需要坚守原则，不畏人言，不传妄语，不信流言，能够用智慧战胜生活与工作中的难题，做到"非礼勿视，非礼勿听，非礼勿言，非礼勿动"（《论语·颜渊》），保持社会人的君子风范。

（一）理性运用网络技术，增强网络舆情的应急处理意识

网络时代推进了人类的进步，也滋生了不良的言语方式。高校思想政治教育工作者要适时引导法学专业大学生科学运用网络技术，针对网络出现的不良宣传，尤其是非主流的信息，应保持清醒的头脑，既要有法律意识，也要有应急策略，通过理性判断来控制网络风险，始终能维护好自身形象，不辜负学校多年培养，让网络成为宣传母校与法律人的最好平台。

（二）理性表述私人话语，积极发挥自媒体的正能量作用

现代的私人话语大多通过网络 QQ、手机微信的方式来传递。这就需要在高校思想政治工作中，积极引导大学生理性表述自己的话语，在转贴刷屏中，做到语言文明；在朋友圈评论中，做到信息准确；在微博发帖中，做到用语得体。在虚拟的个人世界里，时时处处展示当代大学生的精神风貌，时时刻刻塑造法律人的正面形象，从而从我做起，积极发挥自媒体的正能量宣传和引导的作用。

（三）理性参与公众话语，科学宣传社会主义核心价值观

社会主义法治建设离不开社会主义核心价值观。习近平指出，"法学专业教师要坚定理想信念，带头践行社会主义核心价值观，在做好理论研究和教学的同时，深入了解法律实际工作，促进理论和实践相结合，多用正能量鼓舞激励学生。"[①] 高校师生不仅要带头践行社会主义核心价值观，学高为师，身正为范，更要用实际行动宣传社会主义核心价值观。针对社会热点问题，需要引导法大学子理性参与，科学论述，始终保持辩证思维的头脑，语言不偏激，措辞不感性，只有经过理性思考的话语才具有说服力。同时，注意引导大学生区别中西文化的差异，不盲从西学，

[①] 习近平在中国政法大学考察时强调立德树人德法兼修抓好法治人才培养 励志勤学刻苦磨炼促进青年成长进步［N］. 光明日报，2017－05－04.

不狂妄自大,正如习近平指出的那样,"法学学科体系建设对于法治人才培养至关重要。我们有我们的历史文化,有我们的体制机制,有我们的国情,我们的国家治理有其他国家不可比拟的特殊性和复杂性,也有我们自己长期积累的经验和优势,在法学学科体系建设上要有底气、有自信。要以我为主、兼收并蓄、突出特色,深入研究和解决好为谁教、教什么、教给谁、怎样教的问题,努力以中国智慧、中国实践为世界法治文明建设做出贡献。对世界上的优秀法治文明成果,要积极吸收借鉴,也要加以甄别,有选择地吸收和转化,不能囫囵吞枣、照搬照抄。"[①]

三、天下为公,处世德行,引导法学专业大学生保持法律人的正义之举

工作岗位上,每一个法大人都是法律事业的形象代言人。这意味着法大人不仅代表自己,更代表着中国法律职业人甚至某一职业群体的形象。法的威仪在于体现公平,法的力量在于彰显正义。只有法律人处世以德,才可能赢得人们对法律的信任,才可能博得民众对法治国家的信心。

(一)以法为业,法科强校的使命就是要培养更多更好更优秀的法治人才

中国政法大学是我国一所以法科专业而著称的高等学府。在建校的65年间,秉持"厚德、明法、格物、致公"的校训,已经为国家各个领域培养了大批优秀的法治人才。习近平指出:"全面依法治国是坚持和发展中国特色社会主义的本质要求和重要保障,事关我们党执政兴国,事关人民幸福安康,事关党和国家事业发展。随着中国特色社会主义事业不断发展,法治建设将承载更多使命、发挥更为重要的作用。推进全面依法治国既要着眼长远、打好基础、建好制度,又要立足当前、突出重点、扎实工作。建设法治国家、法治政府、法治社会,实现科学立法、严格执法、公正司法、全民守法,都离不开一支高素质的法治工作队伍。法治人才培养上不

---

① 习近平在中国政法大学考察时强调立德树人德法兼修抓好法治人才培养 励志勤学刻苦磨炼促进青年成长进步[N]. 光明日报,2017 - 05 - 04.

去，法治领域不能人才辈出，全面依法治国就不可能做好。"① 为此，高校思想政治工作者需要针对法学专业的学科性特点，开展符合未来需要的学生活动，通过模拟法庭、支边支教、军营训练、公检法司实习等形式，丰富大学生的阅历，增强大学生的社会实践机会，早日锻炼成为适应国家需要的优秀的法治人才。

（二）以德督行，法治人才的职责就是要履行为国为民谋福祉的本分

习近平强调，"青年在成长和奋斗中，会收获成功和喜悦，也会面临困难和压力。要正确对待一时的成败得失，处优而不养尊，受挫而不短志，使顺境逆境都成为人生的财富而不是人生的包袱。广大青年人人都是一块玉，要时常用真善美来雕琢自己，不断培养高洁的操行和纯朴的情感，努力使自己成为高尚的人。"② 法治兴盛是社会文明的重要体现之一。高校思想政治工作中，需要全员积极引导法学专业大学生树立责任意识，在选择法学专业的同时，大学生就应该有一种崇高的使命感和责任感，拥有"高洁的操行"，成为法治建设中高尚的人。中国的法治事业期待着现在的大学生建功立业，中国的老百姓需要有担当有德行的公检法司干部伸张正义，这种为国为民谋福祉的艰巨任务是当今法学专业大学生的未来重任，不可小觑，不可漠视，不可将公权化为谋私的手段。只有在求学阶段就树立法治信仰，并以德行事，才可能在未来的工作岗位上发挥法大人的聪明才智，奉献国家，服务人民。

（三）公平正义，法治事业的理想就是要实现兴邦兴国兴天下的中国梦

公平与正义并不是空喊的口号和时髦的名词。中国的法治事业需要法学精英建功立业，谱写华章。在历史的舞台上，在人类的法治文明进程中，每一个青年学子都需要最大化地发挥个人的优势，贡献青春与才智，实现兴邦兴国的伟大理想，让中国傲立于世界。对于法学专业的大学生而言，

---

① 习近平在中国政法大学考察时强调立德树人德法兼修抓好法治人才培养 励志勤学刻苦磨炼促进青年成长进步 [N]. 光明日报，2017-05-04.
② 习近平在中国政法大学考察时强调立德树人德法兼修抓好法治人才培养 励志勤学刻苦磨炼促进青年成长进步 [N]. 光明日报，2017-05-04.

公平正义是法学理论和法治实践中的应有之义。高校应该如习近平指出的那样,"把思想政治工作和党的建设工作结合起来,把立德树人、规范管理的严格要求和春风化雨、润物无声的灵活方式结合起来,把解决师生的思想问题和教学科研、学习就业等实际问题结合起来,使高校始终充满积极向上的正能量、洋溢蓬勃向上的青春活力、展现改革创新的时代风采。"①

总之,法学专业大学生是中国法治建设队伍中的年轻力量,肩负着未来依法治国的历史重任,应拥有德心,表述德言,保持德行,在社会主义法治国家的建设中成为中坚力量。正如习近平总书记所期待的那样:"珍惜韶华,潜心读书,敏于求知,做到德智体美全面发展,毕业后为祖国和人民施展自己的才华,实现自己的人生价值。"②

---

① 习近平在中国政法大学考察时强调立德树人德法兼修抓好法治人才培养 励志勤学刻苦磨炼促进青年成长进步 [N]. 光明日报,2017-05-04.

② 坚定跟党走 为祖国展才华——学习习近平总书记在中国政法大学考察时的重要讲话之一 [N]. 光明日报,2017-05-04.

参考文献

一、国内著作

[1] 王民忠，郭广生. 大学生心理成长进行时［M］. 北京：中国轻工业出版社，2008.

[2] 臧克家. 臧克家诗选［M］. 北京：人民文学出版社，1978.

[3] 靳凤林. 死，而后生——死亡现象学视域中的生存伦理［M］. 北京：人民出版社，2005.

[4] 张新科. 中国古典传记文学的生命价值［M］. 北京：人民文学出版社，2012.

[5] 蔡墩铭. 生命与法律［M］. 台北：翰芦图书出版有限公司2000.

[6] 王定功. 生命价值论［M］. 北京：教育科学出版社，2013.

[7] 李德顺. 价值论［M］. 中国人民大学出版社，，2007.

[8] 蔡元培. 蔡元培论人生［M］. 韦伯，葛富斌，译. 天津：天津出版传媒集团天津教育出版社，2012.

[9] 刘恩允，等. 大学生生命教育研究［M］. 北京：中国社会科学出版社，2012.

[10] 谢普. 生命的价值和意义［M］. 北京：辽海出版社.

[11] 宇文利. 中国人的价值观［M］. 北京：中国人民大学出版社，2012.

[12] 桂华. 社会图像丛书·礼与生命价值：家庭生活中的道德宗教与法律［M］. 北京：商务印书馆，2014.

[13] 胡月. 大学生生命价值观对自杀意念的影响研究［M］. 北京：人民出版社，2016.

[14] 冯建军. 生命与教育［M］. 北京：教育科学出版社，2004.

[15] 竹立家. 道德价值论［M］. 北京：中国人民大学出版社，1998.

[16] 卞庆奎. 给大学生的N个提醒［M］. 北京：中国档案出版社，2006.

[17] 孙慕义. 后现代生命伦理学·关于敬畏生命的意志以及生命科学之善与恶的价值图式：生命伦理学的新原道、新原法与新原实（套装共2册）［M］. 北京：中国社会科学出版社，2015.

[18] 邱仁宗. 生命伦理学［M］. 北京：中国人民大学出版社，2010.

[19] 罗秉祥，陈强立，张颖. 生命伦理学的中国哲学思考［M］. 北京：中国人民大学出

版社，2013.

[20] 马中良，袁晓君，孙强玲. 当代生命伦理学：生命科技发展与伦理学的碰撞［M］. 上海：上海大学出版社，2015.

[21] 黑晓佛. 回归生命走向生活——当代道德教育的精神品格与价值自觉［M］. 北京：人民出版社，2012.

[22] 冯建军，等. 生命化教育［M］. 北京：教育科学出版社，2007.

[23] 王晓虹. 生命教育论纲［M］. 北京：知识产权出版社，2009.

[24] 何仁富，汪丽华. 生命教育的思与行［M］. 北京：现代教育出版社，2016.

[25] 郑晓江. 生命忧思录：青少年生命教育刻不容缓［M］. 海峡出版发行集团，福建教育出版社，2012.

[26] 梁慧勤. 大夏书系·走进生命的教育：教练型班主任专业修炼［M］. 上海：华东师范大学出版社，2016.

[27] 翁琴雅. 生命意义的追寻与教育目的的叩问：我国中学校长职业幸福感研究［M］. 杭州：浙江大学出版社，2016.

[28] 沈琪芳，夏雪梅. 教师生命教育［M］. 上海：华东师范大学出版社.

[29] 吴增强，高国希. 上海市中小学生生命教育研究［M］. 上海教育出版社，2016.

[30] 邬昆如. 人生哲学［M］. 北京：中国人民大学出版社，2007.

[31] 詹石窗. 道教文化十五讲［M］. 北京：北京大学出版社，2003.

[32] 梁启超. 德育鉴［M］. 北京：北京大学出版社，2011.

[33] 周浩波. 教育哲学［M］. 北京：人民教育出版社，2000.

[34] 吴光远，肖娟娟. 尼采——不做"好人"做强者［M］. 北京：新世界出版社，2005.

[35] 马皑主. 缘于不平等的冲突——当代中国弱势群体犯罪问题实证研究［M］. 海口：海南出版社，2010.

[36] 史仲文. 生死两论. 序［M］. 北京：中国社会出版社，2009.

[37] 丁来先. 诗人的价值之根·引言［M］. 北京：中国社会科学出版社，2011.

[38] 鲁迅. 朝花夕拾 狗猫鼠［M］. 长春：吉林出版集团有限责任公司，2009.

[39] 张子毅. 中国活法［M］. 北京：人民东方出版传媒东方出版社，2016.

[40] 郑春晔，吴剑. 大学生涯与职业规划［M］. 北京：经济科学出版社，2009.

[41] 浦启华，彭立兵. 百年图强：从鸦片战争到澳门回归［M］. 哈尔滨：黑龙江教育出版社，1997.

[42] 高占祥，王青青. 信仰力［M］. 北京：北京大学出版社，2012.

[43] 黄进. 何以法大［M］. 北京：中国人民大学出版社，2016.

[44] 李令彬. 大学不知道年轻时最重要的人生抉择与思考［M］. 北京：群言出版社，2009.

[45] 何仁富，刘福州. 大学生命教育的课程与教学：第三届海峡两岸大学生命教育高峰论坛论文集［M］. 北京：中国广播电视出版社，2015.

二、译著

［1］马克思，恩格斯. 马克思恩格斯全集（第42卷）［M］. 北京：人民出版社，1979.

［2］卡尔·罗杰斯. 论人的成长. 石孟磊，等，译［M］. 北京：世界图书出版公司北京公司，2015.

［3］汤姆·比彻姆（Tom Beauchamp）、詹姆士·邱卓思（James Childress）. 生命医学伦理原则（第5版）. 李伦，译［M］. 北京：北京大学出版社，2014.

［4］叔本华. 叔本华论生命悲剧哲学［M］. 长春：北方妇女儿童出版社，2004.

［5］恩斯特·卡西尔. 人论［M］. 甘阳，译. 北京：西苑出版社，2004.

［6］刘易斯. 托马斯. 观海窥天（Lives of a call）［M］. 胡寿文，译. 北京：商务印书馆 1994.

［7］尼采. 尼采生存哲学［M］. 杨恒达，等，译. 北京：九州出版社，2003.

［8］威廉·巴雷特. 非理性的人——存在主义哲学研究［M］. 杨照明，艾平，译. 北京：商务印书馆，2004.

［9］笛卡尔. 笛卡尔的人类哲学［M］. 唐译，编译. 长春：吉林出版集团有限责任公司，2013.

［10］丹明子，主编. 笛卡尔. 笛卡尔人生哲学［M］. 北京：中国工人出版社，2011.

［11］马斯洛. 马斯洛谈自我超越［M］. 石磊，编译. 天津：天津社会科学院出版社，2014.

［12］弗洛伊德. 精神分析引论［M］. 彭舜，彭运石，车文博，译. 西安：陕西人民出版社，2001.

［13］约瑟夫·墨菲.［M］. 吴忌寒. 译. 北京：光明日报出版社，2014.

［14］弗洛伊德. 梦的解析［M］. 姜春香. 译. 北京：中国文联出版社，2016.

［15］车文博. 弗洛伊德文集3［M］. 长春出版社，2010.

［16］阿尔弗莱德·阿德勒. 论灵魂与情感［M］. 石磊，编译. 北京：中国商业出版社，2016.

［17］David R. Shaffer. 发展心理学——儿童与青少年（第六版）（Developmental Psychology Childhood and Adolescence）［M］. 邹泓，等，译. 北京：中国轻工业出版社，2005.

［18］兰德曼. 哲学人类学［M］. 阎嘉，译，贵阳：贵州人民出版社，1988.

[19] 威廉·詹姆斯. 实用主义［M］. 燕晓冬, 编译. 重庆：重庆出版社, 2006.

[20] 塞缪尔·斯迈尔斯. 信仰的力量［M］. 北京：北京图书馆出版, 2000.

[21] 阿尔弗雷德·阿德勒. 理解人性［M］. 罗鸿幸, 王心语, 译. 北京：新世界出版社, 2016.

[22] 萨特. 存在主义是一种人道主义［M］. 周煦良, 汤永宽, 译. 上海：上海译文出版社, 2012.

[23] 吕齐马斯. 论生活的价值［M］. 长春：吉林大学出版社, 2004.

[24] 尼采. 尼采的自我哲学［M］. 唐译, 编译. 长春：吉林出版集团有限责任公司, 2013.

[25] 周国平选编译. 尼采读本［M］. 北京：新世界出版社, 2007.

三、论文

[1] 黄天中. 美国的死亡教育的课程设计［J］. 中国医学伦理学, 1994（1）.

[2] 刘月霞. 来自生命末端的殷切呼唤——论死亡教育［J］. 中华护理杂志, 1995（7）.

[3] 吴新武. 生命教育理论的基本原理及其现实意义［J］. 金华职业技术学院学报, 2001（3）.

[4] 周德新, 叶育新, 周双娥. 死亡观教育：大学生思想教育的"软肋"［J］. 湖南文理学院学报（社会科学版）, 2005（4）.

[5] 胡宜安. 论生死观教育的必要性及其途径［J］. 黑龙江高教研究, 2005（8）.

[6] 冯建军. 走向道德的生命教育［J］. 教育研究, 2014（6）.

[7] 许小东. 论对青少年的生命教育［J］. 安徽教育学院学报, 2004（4）.

[8] 王煜, 喻芒清. 关于高校生命教育的再思考［J］. 学校党建与思想教育, 2006（10）.

[9] 潘明芸, 吴新平. 大学生生命观调查及对高校大学生生命教育的思考［J］. 思想政治教育研究, 2010（2）.

[10] 吴磊. 当代大学生生死认知现状及对策探析［J］. 阜阳师范学院学报（社会科学版）, 2009（4）.

[11] 肖杏烟. 大学生生命教育课程的构建与实施［J］. 高教探索, 2009（5）.

[12] 韦光明. 关于加强高校大学生生命教育的思考［J］. 贵州民族学院学报（哲学社会科学版）, 2008（5）.

[13] 周贤君, 胡慧娟. 大学生生命教育的缺失及应对策略［J］. 湖北经济学院学报（人文社会科学版）, 2011（3）.

[14] 朱春花. 女大学生生命教育的困惑及其对策研究［J］. 辽宁农业职业技术学院学报, 2011（1）.

[15] 毛小萍. 从"李刚门","药家鑫"事件引发的深思［J］. 老区建设, 2011 (6).

[16] 王志华. 论大学生生命关怀教育策略［J］. 当代青年研究, 2008 (4).

[17] 贺建芹. 理工科大学生生命观现状调查及对策探析［J］. 山东省农业管理干部学院学报, 2010 (2).

[18] 黄培清. 当前大学生生命教育存在的问题与对策［J］. 教育探索, 2011 (5).

[19] 佘双好. 社会思潮对大学生思想行为影响的特点及对策研究［J］. 思想教育研究, 2013 (6).

[20] 顾明远. 对教育本质的认识［J］. 新华文摘, 2016 (7): 121.

[21] 秦春华. 三个弊端严重影响高等教育质量［J］. 新华文摘, 2016 (1): 127.

[22] 周秉德. 家风里的核心价值观——在身边感悟伯父周恩来的人格风范［J］. 高等教育管理干部培训平台.

[23] 钱理群. 大学里绝对精致的利己主义者［J］. 中国社会学, 2016年11月14日微信公众号.

四、报纸、网站

[1] 双传学. 涵养公共品质 优化公共生活［N］. 人民日报, 2015-12-30.

[2] 李苑, 方曲韵. 家风家教: 一门国人必修课［N］. 光明日报. 2017-03-10 (1).

[3] 郭超, 王国平. 让传统文化俏起来美下去［N］. 光明日报, 2017-03-10 (1).

[4] 习近平在全国高校思想政治工作会议上强调: 把思想政治工作贯穿教育教学全过程 开创我国高等教育事业发展新局面［J］. 人民网. 2016-12-09.

[5] 穆杉. 李德顺撰著《价值论》再版座谈会在京举行［OL］. 新华网, 2007-11-27.

[6] 刘小军. 福建师大: 生命教育成为大学生新学期的"第一节课"［OL］. 新华网, 2008-09-22.

[7] http://wh.zgfj.cn/LunWen/2010-09-01/9642.html. 中国佛教文化网, 2009-04-15.

[8] 习近平号召全国广大教师: 做"四有"好老师［OL］. 中国青年网, 2014-09-09.

[9] 热点时评: 复旦校长致辞何以被疯转［OL］. 国家公务员考试网 www.gjgwy.net, 2014-09-16.

后 记

转眼间，自己已经拥有近三十年的教龄。回过头来审视走过的教育道路，艰辛与自豪同在，感慨与感动相伴。

首先感谢我的家人一直以来对我工作的支持与理解。曾为一次次与大学生的谈话，而不得不牺牲与家人相聚的时光；曾为一次次出差，而不得不松开女儿紧握的小手；曾为一次次突发事件，而决然奔向事发地；曾为一次次会议，而认真准备文字材料，熬过达旦通宵……我已经记不得有多少个这一次次，只是不知不觉中，大女儿已经临近小学毕业，小女儿都已将近一周岁了，自己也已经年近半百。可自己是不服岁月的，总觉得有使不完的劲儿，白发尽染但工作热情不减。正是家人亲人的陪伴和理解，才有了我工作的付出和成绩。

同时，感谢中国政法大学为我提供的发展平台，感谢多年来一起共事的领导和同事们。一路走来，彼此支持，相互关照，尽管有一路的辛苦，但更多的是，我收获到了一生的情谊。感谢知识产权出版社蔡虹老师，正是由于她的精益求精，删改修正，终于可以将拙作呈现给自己和关注大学生生命教育的读者们。

高校大学生的思想政治教育工作是我的事业。对这份工作，我总是心存敬畏，不敢丝毫懈怠，既怀着一份由衷热爱的私情，又保持着一颗永远的公心。每当看到一届届学子学有所成走出校园，走向心仪的工作岗位，我就感觉无比的欣慰，成就感倍增，幸福指数顿增。他们是我事业的成果，如果从生命价值的角度来讲，他们更是我生命的延伸。我为大学生写作，我为学生工作记言，也是为自己留下奋斗与思考的足迹。

因个人精力和学识所限，书中仍有不够完美之处，敬请各位读者批评指正，以待后续进一步更正和完善。

是为记。

丁酉年七月于北京昌平